社会科教育における
カリキュラム・マネジメント

ゴールを基盤とした実践及び
教員養成のインストラクション

須本良夫・田中 伸 編著

梓 出 版 社

はじめに

教師を「理想主義」から解き放つ思想

　理想的な授業モデルを作成することにどれほど意味があるのだろうか

　旧来から，「〇〇型学習」「〇〇学に基づく授業」と言われて久しい。これらの多くは，理想の学習過程や結論が先に設定され，その達成を目指す学習論である。ここでの「成功」は「〇〇型学習」が存分に展開され，あらかじめ設定した過程や結論へ到達することである。「素晴らしい授業の理念型」を机上で立論し，それを実証するための研究や実践が数多く展開されてきた。しかし，全ての子どもに適応可能な理想的な授業など存在し得ない。子どもの興味関心は其々異なり，それは各々の家庭環境や来歴，また所属する学校や地域によっても大きく異なる。神奈川県横浜市の子どもが持つ興味関心と大阪府堺市，及び岐阜県や沖縄県の子どもが持つ関心は全く異なる可能性がある。すなわち，彼らが持つ学びへの切実性は，それぞれ異なっている。それを無視した授業が日々展開されると，学校の社会科は彼らにとって「暗記や記憶教科」「自分とは関係の無い大人の話し」「（自分たちが考える）現実社会との不一致」「他人事」として認識されてしまう。彼らの文脈や現実社会を含みこまない社会諸科学の知識だけを学ぶのであれば，google があれば十分である。そのような社会科授業は google に代替可能である。

　では，学校における社会科教育の役割とは何か。詳細は本論（第 1 章）へ譲るが，端的に述べると，それは子どもや地域，社会の文脈を引き受け，彼らが社会の形成者として自主的・自律的に自身で社会を考えることができる力を育成することである。教師は「選挙における一票の重要さ」を滔々と説明するのではなく，子どもが「一票は本当に重要なのか」「一票で世界は変わるのか」と，社会における選挙の意義や意味を批判的に考えることを促すのである。理想的かつ形式的な答えを伝え続ける標準（スタンダード）化された授業に意味は無い。

　カリキュラム・マネジメントの思想は，教師をこの「理想的で標準化され

た授業」の呪縛から解き放ち，個々の学級や子どもの文脈に基づく授業作りのあり方を探究するものである。教師は，子どもや自身の学級，所属する社会の文脈を引き受け，そこに合わせたカリキュラムを設計し，授業を実践する。自分にしか出来ない，オリジナルなカリキュラムや授業をインストラクションするのである。教師の自立性が保証され，なんだか面白そうだ！

　少し話しを変えてみよう。ところで，本書のタイトルにある「カリキュラム・マネジメント」とは新しい概念であろうか。「アクティブ・ラーニング」「ディープ・ラーニング」「コンピテンシー」「ルーブリック」「オーセンティック・アセスメント」「シュケンシャキョウイク（主権者教育）」など，カタカナで書かれると何だか新しい気がしてしまう。また，飛びつかないと「乗り遅れてしまう」気もする。概してそれが英米の理論がモデルであると聞くと尚更である。誰よりも早くそれらを学び，「コンピテンシーの育成を目指してルーブリックを用いたオーセンティックな学びを，アクティブ・ラーニングを通してディープに行うことがシュケンシャキョウイクである」という言説がはびこってしまう。いやはや，ティーチャー（教師）は大変である。

　上記のカタカタ用語を，少しナナメに見てみたい。例えば，アクティブ・ラーニングである。日本語訳は「活動的な学び」であろうか。社会科の文脈で考えてみたい。問題解決学習は問題に対するフィールドワークを必須とする。そこでは，地域社会の諸問題を題材にし，それらの課題や解決方法を実態的なフィールド調査を用いて考えてゆく。アクティブなラーニングである気がする。議論学習はどうだろうか。議論型の学習は，特定の社会問題に対する2つ以上の見方を捉え，分析する。そこで見方の立論構造を分析し，様々な資料を発掘・分析・比較・評価することを通して，当該の見方・考え方が根ざす思想までをも暴き出す。これもなんだかアクティブな気がする。「アクティブ・ラーニング」は，実は従来からすでに実践されたことではないのだろうか。もちろん，時として新しい概念や視点が提供されるものも多い。しかし，全てがそうではない。「新しく」出てきた概念をよく読み解き，自身の日々の実践を振り返る中でその内実を見極める必要があろう。

その上で，考えてみたい。「カリキュラム・マネジメント」とは何者か。詳細は第 1 章に譲るが，端的にまとめると，カリキュラムをエンジンとして学校や社会の問題を解決してゆく考え方である。学校と社会をカリキュラムで結び，よりよい市民を育成してゆくという思想である。社会科の文脈で考えみたい。そもそも社会科教育は市民性育成を目指した教科である。教科内容はそのために選択され，それに応じた方法が採用されている。社会科はカリキュラムを通して学校や社会をよりよくしてゆくことを目指す教科である。あれ？　なんだかこれも新しくない？

　結論を述べよう。「カリキュラム・マネジメント」も新しい概念ではない。しかし，社会科カリキュラムや授業デザインの可能性，そして社会科教師の自由度を広げる考え方を内在する，古くて新しい視点である。もう少しだけ述べさせて頂くのであれば，それは教師が公的カリキュラムの受容者ではなく，自身の学校・学級をしっかりと見つめ，社会的状況を踏まえて自身のオリジナルなカリキュラムや授業をインストラクションするための理論的支柱になる考え方である。先に述べた様に，子どもや学級の文脈をしっかり見つめ，彼らが持つ学びへの切実性を捉え，活用する思想である。

　導入が長くなってしまった。改めて，本書の特徴は，以下 2 点である。第 1 は，能力（goal）ベースの授業デザインの方略を示す点である。内容や方法を先に設定せず，育成を目指す子ども像を先に設定した上で，授業を考えてゆく。その方略を示した点である。なお，各章が示す指導案は理想的なモデルではない。各章をお読みになるとわかるが，失敗した指導案も掲載している。しかし，その際は，失敗した要因を指導計画や展開だけでなく，子どもの状況や文化，社会の文脈へ広げて考察している。社会の中に社会科学習を位置づけ，授業デザインを検討している。

　第 2 は，教員養成のあり方を論争的に示した点である。教師は，大学の教員養成，学校現場における日々の実践の積み重ね，先輩教師からの指導・助言，教育委員会等が開催する研修，学会活動等，様々な場でその養成・育成が行われている。学校における教師の役割は多岐に渡るが，今回は授業力に焦点を当て，その育成のあり方や方略を示した。しかし，当然ながらそこ

に正解はない。各項目をお読み頂ければわかるが，各項目同士が極めて論争的に位置づき，各々が対立構造になっていることが第2の特徴である。

　本書は，可能であれば始めから読んでいただけると有難い。カリキュラム・マネジメントの理論から授業デザインの考え方へと進み，教師としての資質・能力における論争と多様な育成方略へと論が展開してゆく。きっと，わかりやすくお読み頂けるだろう。しかし，読者の興味関心はそれぞれで，その切実性も異なるであろう。お好きな章からお読みいただき，上記の思想を体感して頂けたら幸いである。

田中　伸

目次

はじめに i

I 社会科教育におけるカリキュラム・マネジメント

1 カリキュラム・マネジメントの思想と教科教育学　　2
2 社会科教育学のカリキュラム原理　　6
3 カリキュラム・マネジメントに基づく社会科授業デザインの方略　　9
4 社会科カリキュラムを通した民主主義的学校の構築　　14

II 社会科カリキュラムのマネジメント
―― 目標（ゴール）に基づく授業デザイン

1 **協働的問題解決能力の育成を目指したカリキュラム**　　22
　(1) 協働的問題解決能力育成の論理と視点　22
　(2) 実践事例　23
　(3) 単元構成　24
　(4) 実践結果及び評価　29

2 **思考力の育成を目指したカリキュラム**　　31
　(1) 思考力育成の論理と視点　31
　(2) 思考力の育成を目指した授業の実際　34
　(3) 思考力の育成を目指した授業の評価　38

3 分析力の育成を目指したカリキュラム　40

- （1）　分析力育成の定義と仮説　40
- （2）　分析力育成の授業　41
- （3）　実践結果及び評価　48

4 社会参加力の育成を目指したカリキュラム　50

- （1）　社会参加力育成の論理と視点　50
- （2）　社会参加力育成を目指す社会科授業の単元構成　50
- （3）　条件整備・指導計画・資料　52
- （4）　実践結果及び評価　58

5 社会形成力の育成を目指したカリキュラム　60

- （1）　社会形成力の論理と視点　60
- （2）　社会形成力を育成する世界史学習　60
- （3）　単元「ジョン＝ニュートンと大西洋奴隷貿易」　62
- （4）　マネジメント的視点からの授業評価　67

6 コミュニケーション力の育成を目指したカリキュラム　70

- （1）　コミュニケーション力に対する社会の要請と生徒の実態　70
- （2）　コミュニケーション力の育成を目指した指導計画　71
- （3）　実践結果及び今後の課題　77

III 社会科教育実践のマネジメント
——育成指標に基づく技術と方略

1 社会科教育におけるアクティブ・ラーニング　82

- （1）　アクティブ・ラーニングによる社会科の授業改善　82
- （2）　アクティブ・ラーニングによる授業実践　83
- （3）　実践後の児童の姿と課題点　90

2 社会科教育における学びの系統性　92

- (1) 学びの系統性の理論と視点　92
- (2) 学びの系統性を軸とした社会科教育実践　94
- (3) 実践及び評価　95

3　社会科教育における批判的思考　100

- (1) 社会科における批判的思考力　100
- (2) 批判的思考力を育む授業改善の視点　101
- (3) 「批判的思考」を取り入れた授業実践　102
- (4) 実践の成果と課題　106

4　社会科教育における教科間連携　108

- (1) 教科間連携の理論と視点　108
- (2) 教科間連携を軸とした社会科教育実践　109
- (3) 最後に　115

5　社会科教育における協働的学び　117

- (1) 協働的学びの理論と視点　117
- (2) 協働的学びを軸とした社会科教育実践　119
- (3) 実践結果及び評価　122

6　社会科教育における道徳性　125

- (1) 道徳性を育成しようとすることのリスクと可能性　125
- (2) 現代社会の道徳性とは何か　126
- (3) 道徳性の育成を意識した社会科授業実践　127
- (4) 道徳性というマネジメントの観点　131

7　社会科教育における評価　133

- (1) 評価の理論と視点　133
- (2) 評価論を軸とした社会科教育実践　134
- (3) 実践結果　142

IV 社会科教員養成のマネジメント
──授業力育成を軸とした教員養成の方略

1 社会科教員養成の国際的・国内的動向　144

    (1)　教員養成の国際的動向　144

    (2)　教員養成の国内の動向　146

2 社会科教員の重層的育成　149

    (1)　学び続ける社会科教師へ　149

    (2)　授業を取り巻く教師のマネジメント力　154

3 授業構想力の育成方略　156

    (1)　大学教育における授業構想力の育成　156

    (2)　学校現場における授業構想力の育成（附属学校）　164

    (3)　学校現場における授業構想力の育成（公立学校）　169

    (4)　教育委員会における授業構想力の育成　175

    (5)　学会活動における授業構想力の育成　180

4 授業実践力の育成方略　187

    (1)　教育における授業実践力の育成　187

    (2)　学校現場における授業実践力の育成（普通校）　195

    (3)　学校現場における授業実践力の育成　202

    (4)　教育委員会における授業実践力の育成　208

    (5)　スタートアッププロジェクトにおける
授業実践力の育成　213

5 授業省察力の育成方略　221

    (1)　大学教育における授業省察力の育成　221

    (2)　学校現場における授業省察力の育成　226

    (3)　教育委員会における授業省察力の育成　231

    (4)　自ら実践力を高める授業省察力の育成　237

おわりに　242

I

社会科教育における
カリキュラム・マネジメント

1 カリキュラム・マネジメント の思想と教科教育学

　現在，学校教育は大きな変革を求められている。変革とは，教育課程の論理を大きく改変することである。論点は大きく 2 点である。第 1 は，社会的レリバンスの構築である。社会的レリバンスとは，学校と社会を繋げることを指す。学校での学びの意義を社会の文脈で再検討し，学校を社会の中に位置付けて考えてゆくというスタンスである。学校を社会から分離せず，学校での学びを社会へ大きく開かれたものとしてゆく。ただし，社会で必要なスキルや資質の育成を学校が担うという職業教育は意味しない。学校と社会の対話を行うという意味である。学校カリキュラムを学校の社会的責任の観点から捉え直すことが求められている[1]。

　第 2 は，学びの変容である。従来から，学びは「目標に応じて教育内容と教材選択を計画する工学的アプローチ」と「教育内容の即興性を重視する羅生門アプローチ」，「文化遺産の伝達を重視するエッセンシャリズム」と「子どもの経験を重視する進歩主義」，あるいは「教師の実践に先行する教育内容の組織としてのカリキュラム」と「学びの経験の総体としてのカリキュラム」という対立構造で描かれてきた[2]。しかし，学校教育で扱う教育内容は普遍的ではなく可変性を持ち，学びの方法も固定的なものではなく，対象（子ども）に応じて変化させる必要がある。学校教育は，常に社会の変化と対峙し，学び続ける子どもを育成することが求められている。学びとは一過性のものではなく，各種学校教育卒業後も継続される必要がある。

　上記の文脈において，教科教育は大きく 3 つの議論が迫られている。第 1 は，教科の枠組みへの挑戦である。米国では 2010 年にコモン・コア・ステート・スタンダード[3]が出され，各種教科教育を統合する論理が提案されている。例えば，リテラシー能力の育成を目指して，様々な教科を統合するという論理や，特定の学習内容に即した教科や領域を往還的に利用するという

論理である[4]。同様の論理は，フィンランドの教育課程でも見ることが出来る。教科の固有性が揺らぎ，資質・能力により教科を横断・合科させる思想である。しかし，これは米国社会科の文脈でも多様な議論があり，同様にフィンランドでも対抗する様々な試みもなされている[5]。各々は，固定化されたカリキュラム論ではないが，教科の枠組みに挑戦する議論は，様々な文脈で進んでいる。

　第 2 は，教科教育の学びと現実社会の関係である。これは「何を学ぶのか」から「何のために学ぶのか」という変更を指す。従来は，知識や認識の一元化を目指し，教養教育としての教科教育が展開されてきた。社会科教育であれば，地理・歴史・公民それぞれ重要な知識があり，まずはそれらの獲得を目指す。社会科授業は，それらをより効率的に伝えることを目指してきた。社会諸科学の成果としての知識をベースとした教科論である。上で取り上げた米国でも同様である。1980 年代までは，主に教養教育としての社会系教科目が展開されてきた。社会諸科学の知識や概念をより効率的に伝達すべく教科として社会科学教育が提唱され，アメリカ新社会科の一つの動向として注目された。歴史学・地理学・政治学・経済学等の知識の獲得を目指す学習論である。これは，E.D.ハーシュが出版した『文化的リテラシー（*Cultural Literacy*）』にも代表的に見られる思想である。ハーシュは，全てのアメリカ人が知る必要のあるべき重要事項として，5000 項目を整理し，学校教育での伝達を企図した。

　しかし，米国社会科は大きく論理を展開してゆく。社会科をより実質的な教科として捉え直し，民主主義社会の形成者を育成する教科として整理がなされた。ここでは，現実社会に見られる社会問題などを授業の中に取り込み，当該の問題へ如何に対峙し，価値判断や意思決定を行うかを議論してゆく。教養教育としての社会科ではなく，所謂，社会で生きる資質育成を目指した社会研究である。社会科を社会的現実と結びつけてゆく論理である。

　日本の社会科教育でも，近年は主権者教育の流れを受けた様々な実践を中心として現実社会と社会科をつなげてゆく実践が数多く開発，試みられている。例えば，公共施設等総合管理計画を題材とし，岐阜県及び日本全国で今後展開される学校の統廃合を事例に中学生と議員が政策分析・立案を共に行

う実践がある[6]。これは，現実的に起きている地域の社会問題を，学校・学級内での意思決定ではなく，現実社会の文脈の中で考えてゆく実践である。これは，理想的な民主主義社会を想定し，生徒はそれを知識として受容する従来型の社会科学習ではない。本学習は現実的な社会事象・社会の文脈を題材に，政策決定に影響を与える感情，情動，価値，権力，空気や雰囲気等，非民主的な要件を取り込んだリアリスティックな社会科実践である[7]。社会科教育は，現実を授業へ取り込み，社会や子どもの状況に根ざした学びを展開してゆく必要がある。

　第 3 は，学びと子どもの関係である。学びは生涯学習である。学校卒業後も学びを継続してゆく必要がある。学校教育は，「学び続ける主権者」としての学びを保証する必要がある。本視点に関して，興味深い事例がある。2016 年度に行われた参議院選挙の投票率である。本選挙は，改正選挙法が施行された後，選挙権年齢が 18 歳に引き下げられて実施された初めての選挙である。岐阜県における 18 歳の投票率は 54.5%，全国における 18 歳の投票率は 51.2%である。なお，全国的な投票率は 54.7%である。これは，各種メディアの盛り上がりや各種学校で様々な主権者教育実践が突貫的になされた結果の投票率として，その賛否は分かれるであろう[8]。しかし，着目すべきは，19 歳以降の投票率である。岐阜県，全国における 19 歳の投票率は各 45.7%，39.7%である。また，全国における 20 代の投票率は 33.4%である。この結果は，18 歳よりも 19 歳，20 代の政治的関心が低い一端を示している。各種学校教育の渦中にいる 18 歳は，ある程度政治や選挙への関心を持ち，それは投票行動へも現れている。しかし，学校教育から離れる 19 歳，20 歳以降の投票率は格段に下がってしまう。すなわち，学校教育（主には社会科教育）で培ったはずの政治的・社会的関心はその後継続せず，投票行動へは生かされていない。政治的・社会的な学びが高等学校卒業後切断され，それ以降に継続していないことを示している。社会的レリバンスが達成されていないのである。

　カリキュラム・マネジメントの思想は，上記教科教育の課題を引き受ける可能性を持つものである。カリキュラム・マネジメントとは，各学校が，学校の教育目標をよりよく達成するために，組織としてカリキュラムを創り，

動かし，変えていく，継続的かつ発展的な課題解決の営みである[9]。すなわち，目標を基盤にカリキュラムを作成し，それを学校改善の中核に位置づける思想である。本来，カリキュラム・マネジメントは学校と社会を繋げて取り組むことが求められる。学校を個体で存続するものとみなさず，社会との相互依存関係の中で成立している媒体と捉え，その機能を未来社会を創造するために最大限発揮してゆくものである。本稿では，このカリキュラム・マネジメントと社会科教育の関係を考えてゆきたい。結論を先に述べるのであれば，社会科を中心とした学校改善の試みとして，カリキュラム・マネジメントを位置づけてゆく。マネジメントの目的は，民主主義的な学校の構築である。

2 社会科教育学のカリキュラム原理

　カリキュラムとは，教育課程である。その期間は，1 単元といった短期の
ものから，数年間にわたる長期のものまで，その長さは様々である。カリキ
ュラムの組み立て方は，まず目標を設定し，それに基づき内容・方法を位置
づけてゆく。例えば，「社会参加力の育成」という目標を設定し，社会参加
力の内実や要素を導き出し，それを学年段階や発達段階を元に学習目標の段
階を組み立てる。その上で，各段階に応じた内容・方法をデザインするとい
う形である。これは小学校 4 年間，中学校 3 年間，高等学校 3 年間，中高 6
年間，小中高 10 年間等，様々なバリエーションがあり得る。育成したい子
ども像を設定し，それに基づいた教育課程を中長期的な視点でデザインする。

　多くの学校現場では，このカリキュラムを教科書と同一視することが多い。
もちろん，教科書に記載されている編成はカリキュラムの一つである。しか
し，目標に応じたカリキュラムとは，教科書のみをさすものでは無い。すで
に示した通り，社会諸科学の成果としての知識は常に変容し続けている。教
科書に記載されている情報としての知識は，将来的に変わる可能性がある。
従って，教師は教科書を基準にしながら，継続的に変化・変容が可能な視点
や観点，及び学び方の育成を目指し，目の前の子ども，又は地域社会の文脈
に応じて，教科書の内容を調理し，授業毎に学級に応じた戦略を立ててゆく
ことが求められる。そこに画一的な内容・方法は存在しない。また，それも
社会諸科学の成果を基盤とした内容知を「正解」として一方的に伝授する形
ではなく，その成果を自ら発見し，もしくは組み替えてゆく力の育成が求め
られる。所謂，「教科書を教える」授業ではなく，「教科書で考える」授業
が求められている。カリキュラムは教科書と同一では無い。カリキュラムは，
教師が子どもや社会の文脈を取り込みながら，意図的・計画的に創造する主
体的な教育課程である。

では，社会科教育のカリキュラムはどのようにデザインしてゆくのか。まず，社会科の目標から考えてみたい。社会科教育は，主権者育成を目指した教科目である。主権者育成とは，民主主義社会を主体的に形成してゆく市民性育成を指す。Social Studies（社会研究）を原語とする社会科は，社会的事象の分析・解釈を軸とした社会の研究を行う教科目である。子ども達が社会に興味・関心を持ち，自ら社会にみられる課題・問題を発見し，その解決策を探究する。場合によっては，その解決策を社会へ提案してゆくことで，一定の意思決定や社会参加を行う。子どもはこの一連の方法論を，小学校 3 年生から高等学校 3 年生までの 10 年間で獲得し，各種学校卒業後もそのスキルを社会へ応用し，自ら民主主義社会の主体的形成者として社会を「自分ごと」として捉えてゆくことを目指す。すなわち，社会科教育は社会研究を通して市民性を育成することを目指した主権者教育を行う教科である。

主権者育成という大目標を踏まえ，社会科教育は大きく 6 つの授業論が開発されている。それは，問題解決型，理解型，説明型，議論型，意思決定型，社会参加型の 6 点である[10]。それらは原理とする思想が異なるため，各々の授業論が異なる。例えば，社会的論争問題や価値対立等の授業に用いられる議論型は，政治学者のスティーブン・トゥールミンが開発したトゥールミン・モデルという方法論を用いることが多い[11]。当該の社会科論は，ユルゲン・ハーバーマスが示す公的公共圏への主体的・反省的参画を目指し，その手続きとして論争の構造を論理的に分析してゆくことを意図した思想をその原理に持つ。各類型は，各々原理とする教育論があり，一単元やカリキュラムの目標・内容・方法に応じた授業論の使い分けが行われている。

しかしながら，上記の類型は，全て規範的なモデルである。各々の規範は一定の思想・観点を含み込み，授業の目標を少なからず基底している。従って，各類型ともに可能性と限界がある。そのため，授業は必ずしもその型通りに進めてゆく必要はない。当該授業や単元で育成したい目標を設定し，その達成へ向けた内容・方法を選択し，その学びに適した学習論を選択する。学習は，子どもの状況や育成したい授業や単元の目標に応じて類型を選択し，またはその往還を前提とした学習も可能である。問題解決型や議論型で社会科カリキュラムの全てを貫く必然性は無く，そこには教師のゲートキーピン

グが求められる。その際に必要な観点が，本稿で示すカリキュラム・マネジメントである。

3 カリキュラム・マネジメントに基づく 社会科授業デザインの方略

　カリキュラムは，学習環境に関わる施設・設備，予算，組織文化（学校の教員によって共有されているものの見方や考え方），等様々なものにより支えられ，動かされてゆく。カリキュラム・マネジメントとしての授業設計は，それらを全て含み込み，子どもに育成したい力，教育活動や方略，その活動のための各種条件を丁寧にデザインしてゆく。それは，学校や子どもの文脈を無視した「理想的な」指導案開発を目的とはしない。自身が所属する地域や学級，目の前の子どものニーズや文脈を捉え，それらを巻き込む形で社会科授業の目標・内容・方法・評価を一貫的に設計し，指導案，板書計画等をデザインしてゆく。

　社会科授業をマネジメントする要素は主に 6 点である[12]。第 1 は，社会諸科学の研究成果である。政治学，経済学，社会学，地理学，歴史学などの社会諸科学の知識や成果は，社会科教育の重要な要素の一つである。各領域が蓄積してきた多くの知見は，様々な社会事象を分析する一つの枠組みとして一定程度有効である。例えば，経済領域の授業で「ものの値段（価格）」に関する授業を設計する場合，扱う対象により異なるが，価格決定へ影響を与える政策レベルの政治的決定はもちろん，消費者が行う消費行動の分析は不可欠である。各々は，政治学，経済学，社会学，心理学，場合によっては歴史学の知見をも必要とする。授業は目標・内容・方法に基づき，社会諸科学の一部を取捨選択し，適宜各学問を複合的に扱い，事象の理解・分析・批判を行う。

　第 2 は子どもである。子どもは各々が固有の知識・価値観を持ち，社会に対する様々なイメージを持っている。それは必ずしも一般化出来るものではなく，共通の土壌を持たない場合も多い。家庭教育や地域教育等の影響に

より，個々人が持つ社会認識や市民的資質は異なっている。そのため，授業は教師が一方的に一定の知識や技能を教授するだけでは成立しない。子どもが持つ既存の知識や認識を踏まえ，子どもと共にその発展・深化・応用を目指す。

第3は文化である。個々人の見方・考え方は所属する文化や社会に基底され，そこから各々が固有の視点や解釈を構成する。特定の伝統文化が根付く地域の子どもは，その維持・保存を当然のものと考えるかもしれない。これは，地域社会の文化や家庭内の言説が巧みに絡まることで，伝統文化に対する特定の認識が形成されているためである。しかし，日本国内の他地域や，他国の視点から分析すると，その特定の文化を「維持・保存」する姿勢を批判的に捉える可能性もある。このような状況は，自身が所属する社会に応じて頻繁に見られる現象である。しかし，これは伝統という大きなテーマだけにとどまらない。例えば，歴史ドラマや時代劇をよく視聴する子どもは，歴史が好む土壌がすでにあり，そのメディアの見方に基づき歴史を捉えているかもしれない。また，場合によっては，その歴史メディアの見方・考え方に大きな影響を受けている可能性もある。言うまでもなく，様々な歴史メディアは，複数の見方・視点があり得る歴史解釈の中から，一つを選択し，再構成したものである。それは，一定の歴史的事象を物語（ストーリー）として描き出した数多ある解釈のうちの一つである。これは一例である。子ども達が意識的・無意識的に日々接している様々な文化や文化現象は，彼らの価値形成・価値判断に大きな影響を与えている。カリキュラムや授業の設計は，このように子どもの認識や価値観へ意識的・無意識的に影響を与える文化の作用を考慮する必要がある[13]。

第4は施設・設備・予算等のハード面である。教室は，学級によって環境が大きく異なっている。例えば，電子黒板，タブレット等，教室における設備の充実度もその一つである。これは，市政や県政における予算上の政策決定が大きく影響しているものでもあるが，ハード面の充実度は，授業展開を大きく変化させる。一例を出そう。フィンランドの中等学校で見られる政治学習である。当国ヘルシンキ市の中等学校では，市政を分析し，解決策を吟味・検討する授業がカリキュラムに組まれている。そこで生徒達は市政や

学校改革の案をデザインし，ヘルシンキ市への意見陳述を行う。これに対し，ヘルシンキ市は内容を吟味した上で，それを実現するための予算を配分する。これは，子ども達が行う意思決定・政策決定・価値判断を実社会へ提案し，その実現を図る試みである[14)]。これは，ヘルシンキ市が教育予算として当該の予算を計上していることで，学校のカリキュラムで行う子どもたちの地域改善・学校改善に関する議論を一定程度実現することを可能としている。このようなハード面の整備は，カリキュラムや授業の目標・内容・方法へ影響を与え，学校と社会の関係をも変化させる。

　第 5 は時間である。学校カリキュラムにおいて，社会科は理科や数学，音楽，体育等，様々な教科の中の一つである。社会科授業の時間は限られている。例えば，授業の計画・実施・分析・評価の一連の流れをモデル化し，誰でもが利用可能なデータベースを構築する[15)]。各教員が作成した指導案・ワークシート・評価のルーブリック等は，教科や単元毎に校内のデータベースへストックされ，いつでも閲覧・利用可能なプラットフォームを構築する。教師は，自身が担当する単元をデザインする際，このデータベースへアクセスし，それを実施時期や社会の状況，及び実施する学級に応じて改変してゆく。このような協働体制は，基礎的な教材研究の時間を短縮するだけでなく，蓄積された授業研究の成果を教師が自身の関心で批判的かつ応用してゆく可能性を大きく広げる。多忙な教師の教材研究を効率的かつ発展的に深化させることを可能にする。

　第 6 は組織（文化）である。学校は固有の組織文化を持つ。部活動重視の学校，授業や研究授業を重んじる学校，管理職中心とした上意下達型学校，中堅教師の同僚性が学校を引っ張る文化を持つ学校等，様々である。この学校文化は社会科授業へも影響を与える。例えば，特定の社会科論や思想に傾倒する教員で構成された社会科部会，もしくは学校は，その思想に基づく社会科実践を殊更に重視する。しかし，授業はその目標に応じて問題解決学習が十二分に機能する場合もあれば，議論を中心とした社会科論を用いた方がその目標を達成できる場合もある。授業は，その目標に応じて授業論を使い分けてゆく必要がある。一定の主義・主張を信奉する組織文化は，同僚性・上下関係が授業論の選択へ影響を与えるため，日々の授業実践を大きく停滞

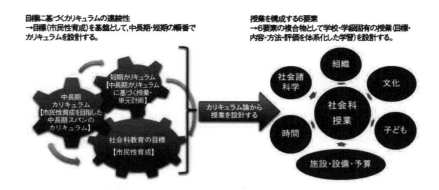

図 3-1 カリキュラム・マネジメントとしての授業デザイン

させる可能性がある。組織文化が社会科授業に枠をはめてしまい，授業の目標・内容・方法を規定してゆくのである。もちろん，組織文化を生かした授業設計の方法もある。例えば，「最善とみなされている」授業論を原理的に分析し，批判的に継承してゆく。当該文化の寄り添う思想がデューイであれば，当該の学習論を問題解決と問題発見の両面から捉え直し，そこに子どもと社会の関係を再度照らしてみる。そのような分析は，民主主義社会における子どもの発達という観点から，社会の文脈と重ねて子ども自身による課題設定，課題分析を促す授業論を導き出すかもしれない。この授業論は，授業で教師による意図的な課題設定を行うことは無い。子どもの問題意識に基づき，子ども自身が問いや課題を導き，設定する。教師による意図的なレールは極力避けてゆく[16]。すなわち，組織文化が脈々と受け継いできた思想を引き受けつつ，その原理に還ることで深化・発展を図り，授業論の批判的な継承，もしくは相対化を促すのである。

以上，目標に基づくカリキュラム・デザイン，及びその方略に基づいて社会科授業を設計するための要素の関係を示したものが，図3-1である[17]。

社会科授業は，上記6点を踏まえた上で，構想・デザインしてゆく必要がある。その目標は，すでに示した通り民主主義社会に生きる主権者としての市民的資質の育成である。そこでは，先に示した通り学校・授業で学んだ様々な観点や視点，社会的な関心の継続が必須である。社会科カリキュラム

は，打ち上げ花火としての研究実践，またその積み重ねではなく，「学び続ける主権者」の育成を目指した子どもの政治的関心（興味関心）が継続する一貫的な視点が求められる。そのため，1コマ，1単元ではなく，中長期的な視点で主権者育成を鑑み，目標に基づく内容・方法の選択を通して，「カリキュラム計画」「カリキュラム実施」「カリキュラム評価」という3つの段階でカリキュラムを構想してゆく[18]。そこでは，学校組織を基盤とした学校システムが影響し，実施と評価に関しては同僚性の調和と関係が大きく影響を与える。学校全体で大きな目標を設定・共有し，そのためのカリキュラムを組織文化の中で見出し，計画・実施・検証してゆくことが求められる。

4 社会科カリキュラムを通した 民主主義的学校の構築

　社会科教育が目標とする市民的資質育成は，授業の中でその全てが完結するものではなく，学校や社会の文脈でその方略を修正・更新し，日々アップデートしてゆく必要がある。生涯学習として常に自身の市民性を反省し，社会との対話の中で吟味・検証を繰り返してゆく。子どもたちを含め，社会で生きる市民はこれを半永久的に繰り返してゆく必要がある。そのため，社会科教育におけるカリキュラム・マネジメントは，授業の構想・開発・実施・検証だけで完結するものではない。それは，授業を通して学校のあり方そのものの改善をも射程に含みこむ。市民的資質育成を目指したカリキュラムを策定することは，教育の核に市民性育成を据えることを通して学級や学校を民主的な場へと作り変える機能を持つ。社会科を通して「デモクラティック・スクール（民主主義的な学校）」を構築してゆくのである[19]。

　民主主義的な学校とは，2つの条件がある[20]。第1は，民主主義的な構造と過程を創造することである。これは，教室において子ども達と教員が共同で計画に携わり，両者の関心に基づいて意思決定，計画立案をすることである。これは，教師が策定した案に対する「同意の取り付け」ではなく，計画自体に子ども達もコミットしてゆく。当然，一つの意思決定や計画立案の過程には，様々な価値対立や意見の相違がある。それらの多様性を認めながら，皆で一つのコミュニティーを創造してゆく。その際の決定は，子ども達だけのものであってはならない。コミュニティー全体の共通善を目指し，一度決めた決定も当該コミュニティーの構成員により不断に更新してゆく構造を持つ。このような共通善を目指して連続的に変化してゆく構造を了解し，そのためのコミュニティーの創造を計ることである。

　第2は，子ども達が民主主義的な経験を積み重ねていけるようなカリキ

ュラムを創造することである。民主主義的な経験とは，公的・高級文化とされる支配的な言説を疑う機会を保証することである。マイケル・アップルは著書『デモクラティック・スクール』の中で以下のように指摘する。「最も困るのは，あまりにも多くの学校で，こうした公定的で高級な知識が，不変で無謬の根源から生じた『真理』であるかのように教えられてきたことである。より参加的なカリキュラムに熱心に取り組む人々は，知識とは社会的に構成されたものであり，さらに，特定の価値観や利害を持った，また特定の傾向性を帯びた人々によって生産され流布されているものだということを理解している。このことは，端的に，全く動かしがたい事実であり，それは，誰もが皆，自分の文化・ジェンダーや地理的要因などによって形成されるからである。しかしながら，民主主義的なカリキュラムにおいて，子ども達は，自らの社会の『批判的な読み手』となる。子ども達は，何らかの知識や視点に出会うと，次のような問いかけをするように促される。すなわち，それを言ったのは誰なのか，その人達がそう言ったのは何故なのか，私たちがそのことを信じるべきなのはなぜなのか，さらに，私たちがそのことを信じ，それに基づいて行動するこのようによって利益を得るのは誰なのかと」[21]。この指摘は民主主義的なカリキュラムの条件として，支配的な知識や価値観を疑うことを提起している。教科書に記載されている「事実」とされている知識はもちろん，知識人やメディアが発する様々な言説を批判的に読み直すことが求められる。『民主主義を学習する』を執筆したガート・ビースタも同様の指摘をする。ビースタは，シティズンシップの教授から民主主義の学習へ転換してゆく必要性を指摘し，「若者が実際に民主的な市民となり，それを通して学習する多様な方法の理解を目指す研究を必要とする。言い換えれば，若者が中心的な役割を果たす実際の『シティズンシップの条件』に与える民主主義の学習方法について，文脈的に理解すること」を指摘する[22]。実態的な民主主義的な手続きを主体的に学ぶことを強調する。

　アップルは，カリキュラムに対して以下のようにも指摘をする。「民主主義的なカリキュラムには，大人が重要だと考えるものだけでなく，子ども達が，自分自身や自分の住む世界について抱く疑問や関心も含まれる。また，民主主義的なカリキュラムは，子ども達が知識の消費者という受動的役割を

捨て去り，『意味の作り手』という能動的役割を担うよう子ども達を誘う」。これは，子どもの関心を活用したカリキュラムの創造である。従来の社会科教育では，すでに指摘した通り社会諸科学の学問成果を基盤とした構成が取られることが多かった。そこでは，目の前の子どもの関心は軽視され，公的かつ高尚な教養としての知識の受容が求められてきた。カリキュラム・マネジメントは，この思想を大きく変更し，学級や教師固有のカリキュラム・デザインを可能とする思想である[23]。

　上記の視点でカリキュラムを策定することは，学校組織のあり方を改革してゆく。民主主義的手続きを踏まえたカリキュラム・デザインを行うためには，上記で指摘した 6 つの要件が必須である。子どもの文脈や各々が属する文化や組織，また社会的文脈に基づいた授業やカリキュラムの構想・実施は，画一的な授業実践を排除してゆくため，教師による自由かつ自主的・主体的な授業研究や授業デザインを保証する。同時に，開発される社会科カリキュラムや授業は，当該教師及び学校だけで完結する閉ざされたものではなくなり，授業や学校の社会的責任を含み込んだ形で社会へ開かれたものとなる。カリキュラム・マネジメントの思想は，教師と子ども，授業と社会を繋げ，現代社会における学校の社会的レリバンスを再度検討してゆく。その文脈において，社会科教育は民主主義的な学校を構築・運営してゆくための学校経営の核として位置付いてゆく。

　授業は教師による一方向的な文脈だけでは成立しない。それは，子どもの認識や価値観，また学校文化や教員組織等を含みこみながら，社会科の大きな目標である市民性の育成へ迫る必要がある。そこでは，カリキュラムや授業をデザインする教師の自由度の保証が前提となる。教師が学級の中で子ども達と対話し，彼らの関心を捉え，それを活用しながら中長期のカリキュラムをデザインし，そこから単元や授業を設計する。また，民主主義を核に社会科カリキュラムの設計を行うことで，社会科を通した学校改善を行うことを可能とする。このような方略が，子どもの社会的な興味関心の継続を計ることにつながり，「学び続ける主権者」の育成とつながる。

　カリキュラム・マネジメントは，教師による固定的・形式的な学校カリキュラム作りを推進するものではない。子ども達が既存の知識や文化を批判的

に読み解くことを目指し，自身が所属する文化・社会・学級・子どもに応じた，文脈的・実態的なカリキュラム作りを支援する思想である。この思想は，学校や公的カリキュラムに縛られた教師を自由に解き放ち，自主的・主体的なカリキュラム・授業作りを可能とする考え方である。

注

1) 社会的レリバンスについては，本田由紀「カリキュラムの社会的意義」『カリキュラム・イノベーション』東京大学出版会，2015 年，pp.27-40，本田由紀「教育と職業との関係をどうつなぐか―――垂直的/水平的多様性の観点から」『社会のなかの教育』岩波書店，2016 年，pp.169-198，が詳しい。

2) 小玉重夫「なぜカリキュラム・イノベーションか」『カリキュラム・イノベーション』東京大学出版会，2015 年，p.3。

3) National Governors Association Center for Best Practices and Council of Chief State School Officers, "Common Core State Standards for English Language Arts and Literacy in History/Social Studies, Science, and Technical Subjects", Washington, DC: Authors, 2010.

4) 山田秀和「社会科の教科内容を基盤にした統合カリキュラムに関する一考察―――フォガティ＆ストアーの所論を手掛かりにして」『岡山大学大学院教育学研究科研究集録』pp.59-68，2016 年。

5) 2016 年 9 月にフィンランド市教育局でインタビューを行った際，カリキュラム作成に携わる担当者はコンピテンシー・ベースド・カリキュラムの重要性と有用性を論じ，具体的なカリキュラムや授業構成を紹介していた。しかし，その後ヘルシンキ大学で社会系教科及び教員養成カリキュラムの研究者へ同様のインタビューを行った際，そこではディシプリン・ベースドのカリキュラムの必要性を論じていた。フィンランドは，一般的にコンピテンシー・ベースド・カリキュラムの先駆的実践国であると語られることが多いが，同国でも様々な議論が見られることがわかる。

6) 主権者教育実践「社会を科学する！ 理想の社会をデザインし，政治家へ提案してみよう！」2015 年度学術振興会（ひらめき☆ときめきサイエンス）採択課題（研究代表者 田中伸，2016 年 11 月 19 日実施）。本実践は，中学校教員，教育委員会，議員，大学教員がコラボし，中学生が公共施設等総合管理計画を分析し，今後進むことが予測されている岐阜市の公共施設の統廃合を予期し，その解決へ向けた政策をデザインし，議員へ提案を行ったものである。なお，本企画は社会諸科学における科学の方略を現実社会へ応用するという意図を内在している。

7) 田中は現実社会及び子どもの文脈を重視した社会科論として，ニクラス・ルー

マンの思想に基づく社会科論を展開する。詳細は田中伸「コミュニケーション理論に基づく社会科教育論──『社会と折り合いをつける力』の育成を目指した授業デザイン」『社会科研究』第 83 号，2015 年，pp.1-12. 及び，Noboru TANAKA, "History Learning as Citizenship Education; Collaborative Learning based on Luhmann's Theory of Communication", *The Journal of Social Studies Education*, The International Social Studies Association, Vo.5, 2016, pp.57-70 参照。

8)　筆者は，2016 年参院選実施の際に朝日新聞と共同で高校生対象のアンケート調査を実施した。結果の概要はすでに本紙に掲載されている（2016 年 6 月 18 日，6 月 19 日，7 月 2 日，7 月 9 日，7 月 16 日）が，結果の詳細及び，18 歳の高校生が持つ政治的・社会的関心の内実は，別紙で詳細に論じる。

9)　田村知子『実践・カリキュラムマネジメント』ぎょうせい，2011 年，p.2。

10)　社会科授業論の類型については，全国社会科教育学会編『社会科教育学実践ハンドブック』明治図書，2012 年，及び社会認識教育学会編『社会科教育学研究ハンドブック』明治図書，2013 年参照。

11)　池野範男「批判主義の社会科」『社会科研究』全国社会科教育学会，第 50 号，1999 年，pp.61-70。

12)　社会科におけるカリキュラム・マネジメントの概略については，田中伸「社会科の授業づくりの理論を探る」『社会科教育のルネサンス──実践知を求めて』保育出版社，2016 年，pp.68-71 参照。

13)　田中伸「シティズンシップ教育実践の多様性とその原理──学習環境を規定する市民性意識の解明を通して」『教育方法学研究』日本教育方法学会，第 36 巻，2011 年，pp.39-50。

14)　Marjo Kyllonen, "Democracy in action: promoting children's participation", City of Helsinki Education Department, Finland, 2016.

15)　田村も「協働性の創出」という観点から組織体制と組織文化における意識の共有化を論じている。（村川雅弘，野口徹，田村知子，西留安雄編「『カリマネ』で学校はここまで変わる！」ぎょうせい，2013 年，pp.14-20。）

16)　例えば，このような学習論の一つとしてマシュー・リップマンが開発した Philosophy for Children（P4C と略記）という学習論がある。P4C は，授業で哲学的な対話を行うことで，子ども自身が問いを立て，その探究を行う実践モデルである。授業の論理を一言で示すと，対話を用いて社会問題や論争を探究する場の構築を試みる。原理はコミュニケーションである。本実践は，教科の枠組みを超えて行われることが多く，育成したい資質や能力を設定し，そのために必要な視点を教科の領域を超えて選択する。P4C を用いた社会科への応用研究としては，田中伸「小学校 6 年『他教科とクロスする』アクティブな授業モデル・スポーツの分析を通した社会の探究──子どもの常識を疑う文化学習」『社会科教育』明治図書，2016 年 8 月号，pp.72-75，参照。また，子どもが問いを立てる

方略を示した先駆的な研究として，福井氏の研究がある（福井駿「問いを立てることを学習する哲学教育――米国初等後期用教科書 Philosophy for Kids の場合」『日本教科教育学会誌』日本教科教育学会，第 37 巻第 3 号，2014 年，pp.23-32，福井駿「小学校低学年における関係としての社会の学習――Getting Started in Philosophy の分析を通して」『社会科研究』全国社会科教育学会，Vol.81, 2014 年，pp.51-62）がある。

17) 前掲 12, p.68。

18) 倉本哲男『アメリカにおけるカリキュラムマネジメントの研究――サービス・ラーニング(Service-Learning)の視点から』ふくろう出版，2008 年，pp.78-82。

19) マイケル・W・アップル，ジェームズ・A・ビーン編，澤田稔訳『デモクラティック・スクール――力のある学校とは何か（第 2 版）』上智大学出版会，2014 年。

20) 前掲，p.20。

21) 前掲，p.28。

22) ガート・ビースタ著，上野正道ほか訳『民主主義を学習する――教育・生涯学習・シティズンシップ』勁草書房，2014 年，pp.31-32。

23) 教師による固有のカリキュラム開発については，Stephen J. Thornton 著，渡部竜也，山田秀和，田中伸，堀田諭共訳『教師のゲートキーピン――主体的な学習者を生む社会科カリキュラムに向けて』春風社，2012 年参照。

（田中伸）

II

社会科カリキュラム
のマネジメント

目標（ゴール）に基づく授業デザイン

1 協働的問題解決能力の育成を目指したカリキュラム

(1) 協働的問題解決能力育成の論理と視点

　協働的問題解決能力とは何か。中央教育審議会教育課程企画特別部会の論点整理 [1] において，「これからの子供たちには，社会の加速度的な変化の中でも，社会的・職業的に自立した人間として，伝統や文化に立脚し，高い志と意欲を持って，蓄積された知識を礎としながら，膨大な情報から何が重要かを主体的に判断し，自ら問いを立ててその解決を目指し，他者と協働しながら新たな価値を生み出していくことが求められる」とある。ここでは，これからの社会においては，他者と協働し問題を解決していくことが必要となり，それらを資質・能力として育成していく必要性を述べている。また，協働的問題解決とは，「情報を他者と共有しながら，対話や議論を通じて互いの多様な考え方の共通点や相違点を理解し，相手の考えに共感したり多様な考えを統合したりして，協力しながら問題を解決していくこと」と明記し，問題発見・解決，協働的問題解決のために必要な資質・能力として，思考力・判断力・表現力等を明記している。

　これらから，協働的問題解決能力とは，「情報を他者と共有しながら，対話や議論を通じて互いの多様な考え方を統合したりして，協力しながら問題を解決していく力」と考えていく。

　上記のような力を育成するための授業にしていくために，取り組んだ実践を述べていく。

(2) 実践事例

平成 27 年度 5 年生 2 学級 61 名を対象とし，協働的問題解決能力を育成するために，次のように実践を進めた。

① 子どもたちの実態把握

まず，学習させたい内容に対して，子どもたちの認識がどのくらいあるのか，実態を把握することが，最も重要なことだと捉え，調査を行った。（表 1-1 参照）

表 1-1　5 年 1 組における魚にかかわる実態調査（一部分）

質問項目	はい	いいえ
魚が好きだ。	28	3
「養殖」とはどのような方法か知っている。	9	22
鮎が好きだ。	24	7
鮎はよく食べる。	9	22

5 年生では，我が国の農業や水産業等の食料生産について学ぶ単元がある。そこで，水産業を取り上げようと思った際，海がない環境の中で生活している子どもたちの水産業における認識はどのくらいなのかが，大変気になり，実態調査を進めた。すると，魚は好きだがよく食べるわけではないことやどのように水産物が生産されて自分たちのもとへ運ばれてくるのかということにおける認識が低いことが分かった。そこで，事象を身近に感じさせる工夫を行いながら，単元を構成していけば，子どもの主体性を引き出し，協働的問題解決能力を身に付けることにつながるのではないかと考えた。

② 協働的問題解決能力を育てる過程

前に述べたことに加え，次のことを大切にしながら単元構成を行った。子どもたちの実態を把握した上で，次のような過程を踏まえて単元を構成すれば，子どもたちは主体的に問題を発見し，その解決に向かって，情報を他者と共有しながら，対話や議論を通じて，協力する姿勢を生み出せるだろうと考えた。そして，次のように単元を構成した。（表 1-2 参照）

表 1-2　協働的問題解決能力を育成するための手立て

協働的問題解決能力を育成する過程	協働的問題解決能力を育成するための手立て
つくる	・児童の興味関心をひくような教材の開発。 ・問題との出会いの場における工夫。
調べる	・体験的学習や作業的学習の取り入れ。 ・仲間と話し合う必然を生むような展開の工夫。 ・問題解決につながる発問の吟味，工夫。
深める	・思考が深まるために身に付けた知識や技能を活用して考えられるような展開の工夫。 ・強い願いをもって活動を営む人物の教材化。
まとめる	・自己の高まりを自覚できるまとめの時間の工夫。

(3) 単元構成

① 単元の目標 [2]

〇我が国の水産業の様子に関心をもち，水産業が自然環境を生かして営まれ国民の生活を支えていることや主な漁場の分布，水産業に従事している人々の努力等を理解するとともに，国民の生活を支える水産業の発展について考えることができる。

〇資料を活用して我が国の水産業の様子と自然環境や国民生活とを関連付けて思考・判断したことを適切に表現することができる。

〇単元を通して，学級の仲間と互いに考えを交流することで，水産業についての理解を深めたり，従事する人々の努力を感じたりすることができる。

② 単元の流れ（全 11 時間：約 1 ヶ月）

時	過程	ねらい	学習活動	※評価規準【観点】
1	つくる	実際に売られている魚の様子を見ることで水産業について関心を高めることができる。	1.普段どの種類の魚を食べているか交流し合う。 2.スーパーマーケットの魚売り場を見学し，調査活動を行う。 3.海の魚だけでなく川の魚や岐阜県産の魚も売られていることを知り，たくさんの地域から岐阜県まで多くの場所から魚が集まっていることを実感する。	※我が国の水産業の様子について関心を高めている。【関・意・態】
2	調べる	我が国全体や岐阜県の水産業の概要をつかむことができる。	1.スーパーマーケットの見学で分かったことを交流する。 2.日本の水産業について，地図や統計資料等を調べたりして分かったことを全体で交流する。 3.交流から単元を貫く課題をつくる。	※我が国全体や岐阜県の水産業の様子について理解している。【知・理】
3		長崎漁港の特色や沖合漁業で行われるまき網における工夫や努力をつかむことができる。	1.長崎漁港で主に行われる漁の様子をつかむ。 2.各種資料を活用し，長崎漁港でさかんな沖合漁業の特色をつかむ。 3.沖合漁業に携わる人々の工夫や努力を考える。	※長崎漁港の特色や沖合漁業の工夫や努力を各種資料から読み取っている。【技】
4		長崎漁港では，輸送の工夫がなされていることを理解することができる。	1.長崎漁港にはどのような施設があるか，様子をつかむ。 2.水揚げされた魚が食卓に届くまでの流れを資料から調べる。 3.魚が運ばれる道を地図で確認してまとめる。	※長崎漁港の消費地へ届けるための輸送の工夫を理解している。【知・理】
5		焼津港の位置や周辺施設の技術が優れていることがかつおが多く集まる理由だと考えることができる。	1.焼津港のかつおの水揚げの様子をつかむ。 2.焼津港でかつおの水揚げが多い理由を考える。 3.漁業の変化の様子から，新たな水産業の取り組みについて理解する。	※焼津港にかつおが多く集まる理由を考え表現している。【思・判・表】
6		つくり育てる漁業の特色やそこに携わる人々の努力，工夫を理解することができる。	1."とる漁業"と違う方法で行われる漁業の方法をつかむ。 2."つくり育てる"漁業の特色や働く人々の工夫，努力について考える。 3."つくり育てる漁業"をまとめる。	※つくり育てる漁業は，計画的に行われていることを理解している。【知・理】

7	深める	全国の漁業の様子と岐阜県の漁業の様子を比較し，岐阜県の漁業の特色をまとめることができる。	1.岐阜県の漁獲量や生産量について知り，概要をつかむ。 2.資料から，岐阜県の漁業の特色を考える。 3.明らかになった特色についてまとめる。	※資料を活用して，岐阜県の漁業の特色をまとめている。【技】
8		鮎の養殖に携わる人から岐阜県で鮎の生産が盛んな理由を調査したり，鮎の養殖の方法を見学したりして，鮎の養殖の様子を理解することができる。	1.岐阜県は鮎の養殖も盛んであるという事実をつかむ。 2.鮎の養殖を約20年続けているM養殖場を訪れ見学調査活動を行う。 3.鮎の養殖に携わるTさんから，聞き調べ活動を行う。	※鮎の養殖に携わる人から岐阜県で鮎の生産が盛んな理由を調査したり鮎の養殖の方法を見学したりしてまとめている。【技】
9		TさんたちM養殖場の人々の生産の工夫や消費者に安定的に供給しようとする努力を考えることができる。	1.M養殖場の鮎の生産方法をつかむ。 2.資料から考える。 3.仲間と交流することで，明らかになった考えをまとめる。	※M養殖場の人々の生産の工夫や消費者に安定的に供給しようとする努力を考えている。【思・判・表】
10	まとめる	日本や岐阜県の漁業の特色についてまとめることができる。	1.既習内容を振り返る。 2.特色を新聞にまとめる。	※水産業で働く人々の安定的に供給するための工夫や努力を表現している。【思・判・表】

「つくる」過程

　海がなく水産業にあまり馴染みのない子どもたちが，水産業を少しでも身近に感じられるように，スーパーマーケットの魚売り場の見学を単元入口に位置付けた。事前調査の結果から，大多数の子どもが，家の人とスーパーマーケットへ行き，魚売り場を目にしていることが分かった。そこから，身近に感じているスーパーマーケットの魚売り場を再度見学し様々な魚を目にす

ることで，それらがどのように漁獲，生産され，どのようなルートを通って
ここまできたのかという問題に出会えるだろうと考えた。このように子ども
たちにとって身近な事象を取り上げることは，子どもたちの興味関心をひく
ことにつながり，主体的に課題解決に取り組むことができる。

「調べる」過程

　子どもたちは，自分のところに多くの魚が届くまでに，どのような人々が
どんな工夫や努力をしているのかを疑問にもった。そこで，単元を通して
「水産業がさかんな地域やわたしたちの県では，どのような工夫や努力をし
て，わたしたちの食生活を支えているのだろう。」という，仲間と共に考え
ていく学習課題を設定した。調べる過程では，学級集団を学習集団のベース
とし，他者との協働を求めていくため，どの時間においても，全体で考えを
交流する時間を設けた。このように，子どもたちは，問題意識を明確にもち，
資料を活用して考えたことや分かった事実を仲間と互いに交流することで，
思考を広げたり，深めたりできる。

「深める」過程

　水産業のさかんな地域である長崎県や静岡県の漁獲における努力や工夫，
青森県の生産における努力や工夫を学び，知識や技能を身に付けた後，それ
らを活用する場として，岐阜県の水産業[3]について考える時間を設けた。
特に全国でも有数の生産量を誇る鮎の養殖業を営むM養殖場のTさんを教材
化し，Tさんの願いや努力に迫る時間を位置付けた。このように，今まで身
に付けた力を活用できることに加え，自分たちにとって身近で，施設見学や
聞き取り調査の可能な岐阜県の事例を取り上げることで，子どもたちの意欲
的な追究につなげることができる。

「まとめる」過程

　様々な知識や技能を身に付けたことを実感させるために，学んだことを新
聞に詳しくまとめる活動を単元の出口に位置付けた。自らの学びの高まりを
自覚できれば，また新たな問題との出会いを求め，自ら課題解決に向かおう
とすることができる。

28

社会的事象との出会い
・Tさんが養殖生産する鮎と天然鮎の実物を提示し，似ていることを実感する。

本時の課題を設定する。
　Tさんはどうして天然に近い鮎を大量に生産できるのだろう。

追究の見通しをもつ。
・既習内容をもとに課題に対する予想をもち，グループで交流する。

課題追究する。①
・個人で資料から課題について追究する。

課題追究する。②
・課題について資料から考えたことを学級全体で交流する。

視点①
大量に生産できる理由

視点②
天然に近いものを生産できる理由

・追究視点が同じ場合は，共通点に気を付けながら仲間の話を聴き，その意見に付け足しながら考えを確かにしていく。
・追究視点が違う場合は，自分の考えに新たな視点を加えることで考えを広げていく。

課題に対する考えを深める。
・資料を提示する。
・仲間と話し合って身に付けた考えをもとに資料から考えたことを学級全体で交流する。

養殖生産の利点に気付く。

まとめを行う。
・Tさんが天然に近い鮎を大量に生産できる理由とその理由を追及する中で気付けた養殖生産の利点についてまとめる。

図 1-1　協働的問題解決能力の育成を目指した単位時間の流れ

このように，協働的問題解決能力を育成するために，4つの過程を意識して単元を構成した。

③　協働的問題解決能力を育成するための中心の授業

　本単元の中心となる授業を単元後半に設定した。それは，子どもたちが，仲間同士互いに話し合いを通して考えを深めたり，確実な知識を身に付けたりしながら，新たな価値を獲得していくことを目指した。（図 1-1 参照）

　単元で身に付けたい見方や考え方を確実に習得して，それを活用していく必要があるからである。子どもたちは，M養殖場のTさんが，天然に近い鮎を大量に生産できるのは，「人工孵化を取り入れることで病気などを持ち込まずに，確実に生産できるからだし，鮎の稚魚を育てる環境も自然の川に近づけているからだ」

授業記録①
児童：えっ。（個々につぶやく）
A児：いつでも出荷できるように採卵時期をずらしている。
教師：何でこんなことができるの。（思ったことをそれぞれつぶやいているが，次第に挙手）
B児：私は，天然のアユだったら時期をずらすってことはできないんだけど，養殖はつくり育てる漁業だから，時期をずらすってことができるからいつでも食べられるように，育てていると思います。
C児：僕も，Bさんと同じで，アユはここにも書いてあるんだけど，夏に成魚になって戻ってきますよね。だから，その時に夏にしかアユは食べられないんだけど，こういう養殖っていうのは，いつでも生産できるっていう，生産が可能だから，採卵の時期をずらせば，いつでも出荷できるから，たくさんアユが食べられるようになったと思います。
教師：Dさん，さっき，今まで学んだこととつなげてつぶやいていたんだけど，話してて。みんなに。
D児：これは，前の真鯛の学習でSさんが作っている真鯛も時期をずらしてやっていたと思います。
児童：（全体的につぶやく）ああ……ってことは，養殖をやっている人々は……。いつでも出荷できるようにしている……。

と，多くの子が見学で実際に見てきたことと本時の資料を関連づけて考えることができた。しかし，消費者に安定的に供給するという養殖生産の利点に気付かせることこそ，新たな価値を獲得することと捉え，資料を提示した。「M養殖場の鮎生産スケジュール」から，子どもたちは，既習内容や本時の中で仲間と共に話し合って身に付けた考えにもとづいて，さらに仲間と話し合うことで，養殖生産の利点に気付くことができた。（授業記録①参照）

　この単元において仲間と追究することで「分かった」と感じたと答えた子どもは，「自分の意見を仲間とお互いに交流したことで，自分の考えに自信がもてた。」と，感想に残している。

◆(4) 実践結果及び評価

　子どもの実態を把握した上で，「つくる」「調べる」「深める」「まとめる」の過程を意識して単元構成したことで，子どもたちの主体的な学びを生み出すことにつながった。また，どの過程においても，仲間と共に話し合ったり，活動したりすることを通して，問題を解決していこうとする態度を育

てることができたと感じている。さらに，本時では，今まで単元の中で身に
付けてきた知識や技能を活用して，仲間と話し合う場を位置付けたことで，
子ども自身が，仲間の意見を聞くことでよく分かったと，自己の高まりを自
覚できたことが何よりも成果である。今回，協働的問題解決能力を身に付け
るための授業の作り方については実践検証できたが，協働的問題解決能力が
身に付いたかどうかについては検証できていない。今後は，この能力が身に
付いたかどうかにおける評価の在り方について，明らかにしていきたいと考
える。

注

1) 文部科学省教育課程企画特別部会における論点整理について（報告）平成 27
   年 8 月 26 日 www.mext.go.jp/b_menu/shingi/chukyo/.../1361117.htm
2) 小学校学習指導要領解説「社会編」平成 20 年 8 月（p.49，57，59，60，61）
3) 本授業の作成において参照した図書等は下記の通り。
   ・岐阜県の水産業　平成 27 年 1 月　岐阜県農政部農政課水産振興室
   ・アユの一生　岐阜県水産研究所
   ・養殖業の現状と課題について　平成 25 年 2 月　農林水産省水産庁
   www.jfa.maff.go.jp/j/saibai/yousyoku/arikata/.../1-2docu.pdf

（朝田佳菜絵・宮川和文）

2 思考力の育成を目指したカリキュラム

(1) 思考力育成の論理と視点

① 思考力とは何か

　思考力という言葉を，私たち教師は普段何気なく使っている。それは，指導案を作成する時も，評価の方法を考える時も必ずと言っていいほど教師であれば誰もが使ってきた言葉である。また，学習指導要領や様々な教育書にもたくさん出てくる言葉でもある。しかし，思考力にはどのような意味があるのかを理解して意識的に使っているだろうか。

　平成 27 年 8 月に文部科学省教育課程企画特別部会によってまとめられた「論点整理」の「新しい学習指導要領が目指す姿」の項目の中では次のように述べられている。

　　　例えば，思考力は，……社会科において社会的な事象から見いだした課題や多様な考え方を多面的・多角的に考察して自分の考えをまとめていく過程……などを通じて育まれていく。これらの思考力を基盤に判断力や表現力等も同様に，各教科等の中でその内容に応じ育まれる [1]。

　このことから分かるように，社会科において育成すべき思考力は「社会的事象を多面的に考え，多角的に考える力」であると言える。図 2-1 に示したように，「多面的に考える」とは，ある社会的事象を経済の側面や政治の側面，環境の側面などの様々な視点から考えていくことであり，「多角的に考える」とは，ある社会的事象をＡという立場やＢという立場などの様々な視点から考えていくことである。

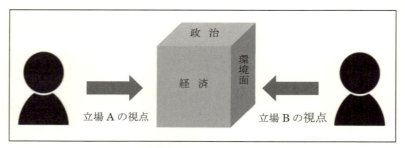

図 2-1 多面的・多角的に考えるイメージ

② 思考力を育成するための手立て

上記のような思考力を育成するために三つのことを手立ての工夫として行った。一つ目に単元構成の工夫，二つ目に授業過程の工夫，三つ目に授業方法の工夫である。

単元構成の工夫

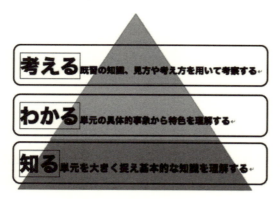

図 2-2 単元構成のイメージ

単元構成を「知る」「わかる」「考える」の三つの段階に意図的に分けて指導する。「知る」段階では，単元を大きく捉えて社会的事象の基本的な知識を習得することで，これから学ぶ単元の全体像をつかむことができるようにする。

「わかる」段階では，具体的な社会的事象について，その特色を理解し習得することができるようにする。

「考える」段階として社会的事象についてこれまでの段階で習得した知識，見方や考え方を用いて考察することができるようにしていく。また，生徒が多面的・多角的に社会的事象を考えられるようにするために，生徒の意見が対立するような社会問題を教材として用いるようにする。

授業過程の工夫

「考える」段階の授業では，思考力を身に付けさせるために図 2-3 のような授業過程を実施していく。

一つ目の生徒が自分の考えをつくる場面とは，生徒の意見が対立するような学習課題に対して，これまでに身に付けてきた知識，見方や考え方を活用して，自分の意見を考える時間である。

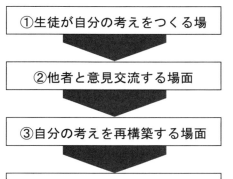

図 2-3　「考える」段階の授業過程

生徒一人一人が確実に自分の意見をもつために必要な時間である。

二つ目の他者と意見交流する場面では，三つのパターンが考えられる。一つは全体交流で意見を交流する，もう一つは同じ意見の生徒同士で意見を交流する，さらにもう一つは違う意見の生徒同士で意見を交流するパターンである。

三つ目の自分の考えを再構築する場面とは，他者との交流を通してこれまで考えていなかった面や立場を踏まえながら，もう一度生徒自身が最初に書いた自分の意見を考え直す場面である。

四つ目の最終的な自分の考えをつくる場面とは，はじめ自分にはなかった面や立場を踏まえて自分の意見を考え直し，最終的な結論を出す場面である。

授業方法の工夫

生徒の思考は，生徒の頭の中で発揮されるものであるため，教師は見ることができない。そこで，生徒の思考を見られるようにするための手立てとして，トゥールミンモデルを用いたワークシート

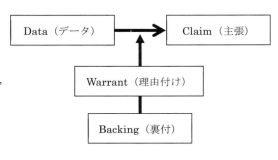

図 2-4　トゥールミンモデル

を作成する。トゥールミンモデルは，生徒自身が自分の考えを分かりやすく整理していくために効果的であるとともに，教師側が，生徒がどのように考えを構築していったのかを把握するにも効果的なものである。図 2-4 のClaim（主張）とは，自分が結論として言いたいこと，Data（データ）とは，その根拠となる社会的事実，Warrant（理由付け）とは Data（データ）と Claim（主張）を結び付け，正当化を図る理由，Backing（裏付け）とは，Warrant（理由付け）を支えるものである。思考力を育成するために，特にWarrant（理由付け）の部分で，多面的・多角的に考えられるように指導していく。

(2) 思考力の育成を目指した授業の実際

1 **単元名** 国際社会と世界平和：日本の常任理事国入りについて考える
2 **対象学年** 中学校第 3 学年（公民的分野）
3 **単元における各時間の授業**（全 6 時間）

表 2-1 に示した通り，本単元を 6 時間構成として実施した。本単元では，

表 2-1 単元における各時間のねらい

段階	時	各時のねらい
知る	1	常任理事国について調べることを通して，国連の組織や存在意義について知ることができる。
	2	国家を構成するものについて調べる活動を通して，国家の 3 要素や国際社会の問題点について理解することができる。
わかる	3	地域主義について調べる活動を通して，国連以外のまとまりについて理解することができる。
	4	日本が国連安保理の常任理事国入りを目指している理由を追究する活動を通して，日本にしかできない国際的貢献について理解することができる。
	5	日本の国連安保理の常任理事国入りに反対している理由を追究する活動を通して，日本と諸外国との関係について理解することができる。
考える	6	日本の常任理事国入りの必要性について判断する活動を通して，日本の国際社会で果たすべき役割について様々な立場や視点から考え，自分なりの結論を出すことができる。

2 思考力の育成を目指したカリキュラム　35

日本が国際連合の安全保障理事会における常任理事国入りを目指している社会的事象を中核として扱い授業化を図った。

「知る」段階の授業

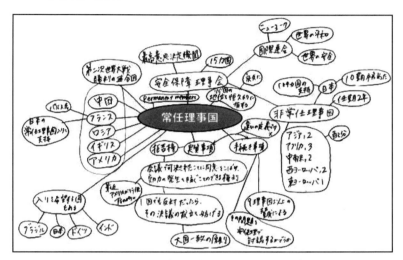

図 2-5　生徒が作成したイメージマップ

　第 1 時の授業の導入で，この単元では生徒がどのようなことを学ぶのかの見通しをもつことができるように，平成 27 年 9 月 29 日に安倍内閣総理大臣が国連総会の場で日本の常任理事国入り希望を表明する場面のニュース映像を見せ，パフォーマンス課題[2]（リアルな文脈の中で知識やスキルを応用・総合しつつ使いこなすことを求めるような課題）を提示した。この日本の動きについて知らない生徒が多く，国連とはどのようなところで，常任理事国とは何なのか疑問をもち意欲的に調べ，イメージマップにまとめる活動を行っていった。図 2-5 はその時に生徒が作成したものである。第 2 時では，国家を構成する主権と領域，国旗や国歌などについて調べ，国際問題となっていることについて学ぶ活動を行った。

「わかる」段階の授業

第3時では，ヨーロッパ連合を中心として，東南アジア諸国連合などのその他の地域主義のまとまりの特色について理解する授業を行った。第4時では，日本が常任理事国入りを目指している理由について，日本の国際的な立場や日本が行っている国際貢献について理解する授業を行った。第5時では，日本の常任理事国入りについて反対をしている中国や韓国，ロシアの立場から，日本の歴史の歩みについて再確認し，それぞれの国がどういった理由で反対しているのかについて追究していく授業を行った。

本校ではiPadやMacBookAirなどの軽くて持ち運びしやすい情報機器が導入されている。また，ネットワーク環境が整い，どの教室でも使用可能であるため，それらの機器を使い第1時から第5時までの「知る」「わかる」段階では教師から与えられた資料だけでなく，生徒自身が必要な情報を自分の手で得られるようにした。情報の正確性が求められるため行政機関などの信用性の高いページで調べるように指導した。

「考える」段階の授業

第6時では，パフォーマンス課題の確認をしたのちに，日本の常任理事国入りについての必要性について，第1時から第5時までの授業で身に付けた知識，見方や考え方を用いて自分の考えをつくる場面を設定した。そこでは図2-6のようなトゥールミンモデルを用いたワークシートを使って，生徒自身がどのような理由や裏付けからその主張にするのか整理させていった。自分の考えをつくり，全体で

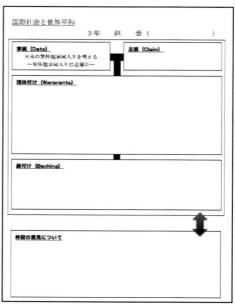

図 2-6 トゥールミンモデルを使った思考フレーム

時	主な学習活動	指導・援助 （◆資料）
0	○既習内容を振り返り，本時のパフォーマンス課題を確認する。 　　日本の内閣総理大臣が国際連合における安全保障理事会の常任理事国入り希望を表明しています。日本の常任理事国入りは国際社会の一員として必要かどうかについて，あなたの意見をまとめなさい。 ○本時の学習課題を設定する。 　　日本の常任理事国入りは必要か。	・これまで学習してきた内容を振り返ることで本時の課題を解決するための足場とする。 ◆内閣府大臣官房政府広報室「外交に関する世論調査」
5	○これまでに単元で学習してきた内容を踏まえて，自分の考えをもち，交流をする。 　≪必要である≫ ・日本は平和主義国家であり唯一の被爆国であるから日本が平和について主張していくことで世界平和に貢献できる。 ・日本は国連分担金を世界2位であり財政的に貢献している， ・日本国民の75.7％が常任理事国入りに賛成であるという立場をとっていて，国民の希望も強い。 　≪必要でない≫ ・日本は平和主義の国で，国連の軍事制裁などに参加できない。 ・日本は近隣諸国と領土問題や歴史的な問題を抱えていて，それらの国との関係改善に力を入れていったらいい。 ・拒否権がない非常任理事国でも安保理で発言する権利は他の常任理事国と変わらない。	
20	○自分の考えと違う考えに対して，指摘できる部分を明らかにして交流する。 ＜必要であるという主張に対して＞ ・平和主義だからこそ，安全保障理事会の制裁に参加できないのではないか。 ・財政的な負担が本当に国民のためになるのか。 ＜必要でないという主張に対して＞ ・これまで国連軍は組織されたことがないので，問題ないのではないか。	・違う考えの仲間の意見と自分の考えを比べることで，省察的に自分の考えを捉え直せるようにする。

30 40	・領土問題を解決するためにも常任理事国入りが必要なのではないか。 ○指摘された意見を踏まえて，自分の考えを再構築する。 ○必要性について最終的な結論を出す。 　私は日本の常任理事国入りは必要であると考える。常任理事国は，恒久の存在であり，拒否権をもっているため，国際的に有利な立場となるだろう。また，日本は唯一の被曝国であり，平和主義の憲法を掲げる国であるので，国連の中でも平和について積極的に発言していける立場であるので，日本の常任理事国入りは必要であると考える。 　私は日本の常任理事国入りは必要でないと考える。日本には平和主義の憲法があり，それによる国際貢献は常任理事国でなくても可能である。また，近隣諸国との領土問題もあり，常任理事国入りすることが難しい状況でもある。必ずしも常任理事国にいることがよいとは限らない。だから日本の常任理事国入りは必要ではないと考える。	・仲間の意見を踏まえながら最終的な結論を出せるようにする。 【評価規準】 　日本の常任理事国入りの必要性について，根拠を明確にしながら最終的な判断をし，結論を出すことができる。 （思考・判断・表現）

　意見を発表したのちに意見の違う仲間との小集団交流の場面を設けた。違う主張の仲間から自分の考えについて疑問に思うことや反論できることを言ってもらうことで，自分の考えを違う面や立場から捉えることができるようにしていった。

　また，トゥールミンモデルの下の部分に仲間の意見について，疑問に思い質問したいことや，反論したいことや，質問されたことや反論されたことについてメモしたりすることができる。フレームをこうすることで他者との意見交流の場面で他の面や立場から捉えることができるようにした。

◆(3)　思考力の育成を目指した授業の評価

　生徒 A は，最初の自分の考えとして，「日本の常任理事国入りは必要である」と主張した。その理由として，ワークシートのトゥールミンモデルの部分を見ると，日本政府の立場で，日本は唯一の被爆国であるという面から，

日本が国連でできる国際貢献という面についてその根拠を明らかにし，自分の考えを構築していた。しかし，他者と意見交流する中で，違う主張の仲間からの外交問題の指摘を受け，その面について自分の考えを付け加えていった。このように，日本の常任理事国入りについての必要性について一つだけではなく，他の面からも自分の考えを整理し，最終的な結論を出すことができた。他の生徒のものも見ていくと，国際貢献や外交問題の面だけでなく，経済の面や国益に関する面なども考えることができていた。多面的に考える力の育成ということについては効果的であったと言える。

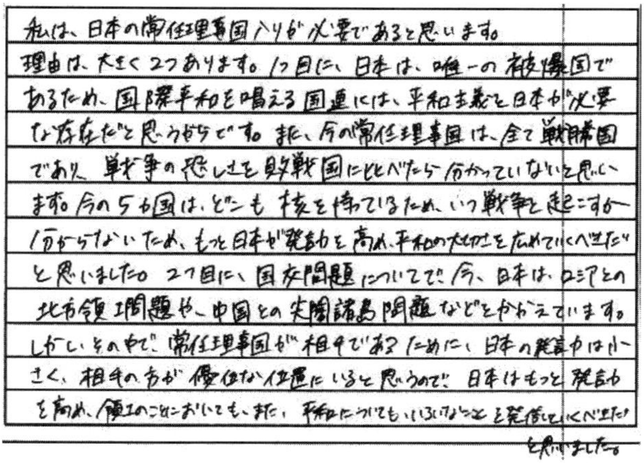
私は、日本の常任理事国入りが必要であると思います。
理由は、大きく2つあります。1つ目に、日本は、唯一の被爆国で
あるため、国際平和を唱える国連には、平和主義と日本が必要
な存在だと思うからです。また、今の常任理事国は、全て戦勝国
であり、戦争の恐ろしさを敗戦国にくらべたら分かっていないと思い
ます。今の5カ国は、どこも核を持っているため、いつ戦争を起こすか
分からないため、もっと日本が発言力を高め、平和の大切さを広めていくべきだ
と思いました。2つ目に、国交問題についてです。今、日本は、ロシアとの
北方領土問題や、中国との尖閣諸島問題などをかかえています。
しかし、その中で、常任理事国が相手であるために、日本の発言力は小
さく、相手の方が優位な位置にいると思うので、日本はもっと発言力
を高め、領土のことにおいても、また、平和についてもいろいろなことを発信していくべきだ
と思いました。

図 2-7　生徒が書いたまとめ

しかし，多角的に考える力の育成となると課題点が見られた。日本政府の立場では考えられているが，他国の立場を考えている生徒はあまり見られなかった。第 5 時で，他国の立場で考えられるような授業を設定したが，この授業を生徒一人一人に諸外国の役人に成り切らせ，日本の常任理事国入りについて考えるロールプレイを取り入れるなどして多角的な考えができるように工夫したり，パフォーマンス課題や学習課題に多角的に考えていける要素を取り入れたりするなど，改善を図っていきたい。

注

1)　文部科学省教育課程企画特別部会『論点整理』。http://www.mext.go.jp
2)　三藤あさみ，西岡加名恵『パフォーマンス評価にどう取り組むか――中学校社会科のカリキュラムと授業づくり』日本標準，2010 年。

（矢島徳宗）

3 分析力の育成を目指したカリキュラム

(1) 分析力育成の定義と仮説

① 「分析力」の定義

　新しい時代を生きる子どもたちは，将来の予測が困難であり，複雑で，変化の激しい社会の中で生きていかなければならない。そうした社会の中で生きていく子どもたちに育みたい力の一つして，「分析力」が上げられる。分析の一般的な意味は，「複雑な物事を各要素に分けて，その性質を明らかにすること」「概念をその属性に分けて，はっきりさせること」[1]である。

概念的知識 （法則・理論）	社会の見方・考え方。社会的事象を説明する際の因果関係的知識（概念や法則，理論）
事実的知識	社会的事象そのものに対する知識。時間的空間的に限定された特殊な社会的事象や過程を記述する知識。概念的知識の材料となる。

図 3-1

　そのことから社会科における，分析力の定義は，事象や出来事の社会的意味の関係性を理解し，関連付ける力である。社会科授業は社会認識形成を通して公民的資質を育成するという目標のもと行われる。社会認識とは，「社会を知る働きとその結果としての知識，一人ひとりの思惑を越えた一般的共通性」[2]である。社会についてそのはたらきや作用を知ることであり，そして結果として得られる知識のことである。知識を積み重ねていくことが，よ

りよい社会認識につながる。そして，よりよい社会認識を形成していくには，社会的事象に関する事実的知識を積み重ね，知識と知識とを関連させることで，概念的知識を身に付けることが必要である。さらに，概念的知識を用いて，新たな事実的知識を獲得する過程を通せば，社会認識が深まるはずである。（図3-1[3]）つまり，分析力が育まれたと言える。

②　「分析力」育成の仮説

　社会的事象や出来事の社会的意味の関係性を理解し，関連付ける力を付けるには，社会的事象に関する知識の獲得が必要不可欠であり，その知識を関連付ける意図的な指導を行わなければ，力は育まれない。そのためには，生徒が主体的に社会的事象に関わり，具体的に考えることができる社会的事象の提示が必要である。また，知識を獲得するために必要な個別的知識を資料から収集し，関連付ける過程が必要である。さらに，獲得した知識が単なる積み上げではなく，関連があることを生徒自身が，認識する場が位置付かなければならない。これらのことを踏まえ，以下のように，仮説を立て，実践を行った。具体的な社会的事象を取り上げ，知識の教え込みではなく，「なぜ」などの原因と結果を考えさせる授業過程を単元を通して行う。獲得した知識を関連付けるために，自分の考えを再構成する場を位置付けた授業を行う。この授業過程を通せば，分析力を育むことができる。

(2)　分析力育成の授業

①　「分析力」育成の単元構成と知識の構造化

　分析力を育むために，中学校1年生地理「アジア州」を取り上げ，実践を行った。まず，知識を獲得し，関連付ける力を育むために，教師が各単位時間で獲得する知識と1単位時間における課題を明確にした（図3-2）。第1時で，アジア州の自然や文化，経済の特色から「アジア州の経済成長を支えているものは何か」という単元を貫く課題を生み出すとともに，アジア州が多様な自然環境であること，アジア州の中でも，5つのアジアに分かれる

42

【単元のねらい】アジア州の地域的特色を，自然環境や歴史，民族，農業や工業の視点からとらえることを通して，豊富な労働力や資源を求めて外国企業がアジアに多く進出していることに気付き，外国企業やアジア州の結びつきがアジア州の経済成長を支えていることが分かる。また，経済が発展する一方で，経済格差が生まれ，限りある資源を有効に活用し，格差を生まない開発における産業構造への変化を見出すことができる。

【単元終了時に生徒に身に付けさせたい知識】アジア州では気候や資源，人材，外国とのつながりを生かすことで産業を発展させてきた。今後も人口が増え続けることで，経済は成長していくだろう。でも，資源は限られているし，格差も生まれている。限りある資源を有効に活用し，経済格差を生まない開発がこれからのアジア州の発展には必要だ。

【単元を貫く課題】アジア州の経済成長を支えるものは何か？

第6時ドバイの発展から見るアジア州のこれから
課題これからのアジア州の経済成長を支えていくものは何か。〈獲得する知識〉石油が豊富に採れる，OPEC（石油輸出国機構），外国人労働者の増加，資源を生かした外国企業の誘致，資源の枯渇問題，資源に依存しない産業構造の構築

第5時東南アジアの産業②
課題赤尾伸悟社長が中国やインドではなく，インドネシアで新たなエネルギー資源の開発を進めるのはなぜか。〈獲得する知識〉東南アジアは人口が増加している，豊富な労働力がある，新たな開発が可能，熱帯地域の気候条件がスーパーソルガムの栽培に適している，石油に代わるバイオマスエネルギー，農家の雇用を生み出す，新たな産業が生まれる，中国やインドで課題となっている都市問題の解決につながる，インドネシアは東南アジアにおける経済発展の可能性を秘めている

第1時アジア州の自然・文化・産業	第2時中国の産業	第3時インドのIT産業	第4時東南アジアの産業①
課題アジア州の自然や文化，産業の特色とは何か。〈獲得する知識〉自然が豊かなアジア州，季節風（モンスーン），気候は地域によって多様，中国やインドの人口密度が高い，アジア州は5つの地域に分けられる	課題多くの外国企業が中国に進出するのはなぜか。〈獲得する知識〉世界第1位の人口，低賃金で雇用可能，豊富な資源，外国企業を受け入れる経済特区，ハイテク産業，情報技術産業，周辺農村の工業団地経済特区のある沿岸部と内陸部の経済格差	課題インドが急速に経済成長しているのはなぜか。〈獲得する知識〉世界第2位の人口，豊富な労働力，IT産業，優秀な人材育成，アメリカのシリコンバレーで働いていた人や中国系華人とのつながり，都市とスラムとの経済格差	課題東南アジアでは，どのような産業が行われているのか。〈獲得する知識〉プランテーション農業，アブラやし，日本への輸出，気候を生かした二期作，天然ゴムや石油などの天然資源が豊富，工業化が進み，外国企業の工場が進出し，機械類や機械製品の生産，輸出がさかん。ASEAN，アジアNIES，都市圏の広がり，経済発展による都市問題が課題

図 3-2　単元の構成と1単元時間における課題と獲得させたい知識

ことを押える。第 2〜3 時では，「なぜ」や「どのような」という課題のもと，個別的知識を獲得する。中国や，インドを取り上げた理由は，どちらも人口が急増し，豊富な労働力があること，経済特区やコールセンターのような外国との関わりがあること，経済発展する一方，都市と農村部との経済格差が広がっているという，経済発展を考える上で必要な知識が共通することがあるからである。

　第 4 時では，プランテーションや，豊富な資源といった東南アジアの産業に関わる個別的知識を獲得する。そして，第 5 時では，具体的な人物の営み（東南アジアにおける赤尾伸悟社長 [4] の取組）について考えることを通して，より具体的な社会的事象から知識を獲得し，単元を貫く課題に迫った。これまで積み重ねてきて知識を活用し，豊富な労働力，気候に適した栽培，資源を生かし，都市問題を解決できる未来への可能性，という概念的知識を獲得する。（本時の展開については後述）第 6 時では，西アジアのドバイの発展を考えることで，これまで獲得した知識を確かなものにした。単元を貫く課題である「アジア州の経済成長を支えているものは何か」という問いに対して，「気候や資源，人材，外国とのつながり」という知識を獲得することで，社会認識を深めた。次に，第 5 時の学習過程で力を育むための方途を説明する。

②　「分析力」育成の 1 単位時間の在り方（指導案）

　第 5 時では，これまで獲得してきた知識を関連付けて，概念的知識を獲得する 1 時間として位置付けた。知識を獲得し，関連付けるための手立てを，導入，展開，終末の場面に別けて説明する。

導入

　導入では，第 4 時の終末で紹介した赤尾社長の略歴を示し，「疑問に思うことはないか」という教師の発問で課題化を図った。生徒は赤尾社長が東南アジアに進出をし，開発をしているという事実とこれまで獲得してきた知識を比較し，経済発展している中国やインドではなく，なぜ，東南アジアに進出しているのか。」という疑問をもった。具体的な人物の営みを取り上げ，獲得した知識と比較して，「なぜ」や「どうして」という疑問が生じる資料

提示を行うことで，生徒が自ら課題を生み出した。こうすることで，社会的事象に主体的に向き合い，獲得した知識と関連付けながら，本時の課題解決に向かうことができ，既習内容との関連も図ることができた。

展開

展開では，本時，獲得させたい知識につながる事実を，資料から読み取り（個人追究），読み取った事実と，課題に対する考えを，全体で交流した。中国やインドと同様に東南アジアでは人口が増加していること〈豊富な労働力〉。第1時に獲得したアジアの気候に関する知識と関連付けて，スーパーソルガム[5]には，熱帯気候の条件が合っていること〈熱帯の気候条件〉。資源豊富な東南アジアにおいても，枯渇が問題であり，また，経済格差解消のための雇用創出が必要なこと〈未来への可能性〉。これら生徒が読み取り，考えを構築し，交流する中で教師が図3-3のように，黒板にまとめた。さらに，教師が「中国やインドでは，これらの開発はできないのか。」という新たな問い（深めの発問）をし，これまで獲得してきた知識をもとに，再度，考える場を位置付けた。また，その後，赤尾社長の思いを紹介し，生徒は考えをまとめた。

これらの過程を通して，生徒は，これまで獲得した知識を用いて，本時の課題に対する考えをもち，概念的知識を獲得した。ただし，このように交流により考えがまとまり，深まるのは，基本的な資料の読み取りの技能や，互いの考えを比較・関連し，まとめていく授業を小学校段階から継続して行っているからである。知識の積み重ね以外にも，授業における学び方も積み重ねてきたことによって，このように，生徒が考えをまとめることができたとも言える。

図 3-3　本時における板書

3　分析力の育成を目指したカリキュラム　45

時	教師の指示・発問	子どもの学習活動（予想される発言）
	○赤尾社長の略歴を見て，疑問に思ったことを発表しましょう。 導入資料	・中国やインドには進出していない。なんで，東南アジアのインドネシアで開発を進めているのかが疑問です。
	課題　赤尾社長が中国やインドではなく，東南アジアで新たなエネルギー資源の開発を進めるのはなぜか。	
	○どんな予想が立てられますか。 ○資料をもとに追究しましょう。	・石油は今後採れなくなると聞いたことがある。だから新たな開発が必要だから東南アジアで開発しているのではないかな。
	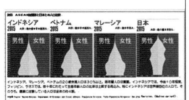	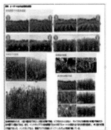 

○資料から読みったこと，課題に対する考えを交流しましょう。	追究資料（一部抜粋）

<豊富な労働力>
インドネシアの人口は世界第4位。中国やインドと同じように労働力が豊富である。また，工業化が進む中で，全人口の4割が農業就労に関わっている。

<熱帯地域の気候条件>
暑さがなければ，糖度が上がらず，エネルギーとして利用できない。実用化するには，年3回収穫しなければならない。早く生育させるには暑さが必要。

<未来への可能性>
中国やインドと同じように工業化が進む一方で，格差が生まれ，都市問題が増加している。豊富な人口を生かし，農業分野で，新たな開発を進めることで，働き場所を生み出し，都市問題や経済格差を解消できる。

○中国やインドではこの開発はできないのでしょうか。
○「新たなエネルギー開発が地域に根差した産業を創り，経済が活性化する」と語る赤尾社長の言葉の意味とは何でしょう。
○本時の課題に対して考えをまとめましょう。（関連図を書いてから，振り返りを記入する。）

・農業が中心の東南アジアだからこそできる開発で，中国やインドではできない開発。

〈赤尾社長の話〉東南アジアは経済発展をしつつあるが，農業就労に関わる人も多く，東南アジアの発展に農業は欠かせない。新たなエネルギー化する可能性が生まれ，経済格差や都市問題の解決にもつながる。

東南アジアは人口が増加し，豊富な労働力があることで新たな開発が可能で，新たな開発を進めることは，農家の雇用を生み出したり，新たな産業が生まれたりして，地域の活性化につながり，経済格差の解決にもつながる。東南アジアの経済発展の可能性を秘めている。

終末

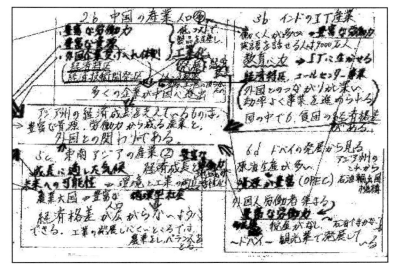

図 3-4　生徒Aの関連図（一部抜粋）

　終末においては，獲得した知識を確かなものにし，知識を関連付けるために関連図の作成を行った。関連図とは，1単位時間において獲得した知識を再構成する図のことである。1単位時間ごとに記入し，1単位時間の終末において，本時獲得した知識を整理し，再構成を行った。また，単元を通して，1単位時間ごとに書き溜めていくため，知識と知識との関連が図れ，知識の獲得が視覚化される。上に示した図3-4は生徒が作成した関連図である。図3-4中の，東南アジアの産業②に記入されているものが生徒が本時獲得した知識であり，矢印でつながれているものが，知識の関連である。関連図の作成を行う際には，「獲得した知識を整理するものであること」「獲得した知識を関連させて，単元を貫く問いに対する考えをまとめていくこと」という視点で作成の指導を行った。

　この活動を行うことで，獲得した知識を生徒自身が認識し，また関連を図ることで，より確かな，高度な知識（概念的知識）が育まれていく。

(3) 実践結果及び評価

① 実践における生徒の姿

次に示すのは，生徒 A が単元を通して獲得してきた知識をもとに，単元を貫く課題にして，自分の考えを説明しているものである。

【単元終了時の，単元を貫く課題に対する考え】アジア州の経済成長は，**豊富な資源，労働力を生かし，工業を行うなど，経済特区などの外国との関わり（貿易）**を保つことで，成長している。でも，経済発展する一方で，経済格差が生じている。**経済格差を解消する**ことも経済を発展させていくうえで考えていかなければならない。

生徒 A のように，これまで，「豊富な労働力」や「豊富な資源」，「外国とのつながり（経済特区）」といった知識を積み上げてきたからこそ，第5時の具体的な社会的事象を取り上げたことで，知識を確かなものにし，第6時で，新たな知識を獲得し，単元での終末において，獲得した知識をもとに，課題に対する自身の考えを構築し，関連付けて説明することができた。

【第6時】　西アジアでは，原油の生産が多く，**資源が豊富**で，OPEC を設けたり，**外国人労働者など，豊富な労働力**があったりと，石油の収入が経済を支えている。一方で，**資源に頼らず**，ドバイのように，**観光業や外国企業の積極的誘致**で発展する国もある。

【第5時】　スーパーソルガムは，**東南アジアの気候に適し，豊富な労働力を生かして栽培ができる。また，工業との両立が可能な循環型社会の構築を目指し，経済格差が広がらないようにしていて，農業とのバランスをとり，経済成長と地域の活性化**といった未来への可能性がある。

---

②　成果と課題

○仮説のように実践を行うことで，生徒 A のような，獲得した知識を関連付け，説明できる生徒を育成することができた。

●「労働力，資源，外国とのつながり」の 3 つの獲得した概念的知識をすべて使い，関連付けて説明できた生徒は 34 人中 7 人しかおらず，知識の定着の弱さや，関連付けに弱さがあることが明らかになった。しかし，経済発展を支えているものとして「豊富な労働力，資源」に 2 つを用いて，説明した生徒は，19 人いることが分かった。つまり，獲得した知識を関連付けて，説明できているが，関連付ける力や指導における課題が明らかになった。

　以上のことを踏まえると，「分析力」を育むためには，単元構成や，1 単位時間の授業過程，終末における獲得した知識を再構成する場を位置づけることが有効であると実証できたが，獲得した知識を関連付ける意図的な指導がさらに必要であるということが明らかになった。

注

1)　旺文社『新版国語辞典』p.1017。
2)　森分孝治，社会科授業構成の理論と方法（社会科教育全書 7），明治図書，1975 年。
3)　森分孝治『現代社会科授業理論』明治図書，1984 年，p.76。図 4 主観的知識の構造図より筆者作成。
4)　株式会社 SOL Holdings（SOL Holdings Corp.）代表取締役社長兼 CEO。SOL は，1970 年工業用自動制御機器及び各種検出器の製造販売を目的として設立(旧社名ニッポー電測株式会社)，2014 年シスウェーブホールディングスから，SOL ホールディングスへと社名変更。
5)　SOL が開発を進めるバイオマスエネルギー。http://sol-hd.jp/

（稲垣直斗）

4 社会参加力の育成を目指したカリキュラム

(1) 社会参加力育成の論理と視点──主権者育成

　現代社会は情報化が進み非常に複雑化している。多くの人が，手を取り合い助け合って生きる「共生社会」が目指される。共生社会の実現のためには，一人ひとりが「今の自分に何かできることはないか」「自分ならどうするか」を考え実際に行動を起こすことが大切である。学級の児童の様子をみても様々な学級の活動を行う際，人に言われたことや決められたことはできるものの「こうしよう」と自分から考えをクラスの仲間に表現したり，仲間と関わりながらクラス（社会）をよりよくしたりしていこうとする力が弱い。また，人の考えに流されたり，無関心であることから理由もなく仲間の考えに同調したりすることも多い。

　地域社会を構成する一員として主体的に関わる力，すなわち社会参加力を社会科授業で育むためには，実際に自分達が暮らす地域社会の抱える問題を取り上げ，その問題を身近な問題として追究していくことが大切である。

(2) 社会参加力育成を目指す社会科授業の単元構成

　社会参加力を育む社会科学習の学習段階として，唐木清志氏の日本型サービスラーニングの論（図 4-1）をもとに単元構成を行った[1]。

　本実践では本巣市に 300 年以上も前から伝わる「真桑人形浄瑠璃」を教材として取り上げた。

4　社会参加力の育成を目指したカリキュラム　51

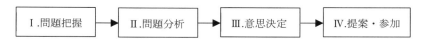

図 4-1　日本型サービスラーニングにおける学習段階

【Ⅰ　問題把握】　事態の深刻さを理解する。

　本巣市に古くから伝わる真桑人形浄瑠璃は，後継者不足や道具の劣化の問題が深刻化している。後継者不足については，本郷地区に住む長男男性は真桑文楽保存会の青年部に入ることが義務となっている。しかし，婦人部では，女性の社会進出が進み，働く女性が増えたことから，所属している人数が徐々に減ってきている。所属されている女性の年齢は 58 歳から 75 歳までと高齢化が進んでいる。一体の人形を動かすには 3 人の人手が必要であることから，後継者育成が大きな問題となっている。

　道具の劣化も大きな問題の一つとなっている。上演する外題によって使用する人形は異なる為，多くの種類の人形が保存されている。しかし，頭（カシラ）や手足は木で作られていることから，木が腐ったり，塗料が落ちてきたりしている。また，人形が着ている着物についても，布が破れたり色が落ちたりしてしまっている物が多い。一体の人形を新しく作るとなると，数十万円の費用がかかってしまう。

図 4-2　使用される着物

【Ⅱ　問題分析】　問題の原因を追究する。

　後継者不足問題の原因は，高度経済成長を機に多くの地域住民が都市に出て行ってしまい，人口が減ったことや，テレビやインターネットなどの普及などによって人々の娯楽や趣味が変わってきたこと，さらに，真桑人形浄瑠璃は古典的であり，現代の青少年の感覚には馴染みのないものであることが挙げられる。

　道具の劣化の問題については，国や県から補助が出ているものの，道具の劣化が激しいため，婦人部を中心に自分達の手で修繕している。

【Ⅲ　意思決定】　**問題解決のための有効な方法，または既に実施されている公共政策の有効性を検討する。**

　現在，本校の隣の小学校では，六年生における総合的な学習の時間の一環として，地域の人々や，今まで上演してきた先輩たちの思いを引き継ぎたいという願いから，真桑人形浄瑠璃を教えてもらいながら練習するという学習が実施されている。この取り組みの有効性や，真桑人形浄瑠璃の「保存・継承」に与える影響を追究した上で，「地域の方に教えてもらう」ということの他に，真桑人形浄瑠璃を保存していく為に自分たちにできることはないかを考え，選択・判断する。こうすることで，小学生らしい「社会の発展を考える態度」が育ち，目指すべき公民的資質に含まれる「よりよい社会の形成に参画する資質や能力の基礎」に近づいていく。

【Ⅳ　提案・参加】　**自分の考えた解決方法や公共政策を行政職員や地域社会の住民に提案する。**

　真桑人形浄瑠璃を保存していく為に考えた，自分達にできること（解決策）を何らかの形で表現し，自分達の住んでいる地域に発信し働きかける。

(3)　条件整備・指導計画・資料

①　条件整備

　小学校第三学年の児童にとって伝統芸能はあまり馴染みがなく，他の単元に比べて児童に興味をもたせることが難しい。実際，子供達に真桑人形浄瑠璃についてアンケートを実施したところ，半数以上の児童が真桑人形浄瑠璃のことを知らず，実際に見たことがある児童は 27 人中 3 人という結果であった。この結果から，真桑人形浄瑠璃の保存・継承について考えるためにはまずクラスの子供達が真桑人形浄瑠璃に触れ，理解することが大切である。そこで，単元の導入段階では人形（実物）に触れることや電子黒板を用いて，真桑人形浄瑠璃上演の様子の映像を見せること，外題（脚本）の内容を理解することを意図的に取り入れた。

4　社会参加力の育成を目指したカリキュラム　　53

②　指導計画

1. 単元名　　かわってきた人々のくらし

　　題材名　　のこしたいもの，つたえたいもの

2. 対象学年　　小学校第三学年

3. 単元の目標

　本巣市に昔から残る伝統芸能に関心を持ち，芸能の様子や歴史，今日における問題点などを調べたり，考えたりする活動を通して，伝統芸能が地域の人々の願いや努力によって今日まで受け継がれていることを理解するとともに，伝統文化を継承していく一人の市民として自分にできることを考えることができる。

4. 単元の流れ

時	ねらい	学　習　活　動
一時	本巣市には古くから伝わる行事や芸能について進んで調べ，国の重要無形民俗文化財である「真桑人形浄瑠璃」に興味を持ち，単元の課題を設定することができる。	○神社・寺やお祭りなどの写真を見る。 　本巣市に古くからのこっているものには，どのようなものがあるだろう。 ○古くから残る文化について調べる。 ・馬かけ祭りや米かし祭りなどお祭りがある。 ・能の狂言を見に行った。 ○「真桑人形浄瑠璃」について知る。 ・見に行ったことがある。 ・とても有名なんだな。 ○真桑人形浄瑠璃保存会の林さんについて知る。 ○単元の課題を作る。 　林さんは真桑人形浄瑠璃にどのような願いをこめているのだろう。
二・三時	真桑人形浄瑠璃は300年もの歴史がある芸能であり，いろいろな外題があること，3人で1体の人形を使うことなどを	○真桑人形浄瑠璃で使用する人形を見る。 　「真桑人形浄瑠璃」はどのような芸能なのだろう。 ○真桑人形浄瑠璃の上演のビデオを見る。

	理解することができる。	・たくさんお客さんがいる。 ・人形を動かすのは難しそうだな。 ○資料をもとに追究して調べ、交流する。 ①内容…「いろいろなお話がある。」「人形を動かす人や三味線を弾く人がいる。」 ②人形の使い方…「3人で一体の人形を動かすんだ。」 ○交流をしてわかったことをまとめる。
四時	資料から読みとった情報をもとに、「真桑人形浄瑠璃」が行われるようになった要因を考えることができる。	○真桑人形浄瑠璃上演の写真をみせる。 ○真桑人形浄瑠璃がいつごろ始まったのか問いかける。 なぜ、真桑人形浄瑠璃は行われるようになったのだろう。 ○資料をもとに追究して調べ、交流する。 ・昔、本巣では根尾川の水争いが激しかったんだ。 ・福田源七郎が自分のお金を使ってまで争いを解決したんだ。 ○本時の学習をまとめる。
五時	真桑文楽保存会の林さんは、国の文化財として認められた文楽に誇りを持っていることや、お客さんに感動を与えることができたときの喜びが、長い間人形浄瑠璃を続けてこられた理由であることに気付き、表現することができる。	○林さんの人物年表をみて気付いたことを話し合う。 ・人形浄瑠璃を40年間も続けている。 ・やめたいと思ったこともある。 なぜ林さんは40年間も真桑人形浄瑠璃を続けているのだろうか。 ○資料をもとに追究し、調べたことを交流する。 ・国に認められた文楽に自信を持っているから。 ・練習が大変でも、お客さんに拍手をもらえた時はとてもうれしいから。（外国のお客さんにも喜んでもらえた。） ・国の重要無形民俗文化財に指定されているから。 ○本時の学習をまとめる。
六時	真桑人形浄瑠璃は長い歴史がある中で、後継者が少なくなってきたことや、頭などの道具が傷んできたこと、修理には多くのお金がかかることなど様々な問題を抱えていることを理解することができる。	○昔の真桑人形浄瑠璃の写真を見て気付いたことを話し合う。 ・たくさんお客さんが入っている。 真桑人形浄瑠璃は昔からどのように変わってきたのだろう。 ○資料をもとに追究し、調べたことを交流する。 ・頭などの道具の傷が多くなっていて、修理にはお金がかかる。 ・人形浄瑠璃に取り組む若い人が少なくなってきた。 ○本時の学習をまとめる。

		・真桑人形浄瑠璃には後継者や道具の傷みなど様々な問題がある。
七時	林さんが小学校に人形浄瑠璃を教えに行っている理由を考えることを通して，真桑人形浄瑠璃のことをもっと知ってほしい，300年続いた真桑人形浄瑠璃を守っていってほしいという林さんの真桑人形浄瑠璃に対する願いに気付くことができる	○資料をみて気付いたことを交流する。 ・3月の舞台に向けてたくさん練習している。 ・夏には小学校に教えに行っている。 　なぜ林さんは，小学校に人形浄瑠璃を教えにいっているのだろう。 ○資料をもとに追究し，調べたことを交流する。 ＜よさを知ってほしい＞ ・上演を見たことのない人にぜひ知ってほしいと思っている。 ＜伝統を守ってほしい＞ ・人数が原因でできないお話も出てきているから，伝えていってほしいと思っているんだ。 ○本時の学習をまとめる。
八時 (本時)	真桑人形浄瑠璃の伝統を保存・継承するために有効な解決策を，既出資料や学習内容を用いながら話し合うことを通して，後継者不足，道具の劣化の問題の解決策を導き出すとともに，自分達にできることを考えることができる。	○真桑人形浄瑠璃の問題を確認する。 ・後継者が少ない。→若い人の関心が低い。 ・道具の劣化が進んでいる。 　真桑人形浄瑠璃の伝統を守るために，自分達にできることを考えよう。 ○それぞれの問題の有効な解決策を話し合う。 ○自分達にできることはないか考える。

5. 本時のテーマ

真桑人形浄瑠璃の保存・継承に向けて自分達にできること

6. 本時の目標

　真桑人形浄瑠璃の伝統を保存・継承するために有効な解決策を，これまでの資料や学習内容を用いながら話し合うことを通して，後継者不足，道具の劣化の問題の解決策を自分たちなりに導き出すとともに，自分達にできることはないかを考えることができる。

教師の指示・発問	子どもの学習活動	教材・資料
○真桑人形浄瑠璃の問題を確認する。	・後継者が少ない。→若い人の関心が低い。 ・道具の劣化が進んでいる。 真桑人形浄瑠璃の伝統を守るために，自分達にできることを考えよう。	※真桑人形浄瑠璃についてのアンケート（資料1） ※劣化が進む道具の写真（資料2）
○それぞれの問題の有効な解決策を話し合う。 <意思決定>	<後継者不足> ・まずは知ってもらう。僕達も真桑人形浄瑠璃を知らなかったように若い人達で知らない人も多いと思う。 ・やっぱりもっと宣伝するべきだと思う。 ・本巣は淡墨桜や温泉など，他にも観光するところがあるから本巣市全体の素敵なところを宣伝すれば旅行に来てくれる人も増えるんじゃないかな。 ・「もとまる」みたいなマスコットキャラクターを作れば，もっと知ってもらえるんじゃないかな。 <道具の劣化> ・道具を修理するための補助をもっと出してもらえるようにお願いする。 ・日本にある他の文楽のグループと協力する。	※真桑文楽保存会の人数と外題数の変化（資料3）
○自分達にできることはないか考える。 <提案・参加>	<その他> ・会場の写真を見ると，駐車場が無くてみんな道にとめている。もし，使える駐車場があればもっと多くの人が気軽に見に来れるんじゃないかな。 ・舞台を見るだけじゃなくて少し人形を触ったり持ったりして体験できるような場所があるともっと興味をもってもらえるんじゃないかな。 ・全校のみんなに知ってもらうだけでもとても多くの子に知ってもらえる。ポスターを作って学校の掲示板に貼ってもらうといいと思う。 ・お昼の放送で全校のみんなに宣伝する。その時におうちの人に話してもらえるようにお願いしたらもっと広まる。	※上演当日の会場の写真

4 社会参加力の育成を目指したカリキュラム　57

7．本時の展開

　本時では，真桑人形浄瑠璃が抱える問題として後継者不足と道具の劣化があることを確認した上で，有効な解決策について話し合った。児童はこれまで用いた資料や，既習の知識をもとに様々な考えを出し合った。例えば，アンケートの結果から「まずは多くの人に知ってもらうことが必要」という意見や本巣市の観光マップや単元「市の様子」で学んだ内容から，「本巣市には真桑人形浄瑠璃以外にも多くの観光スポットや有名な場所があるからそれを宣伝して本巣市に来てくれる人を増やせばいい。」といった意見が挙がった。また，上演当日の会場の写真から，「駐車場が無くて不便だからあるといい。」や「真桑人形浄瑠璃を少しでも体験できる場を作るといい。」など，少しでも利用しやすくする工夫や，楽しむことができる工夫を考えることができた。

　そして，実際に小学校 3 年生の自分達ができる活動として，まずは学校の仲間に真桑人形浄瑠璃を知ってもらおうという考えから，ポスターを作ったり，

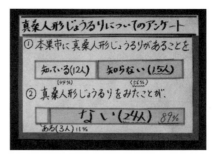

資料 4-1　真桑人形浄瑠璃についてのアンケート

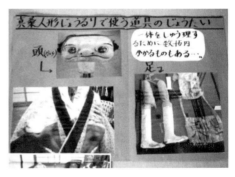

資料 4-2　劣化が進む道具の写真

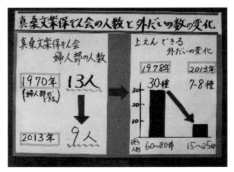

資料 4-3　真桑文楽保存会の人数と外題数の変化

お昼の放送を活用したりして真桑人形浄瑠璃の上演に来てもらえるようにはたらきかけることができた。真桑人形浄瑠璃が抱える課題を知り，その課題に対して取り組む地域の人々の努力や願いを知るだけでなく，その地域に住む一員として主体的に課題に向き合い，自分達にできることは何かを考えることができた。

(4) 実践結果及び評価

今回の実践を通して，児童は社会を構成する一員として社会参加力を育むことができた。学習前，真桑人形浄瑠璃のことをほとんど知らなかった児童も真桑人形浄瑠璃が抱える問題の深刻さに共感し，ただポスターを作るだけでなく，違う学年の児童に対して，「今度，真桑人形浄瑠璃があるから見に行ってね。」と上演を観に行くように声をかけたり，他に何かできることはないかということを仲間同士で話題にしたりと，自分達の町の伝統文化を大切に思いその文化を保存することに対し行動を起こそうとする前向きな姿勢を見ることができた。

また，このような実践を行うことができた背景には，本校の地域性にある。同じ市内に国指定の重要無形民俗文化財があり，その文化財に長い歴史があるのみならず，文化の保存継承に課題があり，保存会の方が中心となり，保存継承の取り組みを行っている。この現状から伝統文化を教材として，社会参加力を育む社会科授業を実践することができた。

実践の課題としては，「真桑人形浄瑠璃」の保存継承という社会問題自体を児童が考えられるようにすることも大切なことである。今回は，小学校3年生という児童の発達段階もあり，単元を通して「伝統文化は守っていかなければいけないもの」という価値を教師側が一方的に児童に押し付けてしまった。しかし，本来は伝統文化の在り方を客観的な視点から見つめることが大切である。そもそも「真桑人形浄瑠璃は伝統文化として守っていくべきものなのかどうか」ということ自体を児童が考え，守っていくとするならば「自分達にできることはないか。」を考える。こうすることで，より主権者としての態度，社会参加力が育まれていく。

注

1)　唐木清志『子どもの社会参加と社会科教育　日本型サービスラーニングの構想』東洋館出版社，2008 年，pp.64-65。

　　唐木氏はキルパトリックが提案した「プロジェクトメソッド」をもとに，子どもが段階をたどって課題を解決していく日本型サービスラーニングにおけるプロジェクトの学習段階を提案した。社会参加力を育成するための学習方法として有効であると考え，唐木氏の論をもとに教材化を行った。

（種田佳文）

5 社会形成力の育成を目指したカリキュラム

(1) 社会形成力の論理と視点

　子どもは将来の主権者である。そのように子どもを捉えたとき，民主主義社会を教える中心的教科である社会科は，主権者育成に大きな責任を持つ。主権者として必要な力とは，民主主義社会における国や社会の問題を自分たちの問題として考え行動することができる力である。そのような社会を形成することに関わることができる能力は学校教育全体で育成すべきものであるが，本稿では社会科教育がどのように寄与できるか，特に世界史という科目がどのように寄与することができるかを論じる。

　現行学習指導要領下で実施されている学校世界史は過去の世界の歴史の展開の理解が目的となっており，間接的にしか主権者育成に関わることができていない。世界史を社会教育の一環として捉えれば，主権者育成に関わることのできる世界史がどのようなものであるかを示すことは重要であろう。本稿では世界史でより直接的に社会形成力を育成する授業を提案し，実践結果を踏まえて意義と課題を考察することで，資質能力の育成のための歴史教育の一助としたい。

(2) 社会形成力を育成する世界史学習

　本稿では世界史科目においても市民的資質育成により直接的に関わるべきという立場から，世界史教育の目標を社会形成力に置く。世界史における社会形成力とは，世界史を事例に議論を行い自らの解釈を論理的に構築することができる力であると仮定する[1]。そのような力を育成する授業として本稿が提案する授業は，複数の文書資料を活用した解釈構築学習である。

①　主題の選択

学習内容として取り上げるのは，大西洋三角（奴隷）貿易である。大西洋三角貿易はヨーロッパ列強にとっては莫大な利益を獲得させ産業革命の一因となり，アフリカ（西海岸）にとっては労働力が喪失し甚大な社会的被害をもたらした出来事であり，世界史で必ず取り上げられる。奴隷貿易が大量に商品として運ばれ，アフリカの発展を遅らせたことなど，現代世界の不均衡の背景ともいえる人類の歴史の「負の遺産」となっており，現代社会の理解のためにも重要な題材である[2]。このような一般的な世界史の主題をもとに解釈を構築させる授業を提案する[3]。

②　資料から解釈を構築させる世界史学習の構成

生徒が大西洋奴隷貿易のような出来事を過去のこと，「在った」こととして学ぶのではなく，その歴史的出来事について議論し自らの歴史解釈を構築することができるようにするために，次の2つの方法で授業を構成する。

まず，複数の資料を用いること。生徒自らが歴史解釈を構築するために，多様な観点からの資料を取り上げる。さまざまな観点を有する資料を読解することを通して，歴史的出来事を過去としてではなく解釈が可能な論争問題として捉えることが可能になると考えた。教師による説明によって一定の解釈に到達させるのではなく，学習者自らが解釈を構築することができるよう多様な視点を含んだ資料を取り上げ，それを分析させる活動を組み込むことによって，自身の解釈を構築できるようにする。

もうひとつは探求する視点として論争となる人物を採用することである。大西洋三角貿易という実際に起こった歴史的出来事そのものの解釈を生徒自身が構築することは困難である。そこで，その出来事に深く関わる人物に視点を置き，その人物の評価を行うことを通して，世界史の出来事への解釈を構築させることにつなげさせる。例えば大西洋三角貿易の場合，奴隷貿易に関わったジョン＝ニュートンに視点を置き，資料から得た情報を根拠にしてジョン＝ニュートンについての解釈を構築させることを通して，間接的にではあるが，大西洋奴隷貿易についての解釈を構築させることができると考える。

このような授業構成の下での学習者自身の歴史解釈の構築過程は図5-1の

ように示すことができる。資料は多様な価値観を含むものである。同一の資料であっても，どの部分をどのように切り取るかによって解釈は変わりうる。

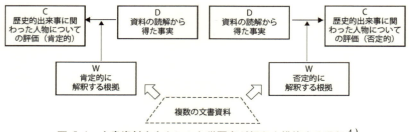

図 5-1 文書資料をもとにした学習者が解釈を構築する過程[4]

(3) 単元「ジョン＝ニュートンと大西洋奴隷貿易」

① 単元の構造

先の授業仮説に基づいて，単元「ジョン＝ニュートンと大西洋奴隷貿易」を構想した。授業は筆者が勤務する岐阜工業高等専門学校で高専 1 年生（高校 1 年生段階）に向けて 2015 年 11 月に実践した。本単元は 3 時間（岐阜高専は 1 時間が 90 分授業のため，50 分授業であれば 5〜6 時間程度）の計画で実践した。表 5-1 が単元の構造である。

単元「ジョン＝ニュートンと大西洋奴隷貿易」は，ヨーロッパ諸国の大航海時代から大西洋奴隷貿易が最も激化した 18 世紀を学習対象とし，ジョン＝ニュートンという人物の評価を視点に，大西洋奴隷貿易という経済活動における正義と不正義（奴隷貿易）について複数の資料の読解を通して深く理解させ，生徒自身が論理的で説得力のある主体的な歴史の解釈を構築することを目標としている。そこで，単元の学習は，知識を獲得していく過程としては 2 つの段階で構成した。まず，扱う人物と出来事に関する知識を教師の問いや説明を通して獲得する段階，次にその知識を資料を通して再吟味し，解釈を構築する段階である。このように構成することで，学習者自身の解釈の構築を目指している。

5 社会形成力の育成を目指したカリキュラム　63

表 5-1　単元の展開

単元目標	学習過程	学習段階	探求する主な問い
複雑な史料を読み解き，世界史上の出来事（人物）についての自らの解釈を論理的に構築することができる。	人物と出来事に関わる背景を理解する段階	パート 1 歴史的背景の理解	ジョン＝ニュートンは大西洋奴隷貿易に関わった人物である。ジョン＝ニュートンが関わった大西洋奴隷貿易とはどのような出来事だったのだろうか？
	獲得した知識を再吟味して解釈を構築する段階	パート 2 資料読解による問題の吟味検討	
		パート 3 解釈の構築	大西洋奴隷貿易に関わったジョン＝ニュートンは有罪かそれとも無罪か？

　また，学習のまとまりとしては，単元は 3 つの学習段階で構成される。パート 1 ではジョン＝ニュートンと彼が関わった大西洋奴隷貿易がどのようなものであったのかについて歴史的背景を理解する段階。パート 2 では問いをもとに複数の文書資料を読み解く段階，パート 3 では「大西洋奴隷貿易に関わったジョン＝ニュートンは有罪か無罪か？」について解釈を組み立てる段階である。

②　単元で使用する主な資料

　パート 1 では，賛美歌「アメイジング・グレイス」や大西洋三角貿易の規模をつかむための地域別奴隷輸入統計の資料などを用いる。ジョン＝ニュートンはアメイジング・グレイスの作者（作詞家）でもある英国人であり，奴隷貿易に関わった後，改心して牧師になった人物である。このような論争的すなわち評価の分かれる人物を取り上げることは，生徒に主体的な解釈の余地をもたらす。アメイジング・グレイスを聞かせ，歌詞の意味を考えさせ，彼が関わった大西洋奴隷貿易の規模を考えることで，扱う人物と出来事に対して学習を動機づける。

表 5-2　単元で用いる文書資料

	便宜上のタイトル	概要
①	フランス王立アフリカ公社のエージェントであるジョン＝バルボットによる記述	フランス王立アフリカ公社の仲介業者による17世紀後半のアフリカ西海岸への航海についての記述。
②	オランダ人貿易業者であるウィレム＝ボスマンによる1700年の奴隷海岸における貿易についての記述（抜粋）	オランダ西インド会社で働く，アフリカ西海岸の仲介業者のチーフであった。家族に奴隷を調達する家庭について述べた手紙を書いていた。
③	ジョン＝アダムス船長によるアフリカの王国についての観察報告，1786年－1800年（抜粋）	1786年から1800年の間に10回ものアフリカへの航海を行った。彼は，ヨーロッパ人とアフリカ人の間の貿易について国に観察報告を行った。
④	ジョン＝ニュートンの日誌からの抜粋，1745年－1754年	宗教上の回心を経験し奴隷貿易承認としての日々を後悔した後，ジョン＝ニュートン牧師はアフリカの貿易で自身が経験したことについての日誌を書いた。
⑤	1788年のジョン＝ニュートンの「アフリカの奴隷貿易についての熟考」からの抜粋	1788年に出版された，ジョン＝ニュートンの奴隷貿易についての著書からの抜粋。
⑥	1827年5月のフォーチュナ号の費用と利益の状況の勘定書	奴隷船フォーチュナ号の収支報告が示されている。1回の奴隷貿易でどのような費用がかかり，どのくらいの利益があったかが示されている。
⑦	1850年にシエラレオネで口述した，アリー＝エイサーミの旅行についての物語	1850年ころにシエラレオネでドイツ人言語学者に口述した物語で，1810年ころに起こったであろう初期の出来事を詳述している。いくつかのヨーロッパの国々が奴隷貿易への参加を終えようとしていた時期について書かれている。
⑧	アフリカ奥地のズーグー族のマホマー＝G＝バクエッカの伝記からの抜粋	誘拐され奴隷として売られたアフリカ人による報告である。彼は，キリスト教に改宗し，最終的に自分の国にどうにか戻った。彼の物語は，1854年にサミュエル＝ムーアという名の英国人の出版者によって書かれた。
⑨	1820年のアシャンティの国王による奴隷貿易への主張	アフリカにいたイギリスの役人とアシャンティの国王と英国政府の役人との会談記録。

5 社会形成力の育成を目指したカリキュラム　65

　パート 2 やパート 3 で生徒が読解する資料は，表 5-2 に示した 9 つの文書による資料である [5]。文書資料①や②や③は，奴隷貿易に関わったヨーロッパ人側からの資料であり，アフリカで奴隷を獲得する方法や当時のヨーロッパ人がアフリカの奴隷貿易をどのように見ていたかについて描かれている。文書資料④⑤は，奴隷貿易に関わったジョン＝ニュートンの日誌などからの抜粋であり，彼がどのように考えていたのかを知る資料である。⑥はある奴隷船の収支の記録であり奴隷貿易がいかに大きな利益があったかを具体的に知ることができる。⑦⑧⑨は，アフリカ人側が奴隷貿易についてどう関わったかに接近することができる資料である。このような多様な視点を含んだ資料を読解することで，大西洋奴隷貿易について深く理解し，資料から引き出した事実を根拠にした歴史解釈を主体的に構築させる。

③　授業の展開

　授業展開を整理したものが表 5-3 である。細かい発問は省略している。

表 5-3　授業の展開

段階	主な発問・指示	学習活動	生徒が獲得する認識
パート 1	○ジョン＝ニュートンとはどのような人物か。	アメイジング・グレイスを聴き，歌詞を読ませその意味を考えさせる。	・ジョン＝ニュートンは 18 世紀に広く実施されていた大西洋奴隷貿易において奴隷貿易の船長をしていた。
	・なぜジョン＝ニュートンはアメイジング・グレイスを作詞したのだろうか。		・アメイジング・グレイスとは，ジョン＝ニュートンが作詞したものである。神の救いを求めた内容となっている。
	○奴隷貿易とはどのようなものだったのだろうか。	地域別奴隷輸入統計を用いて，大西洋奴隷貿易の規模を理解する。	16 世紀から 19 世紀にかけて労働力として黒人がアメリカ大陸に向けて 1000 万人以上が運ばれた。
	・ヨーロッパ人が奴隷貿易に関わる	教科書および資料集を	・ポルトガルのインド航路の開拓，スペインのアメリカ大陸への進出など。

	きっかけになったのはなぜか。 ・大西洋奴隷貿易とはどのようなものか。	資料とした教師の説明から背景を理解する。	・ヨーロッパ，西アフリカ，アメリカ大陸で，砂糖などの商品作物，武器・雑貨と黒人奴隷が送られた巨大な分業システムを大西洋奴隷貿易（三角貿易）と呼ぶ。これにより，ヨーロッパ列強は莫大な利益を獲得する一方，アフリカ西岸地方では貴重な労働力が失われ社会的な被害が大きかった。
パート2	・大西洋奴隷貿易に関わった人々にはどのような人々がいたのか。 〇大西洋奴隷貿易とは，果たしてどのようなものだったのだろうか，当時の資料を次の5つの視点から読解してみよう。	教師が発問しできるだけ考えさせる 文書資料①〜⑧を読み取らせ，問いに答えさせる。	・奴隷貿易に関わるヨーロッパ人（船長・仲介業者・プランテーション経営者など），奴隷とされたアフリカ人（黒人），アフリカの支配者など。
	1．奴隷貿易で利益を得たのは誰であったか？ 2．奴隷はどのように調達されたのか？	グループで問いについて考察した後，全体で交流し回答を確認させる。	・1の回答例……アフリカの族長が奴隷を売って高値の利益を得ていた（文書Fより） ・2の回答例：奴隷とされた者は，自身の親に売られた者，同じ国の人間にさらわれた者と様々だが，その大部分は戦争や侵略行為によって捉えられた捕虜であった。売られる条件は地位，所有にかかわらず，罪を犯し王による命令で売られた者，言語がわかっていなかったせいでだまされた者もいた。黒人同士が売ることもあった。
	3．ヨーロッパの貿易商人は，アフリカの奴隷制にどんな影響を与えたか？ 4．奴隷貿易にヨ		・3の回答例：奴隷がいる限り，（アフリカでの）土壌での耕作や自然から取れるものやその国にとって価値のある生産物は売り物として軽視されることとなった。 ・4の回答例：船乗りがたくさん失わ

5　社会形成力の育成を目指したカリキュラム　　67

	一ロッパ人が従事していたとき，ヨーロッパ人にとってのリスクや不利益はあったか？		れたこと。奴隷貿易に関わる人々の心にひどい影響を与えたこと。人々の道徳観念をなくしたり，穏やかさや人間的な心を失うのは政治的にも影響した。
	5．奴隷貿易は経済的に価値のあるものだったのか？		・5の回答例：1827年のフォーチュナ号の例では，支出の2倍以上の収入があり，とても利益の大きいものであると言えるので，経済的に価値のあるものだった。ただ，うまくいかないリスクもあった。
	6．アフリカに与えた奴隷貿易の影響とは何か？		・6の回答例：文書Cより，アフリカの西海岸の人々の文明化（ヨーロッパの最も進んだ国と打ち解けたコミュニケーション）。 文書Dより，アフリカにおける戦争が終わらなかった，奴隷貿易が終わらなかったため，労働力の喪失による社会的被害，非人道的な行為による精神的被害。
パート3	・ジョン＝ニュートンは，奴隷貿易という不正な取引を行い金銭的な利益のためにアフリカ人を売買したという件について，有罪か無罪か。	史料①〜⑧で得た情報から，あるいは資料を再吟味し，解釈を行う。	・文書資料をもとに，ジョン＝ニュートンを評価する論述を組み立てることによって，自らの歴史解釈を構築する。
	・ジョン＝ニュートンと大西洋奴隷貿易について有罪・無罪の評価が異なるのはなぜだろうか？	対立する解釈をなぜこのような違いが生じているのかを考える	・根拠として取り上げる資料が異なっていることなどに気付かせ，資料そのものもある人物による解釈であることに気付かせる。

(4)　マネジメント的視点からの授業評価

　文書資料の読解や解釈の構築など，本授業は難解そうだが実践はスムーズ

に進んだ。紙幅の関係上，詳細な授業実践の報告や評価は難しいため，資料の読解を通して解釈を構築させる授業を授業者がどのようにマネジメントしたかについて整理したい[6]。

　まず，パート 2 での複数の文書資料読解にあたっては，5〜6 人でのグループによる作業として実施した。配布した文書資料については，必要なところを抜粋したり，意味がとりやすいように意訳したものを提示した。それでも資料の中で生徒たちにとって意味がとりにくい表現や語句がみられた際は，授業者が解説を行い，あるいは生徒自身に電子辞書やインターネットを利用して調べさせた。そうした中で印象的だったのは，生徒たちが資料の読解を通してパート 1 での教師の説明による出来事の理解をより深める様子がみられたことである。「三角貿易ってどういうこと？（アフリカから奴隷が送られたってことはアフリカ人が送ってたのか？）」，「奴隷貿易で利益を得た"奴隷の所有者"って誰？」，「奴隷制と奴隷貿易は違うの？」，「同じ国の人間に捕まるってどういうこと？」などの質問がグループの中でやりとりされていた。当時の観点にもとづく資料の読解であるからこそこうした問いが出たのではないだろうか。教師が一方的に出来事を解説する講義の中ではよほどやる気がないと出てこない。文書資料を用いることで，読み手に当時の様子を想像することを要求し，より深く考えさせることができたと考えられる。

　また，パート 3 での論述では，ジョン＝ニュートンを有罪と無罪と見るかはほぼ半数に分かれた。有罪側は，文書資料⑥から奴隷貿易がいかに巨額の利益になるかに注目し金銭的利益のために行ったであろうこと，資料①や②から奴隷が人ではなくモノとして扱われていたことや，その後のアフリカの発展に大きな悪影響を及ぼしたことなどを根拠としていた。無罪側は，資料③からアフリカの文明化に大西洋三角貿易が貢献した面があることや，資料⑨からアフリカの人々もまた大西洋奴隷貿易に自ら関わっていた面があったことなどを根拠としていた。有罪か無罪かという二者択一で視点を明確に設定したため，解釈が一面的になりやすいが生徒は全員が資料の記述を根拠とした自らの解釈を構築することができた。授業の最後には生徒が書いた有罪と無罪のそれぞれの主張を読ませ，「同じ資料を使用しているのに，なぜ

解釈が異なるのか？」と問い，解釈の相違について考察させることで，生徒それぞれの観点・価値観が異なっていることや，そのために取り上げる資料の視点や事実も異なっていることに気づかせようとした。

　授業を受けた生徒の多くは，教師による一方的な講義よりも，自らが考え解釈を構築していく授業に難しさは感じつつも好印象をもった。本稿で提示したような資料にもとづいて議論する世界史は，世界史教育の一つのオルタナティブを示したのではないだろうか。

注

1)　歴史教育も社会形成に関わるべきとする主張としては，池野範男「市民社会科歴史教育の授業構成」（『社会科研究』第 64 号，2006 年，pp.51-60）などを参照。

2)　)鈴木茂「『黒い積み荷』の往還——奴隷貿易から見る大西洋世界」歴史学研究会編『史料から考える　世界史 20 講』岩波書店，2014 年，pp.75-83。

3)　大西洋三角貿易を取り上げた世界史の授業開発としては，例えば白川隆信による授業書方式の「大西洋奴隷貿易」の授業がある（白川隆信「授業書形式と楽しくわかる授業——『大西洋奴隷貿易』の授業から」『教育』32(1)，1982 年，pp.88-104）。この授業は追体験を主な方法としており，理解に基づく授業である。理解主義の授業は，主権者教育に適した方法原理ではあるが，価値の注入という課題がある（藤瀬泰司「社会科における理解」社会認識教育学会編『新社会科教育学ハンドブック』2012 年，pp.161-177）。それに対して，本稿の提案する授業は，開かれた解釈を保障するものとなっている。

4)　解釈の構築の過程を示すにあたって，主張（C）を事実（D）・理由付け（W）によって示すトゥールミン図式を用いた（足立幸男『議論の論理』木鐸社，1984 年，pp.94-103）。

5)　本稿では一次資料と二次資料をまとめて「資料」として表記している。資料は米国の学習用教材から授業者自身が訳したものを使用した。使用した米国の教材そのものの分析については，空健太「批判的思考を育成する世界史人物学習の構成原理 *Critical Thinking using Primary Sources in World History* を事例として」（中国四国教育学会『教育学研究紀要』第 54 巻，2008 年，pp.143-148）を参照。

6)　異なる単元ではあるが，同様の授業仮説で構成した授業実践について別の観点から報告したものとして次の論文がある。空健太「史料から解釈を構築する力を育成する世界史授業の構成——単元『ローマ帝国とオクタヴィアヌス』の実践を通して」『世界史教育研究』第 2 号，2015 年，pp.55-64。

（空健太）

6 コミュニケーション力の育成を目指したカリキュラム

(1) コミュニケーション力に対する社会の要請と生徒の実態

① 今日におけるコミュニケーションの重要度

コミュニケーション(communication)とは，言語・文字・身振りなどを通して，互いの意思や感情，思考を伝達し合うことであり，他者と社会生活を営んでいく上で，欠かすことのできないものである。私たちは，普段から絶えずコミュニケーションをしながら生活している。近年，このコミュニケーションを円滑に行う力，すなわちコミュニケーション力の必要性が様々な場面で指摘されている。

例えば，これからの社会を生き抜くために必要とされる資質や能力を示した「21世紀型スキル」[1]において，10のスキルのうちの一つにコミュニケーションが挙げられている。

さらに，教育課程企画特別部会　論点整理によれば，「将来の予測が困難な複雑で変化の激しい社会や，グローバル化が進展する社会」において，「様々な情報や出来事を受け止め，主体的に判断しながら，自分を社会の中でどのように位置付け，社会をどう描くかを考え，他者と一緒に生き，課題を解決していくための力が必要となる。…（中略）…適切な判断・意思決定や公正な世論の形成，政治参加や社会参画一層多様性が高まる社会における自立と共生に向けた行動をとっていくことが求められている。」[2]と記されている。この記述からもコミュニケーション力の重要度が増していることが見て取れる。

コミュニケーション力の育成は，教育現場でも求められている重要な課題なのである。

②　コミュニケーション力の実態

　コミュニケーション力の重要度は増している。しかし，近年の児童生徒の実態を見たときに，その力が十分に育成されたかというと，そう言いがたい場面に出くわすことがある。例えば，小学生であれば，トラブルが発生したときに，自分の言い分を主張したり，相手の言い分を聞いたりすることが十分にできないために，つい手が出てしまい喧嘩に発展してしまうことがある。また，中学校であれば，ある問題についてグループで話し合ったときに，折り合いをつけることができず，解決の糸口が見いだせずに問題がこじれてしまうことが想像できる。

　いずれの場合も問題の原因となるのは，自分の主張をしたり，相手の主張を聴いたりするなどのコミュニケーションを円滑に進める経験が不足していることだと考えられる。例えば，自分の主張をする場が確保されなかったり，主張をしようとしても大人が代わりに話してしまったりすることは起きうることである。

　本稿は，今後の社会でさらに重要になると考えられているコミュニケーション力を意図的に育成する場がないという現状から，社会科教育の場において，意図的にコミュニケーションを必要とするような授業を計画し実践することで，コミュニケーション力の向上を目指したカリキュラムを提案する。

(2)　コミュニケーション力の育成を目指した指導計画

　社会科においてコミュニケーション力を育成するには，社会の諸問題を取り上げ，その解決を目指し，互いの考えを伝達し合い，他者の考えを理解したり，自分の考えを見直したりすることが有効であると考えた。そこで，解決すべき社会の諸問題に対して，自分の考えをもち，別の立場の意見を踏まえて自分の考えを捉え直していくことができる授業のデザインを行った。その実践の具体を中学校第 2 学年地理的分野「日本の諸地域　九州地方——環境問題・環境保全に向き合う人々のくらし」を例に挙げて示す。

　本単元の目標は次のようである。

- 環境問題や環境保全を中核とした考察の仕方を基に，九州地方に対する関心を高め，それを意欲的に追究し，捉えようとしている。（関心・意欲・態度）
- 九州地方の地域的特色を，自然環境を中核とした考察の仕方を基に多面的・多角的に考察し，その過程や結果を適切に表現している。（思考・判断・表現）
- 九州地方の地域的特色について有用な情報を適切に選択し，地域的特色を読み取ったり図表にまとめたりしている。（技能）
- 九州地方について，環境問題や環境保全を中核とした考察の仕方を基に地域的特色を理解し，その知識を身につけている。（知識・理解）

① コミュニケーション力を育成する単元の構成

図 6-1 は単元の構成を図示したものである。単元導入時に，単元の終末で議論する社会問題を提示する。そして，その議論のための自分の考えがもてるように，社会問題の解決につながる知識や見方・考え方を獲得する授業を位置付ける。そして，それらを活用して社会問題について議論を進めていくという単元構成を試みた。このような構成をすることで，社会問題を安易に捉えてしまうことなく，多面的・多角的に捉えることができるようにするためである。

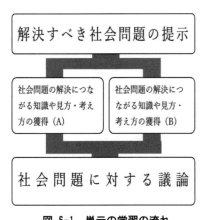

図 6-1 単元の学習の流れ

以上のような単元構成に基づいて，九州地方の単元を開発した。全6時間で計画をした本単元では，九州地方で実際に起きている社会問題の例として諫早湾の干拓問題を取り上げた。諫早湾の水門を開けるかどうかということについては，立場によって考え方が大きく異なる。例えば，周辺の海域で漁業を生業としているならば，「水門を開けて海を本来の姿に戻してほしい。そうすることで漁獲量も元に戻るはずだ。」という主張が考えられる。しかし，干拓事業によって生まれた農地で農業を生業にしているならば，「水門

6　コミュニケーション力の育成を目指したカリキュラム　　73

を開けてしまえば塩害な
どの被害が出て農作物は
だめになる。国が進めた
事業なので水門を閉めた
まま継続すべきだ。」と
いう主張が考えられる。
つまり，立場によって，
主張が大きく変わる問題
である。この問題を考え

諫早湾干拓について，水質の改善のために開門を求める人々と，開発された農地の有効利用のために閉門した状態のままにすることを求める人々がおり，意見が分かれている。

〈環境開発〉
シラス台地で生産性の低かった笠野原は灌漑設備やダムなどを開発したことで生産性を上げることができた。

〈環境保全〉
公害が発生した北九州や水俣は環境を保全することで美しい環境を取り戻し，環境モデル都市として発展している。

諫早湾の水門は開門すべきだろうか。

図 6-2　九州地方の学習の流れ

ていくためには，水門を開けることで元の環境に戻り，漁獲量の改善が期待
されるという，環境を保全するメリットと，水門を閉めたままにすることで，
農業生産が増えるという，開発するメリットの両面を捉えさせる必要がある。
そこで，図 6-2 にあるようにシラス台地を開発することで発展できた笠野原
の例と，環境を保全することで環境を改善させて発展していった北九州や水
俣の様子を学習し，保全と開発のメリットを捉えさせた。この単元の指導の
計画は次の表 6-1 のようになる。

表 6-1　単元指導計画

時	目標	学習活動	主な評価規準（方法）
解決すべき社会問題の提示1・2	○九州地方にかかわる基礎的・基本的な情報を白地図にまとめる活動を通して，環境と生活が密接にかかわっていることに関心をもち，環境を中核として意欲的に地域的特色を明らかにしようと考えることができる。（関心・意欲・態度）	・本単元のパフォーマンス課題を確認する。・九州地方に関する基本的な情報を自然条件・社会条件で分けて白地図にまとめる。・九州地方の環境とのかかわり方を理解して，単元の見通しをもつ。	・九州地方の特色を，自然条件と社会条件を関連付けて白地図にまとめることができている。（ノート作品）

社会問題の解決につながる知識や見方・考え方の獲得3	○九州地方で起こる様々な環境問題を調べる活動を通して、地域の人々が自然の脅威を克服したり、活用したりしていることが理解できる。（知識・理解）	・九州地方で起きる自然災害を把握する。 ・九州地方で起きる災害とその原因を調べる。 ・災害から生活を守るために様々な対策がなされていることに気付く。	・九州地方で起きる自然災害を地形や気候と関連付けて理解している。（発言の内容・ノートの記述）
社会問題の解決につながる知識や見方・考え方の獲得4	○災害からくらしを守り、豊かな自然環境を保全するための取組が行われていることが理解できる。（知識・理解）	・笠野原の地形を把握する。 ・笠野原で多様な農作物が生産できる理由を調べる。 ・ダム建設で水を供給するための開発が行われていることに気付く。	・土地を開発することで、災害対策ができたり、作物の生産性が向上したりしていることを理解している。（発言の内容・ノートの記述）
社会問題の解決につながる知識や見方・考え方の獲得5	○北九州市は、市全体で廃棄物を循環させてゼロにし、環境を守りながら開発に取り組んでいることが理解できる。（知識・理解）	・リサイクル工場の分布を把握する。 ・リサイクル工場の役割や相互の連携について調べる。	・北九州市は、持続可能な社会をつくるために、公害問題を克服したのちも市民参加の取組やリサイクルの取組をして、環境を守り続けていることを理解している。（発言の内容・ノートの記述）
社会問題に対する議論6	○諫早湾の干拓地の水門の開閉問題を考える活動を通して、この地域の自然環境を踏まえたうえで、開発と環境保全の両面から考察し、環境問題はその影響を考慮して慎重に考えていかなければならないと考えることができる。	・本単元のパフォーマンス課題を確認し、課題を設定する。 ・自然環境を土台として、開発と保全の両面から考察する。 ・両方の立場に共通している考え方として、「環境が生活に及ぼす影響をよく考えなければならない」ということに気付く。	・諫早湾の水門の開閉問題を「自然環境」「環境開発」「環境保全」の視点から総合的に考えている。（ワークシートの記述）

社会問題を解決することにつながる複数の知識や見方・考え方を獲得した上で，社会問題の解決を目指した議論を行うわけである。

② コミュニケーション力を育成する授業の構造

図 6-3 は，社会問題の議論を行う第 6 時の授業の構造を示したものである。既習事項をもとにして，生徒たちは社会問題に対して，自分の考えをもつ。しかし，この時点では，一面的な考えで，問題を解決していくために十分とは言い難いことが想定される。そこで，考えが対立する生徒の主張を聞いたり，自分たちの考えに対する批判を聞いたりする活動を取り入れた。ここで，それまでの自分にはなかった考えに触れることで，違う立場を踏

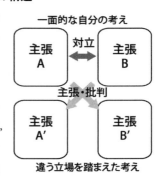

図 6-3 単元終末の授業の流れ

まえた考えへと変容させることが出来ると考えた。つまり，意図的にコミュニケーションの場を設定し，適切にコミュニケーションをとることができれば，よりよい考えへと変容させていくことができると考えたのである。

具体例を挙げて説明する。この時間のねらいを「諫早湾の干拓地の水門の開閉問題を考える活動を通して，この地域の自然環境を踏まえたうえで，環境開発と環境保全の両面から考察するとともに，環境問題はその影響を考慮して慎重に考えていかなければならないと考えることができる。」と設定して，次のような展開案を設定した。

表 6-2 第 6 時の授業展開

時	教師の指示・発問	子どもの学習活動
0	○学習課題の確認をする。	○これまでの学習を振り返り，パフォーマンス課題を確認する。

		あなたは，諫早市の住民です。あなたの住む都市では閉じられた水門を開門するかどうかを問う住民投票が行われます。この地域の将来のことを考えて水門を開けるべきかどうかをこの地域の自然環境，開発による影響，保全による影響を踏まえて判断をしてください。
5	○追究する視点の確認をする。	○これまでに単元で学習した「開発」と「保全」の視点を踏まえて自分の考えをもつ。 長崎県の自然環境の視点 　・平野が少なく，農業に適した土地が得られない。 　・農業産出額が全国的に小さい。 　・耕地率や水田率が全国平均を下回っている。 　・周りに海が多く，豊かな漁場がある。 　・漁獲高は全国で2位である。 　・農業の不足を補うために水門を開けるべきでない。 　・漁業を生かすために水門を開けるべきである。 環境開発の視点 　・今まで起きていた高潮の被害が抑えられている。 　・干拓地では様々な作物がつくれるようになり，畑作物の作付け規模も拡大している。 　・ノリの生産量が増加傾向にある。また，貝類の生産量は干拓事業の前から減っている。開発したことによって漁業に悪影響を及ぼしているとは考えられない。 環境保全の視点 　・干拓を始めたころから明らかに漁業に悪影響が出始めている。そもそも，干拓事業を始めなければこのような事態は起きていない。 　・水門を閉じたことによって影響が出ていないというのならば，開門をして調査するべきだ。
20	○交流を進める。	・もともと豊かな海で漁業が産業の中心であったのだから，その長所を伸ばすべきだ。 ○自分の立場を明らかにして主張する。 ○反対の立場の主張に対して，疑問に思うことや納得のいかないことを主張する。
35 45	○最終的な判断を促す。	○反対の立場からの指摘に対して自分の考えを再度主張する。 ○最終的な判断をする。 　・諫早湾周辺は，平野が少ないが海に面している。以前は，高潮に悩まされていたこともあり，水門をつくり干拓地を生み出した。災害を防いだり，農地が増えたりするよさがある半面，漁業に悪影響があるかもしれない。開門調査をすれば影響を調査できるが，農地に悪影響が出てしまう……。
50		

この授業では，図6-4のように生徒たちは既習事項を踏まえてどちらかの立場で考えを構築していった。しかしながら，初めの段階では，他の立場に配慮をしている意見はほとんど見られなかった。そこで，他の立場からの主張や自分の立場に対する指摘などをしあうことでお互いの主張の不十分な点に気づき，

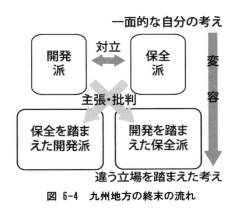

図6-4 九州地方の終末の流れ

よりよい考えを構築することを目指した。つまり，自分の主張をするだけでなく，それが十分に伝わっているかどうかを確認したり，他の主張に配慮する場を意図的に設けたりしたことでコミュニケーション力の育成を図った。

(3) 実践結果及び今後の課題

① 実践結果

次に示した生徒の記述をみると，他者とのコミュニケーションを通して，考えが変容したことがうかがえた。

> 私は，門を開けるべきだと思います。理由は防災や農業には影響はないし，何よりも環境が悪くなって，人や動物に悪い影響が出てからでは遅いと思うからです。北九州の開発で起きた汚染でもあったように，悪い影響を受けて困るのは，今いる住民だけでなくて将来を担う次の世代の住民も影響を受けてしまいます。だから，私は今のうちに門を開けて，環境汚染を防ぎ，将来への持続可能な社会をつくるべきだと思います。でも，保全ばかりでは地域が豊かにならないと思うので，完全に保全ばかりするのではなくて，開発と保全のバランスを考えて，まちづくりをしていかないといけないと思います。

この生徒は，自然環境を戻すためには，水門を開けてもとの環境に戻すことが有効であるという理由から，開門を推進する側の立場をとっていた。しかし，他の生徒との交流をするまでは，水門を開けるメリットにのみ着目をした考え方であった。別の立場の生徒と交流する中で，「水門を閉じたこと

で生まれた農地はこの地方に新たな産業を生み出している。」や，「水門を閉じたことが水質悪化の原因と特定することはできるのか。」といった意見に触れて，開門のメリットだけでなく，そのデメリットを踏まえるようになり，閉門した場合においても同様に考慮した上で結論付けることができた。

このように，生徒たちはコミュニケーションを図ることで，問題解決に向けたよりよい方向性を見出していったのである。コミュニケーションの機会を保証し，それが有効に働くという実感を伴う経験をさせることによって，社会科のカリキュラムにおいても，コミュニケーション力の育成が図れるであろう。

②　実践を可能にするための環境設定と今後の課題

現在勤務している附属学校では，小学校において，「わたしはこう思います。」「あなたはどう思いますか。」「では，こうしましょう」という話し合いの過程が大切にされており，中学生になってもこの精神が受け継がれている。また，中学校では，学級活動や各教科の学習において，話し合う場を重視しており，机列も全員の顔が見えるように工夫（カタカナのコの字のような型）をしている。さらに，学年や全校での集会の場において，意見交流の場を位置付けて，学年に関係なく議題について自分が考えていることや質問したいことを発表する場を設定している。

このように，小学校から連携をしたり，教育活動の全体で意見を言える環境を作ったりすることで，自分の意見を述べることに対するハードルは低くなり，自由に発言をできる生徒が多く見られるようになった。そういう土壌があったからこそ，本実践が成立したと感じている。

ただ，生徒が自身のコミュニケーションの過程を評価したり，その良さを実感したりするという手立てが不十分であったことが反省として残る。今後，中学校 3 年間（または小中学校 9 年間）において，発達段階に応じてどのような姿を目指すのかということを明らかにして，生徒とともにその姿を目指すような指導へと改善していきたい。

注

1) 三宅なほみ監訳『21 世紀型スキル　学びと評価の新たなかたち』北大路書房，2014 年，pp.21-76。
2) 文部科学省，教育課程企画特別部会，論点整理，2015 年，pp.11-12。

（前田佳洋）

III

社会科教育実践の
マネジメント

育成指標に基づく技術と方略

1 社会科教育における
アクティブ・ラーニング

(1) アクティブ・ラーニングによる社会科の授業改善

① 初等社会科授業とアクティブ・ラーニング

　次期学習指導要領では，「主体的・対話的で深い学び」いわゆる「アクティブ・ラーニング」（以下，AL）の視点からの授業改善が求められている[1]。しかし，初等社会科の現場では，「AL はすでに行われている」「何を改善していけばよいのか」といった声が多く聞こえてくる。実際，学習者が問題に出会い，予想を基に見通しをもって追究し，交流を通して，取り上げた人物の願いに共感することを通して社会認識を深める授業は，これまでよく実践されてきた。これまで行われてきた社会科授業実践は，主体的・対話的に深い学びを実現する学習者を生み出す授業の姿の一つとして，貴重な財産である。

　では，AL の視点から授業改善の必要がないかと問われると，そうではない。「AL を，今行われている社会科授業をとらえ直す視点の 1 つ」として考えると，今の時代に求められている社会科授業にするために，授業改善していかなければならない点は，十分にあるのではないだろうか。

　例えば，前述したような実践では，人物への共感が深く肯定的にとらえるあまり，資料等について批判的な思考力が育ちづらいこと，身に付けた知識を他の事象に活用して考えること，自分なりに価値を吟味・判断し，それに基づいた意思決定を行うことなど，付けたい力が他にもあったことも事実である。

　AL の視点における社会科の授業改善は，これまでの初等社会科で大切にされてきたことを踏襲しながら，教師自身が授業を振り返り，目の前の子供

の実態に合わせて，どんな資質や能力を身に付けさせたいかを明確にして，主体的・対話的に問題を解決する場を位置付けることが大切であるといえる。

② 社会科で求められている資質や能力とアクティブ・ラーニング

AL の考え方は，主体的・対話的で深い学びを実現すること自体を学習の中心問題に置こうとしている。とすれば，AL は，授業における学びが子供たちの自ら学ぶ力を育て，その力を使って社会を生きていくことを意識させるものである。

現代社会の様子を鑑みると，これからの社会科において大切にしていかなければならないのは，社会生活の中でも，様々な情報を批判的に吟味・解釈し，多様な価値観の中で公正な判断ができ，主体的に社会へと参画できるようになる資質や能力である [2]。この批判的な思考力や，公正な判断力を育てるためには，授業において，学習者の生活や既習経験等を活用し，実社会で生きて働くような議論の場を仕組み，問題を解決することが有効に働くと考えられる。

筆者自身が，AL の視点から社会科授業をとらえ直したとき，上記のような資質・能力の育成を主なねらいとした実践には，弱さがあった。そこで，AL の視点から社会科の授業を改善していくポイントを，次のように考えた。

---

① AL の視点から学習者の実態をとらえ，身に付けさせたい資質や能力を明らかにする。
② 議論の必然性がある問題意識を生み出し，身に付けた知識を活用することができるような単元構成をする。
③ 学習者同士の議論が成立するような学習形態および，指導・援助をする。

---

(2) アクティブ・ラーニングによる授業実践

① 児童の実態と身に付けさせたい資質・能力

今年度，筆者が出会った児童の実態を，次のようにとらえた。

① 社会的事象に関心をもち，意欲的に調べる子が多い。
② 資料から具体的な事実を読み取ることは，概ねできている。
③ 自分の考えを分かりやすく伝えることに苦手意識をもち，思考を整理して伝える力が身についていない子が多い。
④ 自分の考えを話すことに終始してしまい，互いの考えを比較・関連・総合したり，批判して考えたりして，自らの考えを再構成できる子が少ない。
⑤ 社会的な価値判断・意志決定の力を育成するための授業を経験したことがなく，その力が十分に身についていない。
⑥ （①・②身に付いている姿　③〜⑤育てたい姿）

　③〜⑤のような育てたい姿を受けて，本学級の児童に，AL によって身に付けさせたい資質・能力を次のように考えた。

○自分の考えを分かりやすく伝える表現力
○正当な議論を通して，他者の考えと合意形成する力
○自分なりの判断をし，意志決定することができる力

②　単元構成の工夫　5年生「これからの食料生産とわたしたち」

　AL によって，上記のような資質・能力を身に付けさせるためには，単元全体の構成を改善していかなければならない。そこで，次の 3 点を意識して，図 1-1 のように単元を構成した。

　また，単元の出口では，次のような学習展開で授業を行った。

1　社会科教育におけるアクティブ・ラーニング　　85

5年生「これからの食料生産とわたしたち」単元構成表

【前単元】「米づくりのさかんな地域」
　米づくり農家のIさんは，南魚沼の自然環境を生かして，米づくりを行っている。さらに，手間や時間がかかっても有機栽培の米も作っている。それは，米の消費量が減っている中で，質にこだわった米を作り，人々においしい米を届けたいという願いがあるからだ。私たちの生活は，農家の人々の工夫や努力によって，支えられているんだな。

②習得した認識の活用

【①日本の食料生産の問題点】
　日本の食糧自給率は約40％で，私たちが食べている食料品の半分以上が，外国産であることが分かった。日本の食料生産は，このままで大丈夫かな。これから，どのようにしていけばいいんだろう。　　　・食糧自給率　・輸入　・日本産　・外国産

③必要な知識

【②食生活の変化と自給率】
　私たちの食生活が変化したことによって，輸入量が増え，食糧自給率が低くなってしまったんだ。これを上げるためには，地産・地消を進めたり，私たちが食生活を見直したりすればいいと思う。でも，私たちの食生活に外国産の食料品は，なくてはならないものだ。　　・地産地消　・耕地面積

【③外国産食品の輸入】
食料品以外にも，外国とは貿易を行っている。特に，米などの食料品には高い関税をかけて，国内の産業を守ってきた。輸入に頼りすぎると，相手国が不作だった場合に，私たちにも影響があることが分かった。　・貿易・輸出・関税

【④TPPとは】
日本は，TPPに参加している11ヵ国との間で，関税をなくして貿易を活性化させようとしていることが分かった。農業関係の人は反対し，工業関係の人は賛成じていることが分かった。　・TPP

【⑤コメについて考えるI】　※個によって内容が異なる
私は「認める」という考えをもった。理由は，輸出がしやすくなるからだ。日本の輸出は自動車などの機械が多いため，有利になると思う。さらに，日本の米は質が高く人気だから，米もさらに輸出できてよいと思う。

私は「認めない」という考えをもった。理由は，安い外国産の米が入ってくることによって，米づくり農家が失業してしまうかもしれないからだ。米は自給できているし，消費量も減っているから必要ない。

①目指す学習者の姿

私たちは，これからの食料生産をどのように進めたらよいのだろう。

【単元の出口　⑥米の輸入について考えるII】　※個によって内容が異なる
米の無関税での輸入を進めることは，立場によって良い面と悪い面が変わることが分かった。やはり，私は「農家の立場」から，米づくり農家が守られるように，国には対策をしてほしいと思った。でも，「国の立場」も分かるから，農家も努力しなければならないと思った。これからの食糧生産は，外国を含めて考えていかなければならない。この問題については，私たちは一人の消費者として，それぞれの立場を理解しながら考えていかなければならないと思った。

図 1-1　「食料生産とわたしたち」単元構成表

①　単元の終末において議論させる内容と，目指す学習者の姿を明らかにする。
　※単元の出口
②　前単元で習得した社会認識等を活用できるように，学習者の意識のつながりを明らかにする。　※表中の矢印
③　議論のために必要な知識を明らかにし，単位時間の役割を明確にする。
　※表中の下線部

【本時のねらい】

　TPP における，米の無関税での輸入枠新設について，諸資料や仲間との交流を通して多面的に考え，これからの米づくりや食料生産についての考えを再構成することができる。

	過程のねらい	学習活動	資料・留意点
つかむ	本時の学習問題を確認し，自分の立場を明らかにすることができる。	1　学習問題を確認する。 　　TPPによって，米の無関税での輸入が増えることを認めてもよいのだろう 2　小集団で交流する。 【量】＜認める＞＜認めない＞ 全体から見て，増えたのは少量。影響は少ないと思う。政府は輸入以上に購入してくれる。 ／ コメは自給率が高い。さらに消費量も減っている。わざわざ，増やす必要はないと思う。	※単元で使用した資料 ※無関税で輸入している米の量 ※TPP に対する農家の声 ※輸入米の価格 ※日本の米の輸出量
広げる	資料からつかんだ自分の考えを話したり，仲間の考えを聞いたりして，自分の考えを広げることができる。	【価格】＜認める＞＜認めない＞ 消費者にとっては，安くて嬉しい。どちらを買うかは消費者が選べばよい。 ／ 国産の売れる量が減ると，農家が赤字になって，さらに農家が減ってしまう。 【安全性】＜認める＞＜認めない＞ アメリカ産でも，有機栽培のものがある。他の外国産の食料品も食べているから，変わらない。 ／ 国産の米の方が，安心して食べることができる。外国産の米も，安全とは言い切れない。	※日本の米の評判 ※アメリカ産と日本産の米の食味値 ・考えを広げ，関連付けることができるよう，教師が考えの異同を整理したり説明を促したりする。

深める	立場の違う考えを受け入れ，再度自分の考えを見つめ直し，表現することができる。	3 全体交流で論点を整理し，互いの意見を聞いて思ったことを交流する。 ・私は生産者の立場から，輸入を認めないという意見だったのだけれども，国の立場から考えると，国全体の利益もあるし，国が農家を守ろうとしてくれるなら，輸入を認めてもいいと思いました。	・多くの仲間の考えに触れるために，タブレットを活用して考えを表出する場を位置付ける。
まとめる	本時の学習を振り返り，これからの食料生産について考えることができる。	4 これからの食料生産に（単元の課題のまとめ）について，学習のまとめを書く。 ・話し合いをして，TPP はそれぞれの立場から，良い面も良くない面もあることが分かりました。農家の人たちには，外国産に負けない米作りをしてほしいと思いました。政府も，農家を守るような取り組みをしてほしいと思います。これからの食糧生産は，TPP のように，外国とのかかわりで進めていかなければならないと思います。食料生産が下がらないように，国産や外国産を考えて買うなど，生産者や国のことも考えて，私たちにできることをしていきたいです。	米の無関税での輸入枠新設について多面的に考え，これからの米づくりや食料生産についての考えを再構成している。 〈思考・判断・表現〉

③ 学習形態および指導・援助の工夫

本実践では，小集団交流を仕組み，思考ツールや ICT を活用した。しかし，これが社会科における AL の在り方すべてを指しているのではないことを付け加えておく。大切なことは，学習者の実態に合った，主体的な議論を成立させることである。本学級の実態を踏まえた時，これらを活用することが有効だと判断した上の提案である。

小集団交流の重要性

話し合いの力に弱さがある児童の実態がある場合，主体的な議論を行うためには，小集団で思考交流を取り入れることは有効である。学習者が主体的に話し合いを行える小集団交流には，様々な形態がある。思考を整理しながら話し合いを行うために，本時では，付箋を使ったグループ交流を位置付けた。実際の授業における小集団交流の様子は，次の通りである。

※記録中，A は「認める」B は「認めない」の意見を指している。このグループでは，C3 のみ A の意見をもっている。

	前略　個人の考えを全員が話した後
C1	Bの人は，Aの人に対して，どう思いますか。
C2	外国産の米が売れないって言っているけど，安全性に不安があっても，安いからという理由で買う人も多いと思います。
C3	（資料から）ほとんどの人が，アンケート結果で安全性に不安があるから，国産がいいという意見だったので，そういうことはないと思います。反対にBの人に質問で，※①安全性が不安って言っているのに，安いから買う人がいっぱいいると思うのは，なぜですか。それに，※②買う人がいるから，農家の人が困るといったのは，なぜですか。
C2	味とかじゃなくて，安いから買う人もいると思うからです。反対に，これ（認めないと国際関係が悪くなる）のことで，12カ国以外でも戦争の可能性はあるから，これは言えないと思います。
C3	日本が被害を受けることが高くなりそうということです。
C1	じゃあ，そろそろ時間だけど，結論はどうしようか。

　C2は，普段の授業で，全体の前で話をすることに苦手意識をもつ子である。それが，小集団交流になると，上記のように，相手の考えを理解した上で質問・反論を行い，主体的に議論に参加することができた。さらに，付箋を使って考えを可視化したことによって，それを使いながら説明したり考え直したりする姿が見られた。議論の中で，児童たちには，批判的思考力に基づいた意見も見られた。C3は，グループで唯一の「認める」という考えをもつ児童である。※①のように，Bの「安全性に不安がある」から「認めない」という意見を批判し，「安全性に不安があるから，買う人はいない」という考えを述べている。さらに，※②のように「買う人がいないのだから，米の無関税での輸入を認めても，農家の人は困らない。だから，認めたほうがよい。」という意見を述べた。また，Bの意見をもつC2も，Aの意見を批判的に見ていることが伺える。このように，小集団交流を位置付けることで，全体の場では議論をした経験の少ない児童たちも主体的に参加することができ，相手の意見を批判して考えたり，合意点を探ろうと考えたりすることができ，問題の本質に迫ることができた。

思考ツールとICTの活用

　小集団交流は，教師が話し合いの様子を見届けることができない。そのた

め，子供任せになった後，議論がかみ合わない授業を見ることがある。このデメリットを解消するためには，小集団での話し合いのスキルを身に付けさせなければならない。つまり，一人ひとりが自分の考えを整理・表現し，

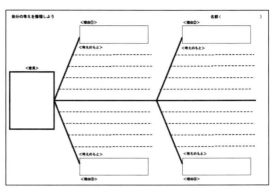

図1-2 「思考ツール」フィッシュボーン

議論を通して考えをまとめたりしていくことが重要である。これは，社会科授業のALを進める中で，丁寧につけなければならないスキルである。本時では，学習者の思考を整理し，一人ひとりが自分の考えを分かりやすく伝えられるように「思考ツール」の一つであるフィッシュボーン[3]を用いた。魚の頭の部分には自分の判断，中骨の部分には，判断した理由，小骨の部分には資料から読み取った事実を記入できるようにした。

	小集団交流の初めに，自分の考えを述べる場面
C4	私の意見は認める上で，考えが2つあります。1つ目は，外国産の米は買わない人が多いということです。考えのもと（資料を指しながら）は，外国産の米は，安全性に不安がある人が多くて買わない人が多いから，農家の人は困らないと思います。2つ目は，国の米を買い取る量が多いということです。米の買い取る量が増えれば，米作りにかけるお米もそれを使えばいいし，外国の米を買う人が少ないから大丈夫だと思います。
C5	僕は，C4さんに反対の意見です。逆に，今でも余っているのに，輸入して増えたら売れ残りが出たりして，外国との仲が悪くなると思うからです。

C4は，普段は順序立てて説明することが苦手な児童であったが，思考ツールを確認しながら発言することで，自分の考えを整理し，順序立てて説明することができた。また，C5が，C4の意見の一部分を受けて反論をしているように，互いに思考を整理して話し合いに臨んでいるため，仲間の意見の異同がより明確になり，質問や反論の意見が出やすくなった。互いの考えの違いを理解して話し合いに参加していたことが伺える。

また，本時では，学習者間の思考を共有するためにタブレット端末を活用し，学習者全員の意思を段階的に教室の大型テレビ画面に一覧にして映し出し，仲間の考えの共有化を図った。

C	（つぶやき）Bが多いなぁ。変わった人，だれかな。
T	やっぱりBという意見が多かったのかな。C6さん，話し合いの前と比べて，意見が変わったみたいだけど，考えたこと教えて。
C6	私がBからAに変わったのは，外国産が売れなくなって，国産の売れる量が減っても，もっと国産の米の質を高めていけばいいと思ったからです。そうすれば，国産のものも売れていって，食味値もさらに上がると思うから，もし無関税になっても，農家の人たちはやっていけるのではないかと思いました。
T	C7さんは？
C7	初めは，Bの認めないという意見だったけど，最後には，Aが40％，Bが60％になりました。Bではやはり，安全性に不安があるけど，Aだと外国との関係がよくなるところがいいと思ったから，Aが40％増えました。

　タブレット端末の活用は，学習者の考えを一度に把握する上で，教師にとっても有効であった。また，C7の発言からは，話し合いを通してAの考えを理解し，ABの間で揺らぎながらも，初めはBの考えしかもてていなかったが，Aに考えを寄せていることが分かる。こうした学習者の変容を共有していくことが，これから先の学習においても，自分なりに判断したことを再度考え直し，仲間の考えを聞いてよりよい判断をしようとする資質や能力の育成につながっている。

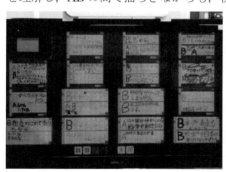

図1-3　モニターに映った意見

(3) 実践後の児童の姿と課題点

　本単元の学習が終わった数日後，自主学習でTPPに関する新聞記事を切り抜き，自分の考えを書いてきた子がいた。ある子は政府に対して批判的な考えを書き，ある子は工業生産の立場から政府を評価した考えを書いてきた。

まさに，本単元の実践を通して，教室の学習に留まらず，社会生活に目を向けて主体的に社会にかかわろうとする姿が生まれた。こうした児童の態度を見ると，あらゆる知識や思考力を使って，正解のない社会問題について議論をする学習は，社会科教育における AL の一つとして今後も実践していくべきである。今回の実践で引き続き考えたい課題を2点上げておく。

・議論において，農家の立場からの考えに偏ってしまった。
　→前単元の学習が要因であると考えられる。カリキュラム全体を見通し，本時をどこに位置付けるとよいかを検討したい。
・小集団交流における個への指導・援助が十分でない場面があった。
　→子供同士でも個々が議論に参加し，話し合いを自分たちでまとめていくことができる力の系統的な指導方法を明らかにしていく。

参考文献

1) 中央教育審議会　教育課程企画特別部会「次期学習指導要領に向けたこれまでの審議のまとめ」2016 年，p.23。
2) 日本社会科教育学会編『新版 社会科教育事典』2012 年，ぎょうせい，pp.14-15。
3) 田村学・黒上晴夫『考えるってこういうことか！「思考ツール」の授業』2013 年，小学館，pp.36-39。

(椿倉大裕)

2 社会科教育における学びの系統性

(1) 学びの系統性の理論と視点

　インターネットの普及，スマートフォンの普及等，新しい技術は次々と開発され，世界は進化し続けている。義務教育段階で学習したことが，卒業後には古い知識となり，絶えず新しい知識が現れる現代。これからの学校教育では，知識獲得に傾倒した伝統的な受容型授業による教育ではなく，知識を常に更新する資質を備えた，学び続ける生涯学習者の育成を目指した教育を展開してゆくことが求められている。例えば，学ぶことにおいて重要となってくる学ぶ意欲や関心，主体性を育成することは，小学校教育から始まったことではなく，幼児教育でも遊びを通して既に意識されている事柄である。幼児の生活の中心をなす遊びの意義は，「主体性」の源の提供，「主体性の確立のチャンス」の提供だからである。

　しかし，現状では，幼児教育，小学校教育，中学校教育そのどの教育機関も子どもへの見方や指導方針など目指すところが統一しているとは言い難い。これは，お互いのカリキュラムの内容・方法や教育課程全体で目指すべき子ども像の共有がなされていない点を指摘出来る。例えば，「小1プロブレム」等を契機に幼小連携の必要性が叫ばれているが[1]，本課題は幼小連携だけの問題として5歳と6歳を対象に分析するのではなく，教育課程全体で捉えるべき課題である。我々教育者は，子どもたちにどのような力をつけたいかを，何十年後の子どもの姿を想像しながら，一貫的な視点で教育目標・内容・方法を考えてゆく必要がある。

　「子どもにつけさせたい力」は，1時間の授業や，1単元の短期間で育成されるものではなく，教育課程全体を通した中長期的なカリキュラムのもとで育成されていくのである[2]。つまり，幼児から高等学校までを一貫的に捉

表 2-1　21世紀に求められる教育・学習の原則

	定義	内容
学び方を学ぶ	単なる知識の習得ではなく，知識の習得の仕方，学習の仕方を学ぶこと。	単にマニュアル化され体系化された知識，技術を獲得するのではなく，知識獲得の手だてそのものを習得することともいえる。学び方を学ぶことができれば，たとえ今ある知識が古くなってしまったとしても，時代の変化に対応し，学び続けることができる。
為すことを学ぶ	学習と実践，労働の結びつきなど，実践と結びついた学びを含むこと。	「学び方を学ぶ」ことと不可分ではあるが，頭で理解するだけではいけないのが「為すことを学ぶ」ことである。「為すことを学ぶ」ことができれば，知識基盤社会の中で，主体性をもって活躍ができ，よりよい自分，よりよい自分と他人，よりよい社会をつくることができる。
共に生きることを学ぶ	他者を理解し，共通の目的のために共に働く力を育てること。	ここでいう他者理解の「他者」は，「他人」と「環境」という意味合いが込められている。しかし，「自己理解」が前提としてあることとする。世の中には価値観が溢れており，対立することもしばしばある。共に生きていくためには対立する価値を分析して創造することが大切である。共に生きることを学ぶことにより，国際社会への対応だけでなく，持続可能な社会の実現へと繋がっていく。
人間として生きることを学ぶ	個人として，また社会の一員として，自らの人格を発展させ十全に生きること。	人間として生きることを学ぶことは，個人に信頼感や喜びを与えることであり，自己の充実や啓発において欠かせない要素であるのと同時に，民主主義社会の一員として必要な資質をもつための重要な学びである。

筆者作成

えたカリキュラムマップを描き，その中で各教育段階を効果的かつ論理的に繋げる必要がある。その結果，一貫した教育課程で獲得した力に基づき，各種学校教育終了後も継続的に学ぶ資質，すなわち生涯学習者を育成することが出来る。

　生涯学習の定義は，「個人が生涯においてあらゆる知識，価値，技能，理

解の習得をするために，継続的かつ援助的なプロセスを通じて潜在的な可能性を開発し，あらゆる持ち場，機会，環境下において，個人に信頼感，創造性，そして喜びを与えるもの」[3]である。生涯学習者となるためにユネスコ委員会は，21世紀に求められる教育・学習の原則として，以上の4点を指摘している。各観点とその内容は上記の通りである。

　以上からわかる通り，社会で今後求められる教育課程は，生涯学習者を育成するためのカリキュラムである。知識が常に変容してゆく社会において，社会の中で共同で新しい価値観や見方・考え方を探究し続けてゆく。このような資質・能力の一貫的な育成方略が問われているといえよう。

(2) 学びの系統性を軸とした社会科教育実践

　系統的な教育を実践している事例としてデンマークの教育がある。デンマークでは，教育大臣が示す規程の中で教科の目標と育成すべき資質・能力，すなわち最終目標と到達目標の2点を定めており，これらは国全体の共有目標と位置づけている。教育目標を軸に設定し，幼児から中学校までを一貫する系統性のある教育の実現が目指されている[4]。

　しかし，この一貫的な教育はデンマーク固有のものではなく，日本を含め，様々な国や自治体で展開されている。例えば岐阜県加茂郡白川町では，「0歳から15歳までの一貫教育」「存在感あふれる白川の子ども，存在感あふれる保育園・学校」「子どもの豊かな成長に貢献できる家庭や地域社会」これらを創造するという基本方針で，様々な施策を行っている。「0歳から15歳までの一貫教育」においては，教育夢プランで，白川町で生まれ育つ子どもたちを乳幼児期から中学校を卒業するまで，責任を持って教育するという強い決意を示している[5]。そこでは，専門機関との横の繋がり及び保育園から中学校までの教育機関の縦の繋がりを重要視し，綿密な縦横の連携を図っている。

　デンマーク及び白川町独自のカリキュラム，幼小連携の前提としての子どもの発達段階，OECD，DeSeCo，キー・コンピテンシー等を考慮に入れ，生涯学習者の育成を軸とした系統性のあるカリキュラムを作成した。4つの

2 社会科教育における学びの系統性 95

柱をそれぞれの段階ずつにわけ作成したカリキュラムが表 2-2 である。

表 2-2 は，4 観点を軸に保育園年少から中学校 3 年生までの教育目標を段階的に示したものである。各段階の目標を端的に示したものが，「発見の方法」「収集の方法」「吟味の方法」（学び方を学ぶ）等である。

本カリキュラムの特徴は，以下 2 点である。第 1 は，主体的な教育活動を軸としている点である。教師や大人にやらされているのでは意味が無く，時代の変化に対応できない。義務教育を卒業した後でも生涯学び続けるには，主体性は欠かせないのである。第 2 は，縦軸の 4 観点が不可分であることである。本カリキュラムにおいて 4 観点は全て密接に関係している。例えば「他人に自らの思いを働きかける」ことは，共に生きることを学ぶことでもあり，人間として生きることを学ぶこととも言える。そのため各観点は独立しているわけではない。

なお，田中（2015）が示す通りカリキュラムは学習内容と学習方法を画一的かつ演繹的に固定化することではない。なぜなら，あくまでも子どもや学級，学校を基盤とし，子どもに応じて日々可変的に修正するものである[6]。カリキュラム設計で重要な点は，育成したい子ども像（最終目標）を見据えた一貫的な視点で教育内容・方法を設計することである。つまり，今までどのような力をつけてきて，この先どのような力をつけていくのか，最終的にはどのような資質・能力を育成し，そのために本時（本単元）でどのような学習を展開すべきなのかを意識するということである。このように，目標を基盤として内容・方法を選択するカリキュラムの視点が重要であろう。

(3) 実践及び評価

以上の観点に基づき，本項では 2 年生の生活科の単元（全 11 時間）を開発した。単元名やテーマ，目標，及び本時の目標・展開等は以下である。

1. **単元名**　いきものとなかよし（全 11 時間）

2. **対象学年**　2 年生

3. **本時のテーマ**

自他の理解を深めコミュニケーション能力を高めることができる。（共生）

表2-2 系統性カリキュラム表

	年少	年中	年長	小1	小2	小3	小4	小5	小6	中1	中2	中3
学び方を学ぶ	感じたこと、想像したことを様々な方法で表現することができる。	身近な自然現象や社会現象に関心を持ち、自分でいろいろな見たり思ったことを、よく見ることを遊ぶことができる。	見たことや聞いたことを話したり、同じ疑問に思ったことを尋ねたり話し合ったりすることができる。	諸感覚を通してあらゆることに気付き、自分なりに思ったことから生まれた問題（疑問）の解決にむけて、糸口を探すことができる。	試行錯誤して活動していくことで、情報の収集の仕方を広げることができる。	情報を様々な方法で収集することができる。	情報を目的に応じて道具として使いこなすことができる。	知識構成の背後にある立場や価値観を吟味・解釈することができる。	個々の事象、解釈内容をふまえて、評価的・規範的に判断することができる。	諸資料に基づいて比較吟味し、統合的、多面的・多角的に考察することができる。	諸資料に対して、批判的思考をもって分析することができる。	主体的に、様々な方法で資料を収集、選択、吟味することができる。
為すことを学ぶ	好奇心、想像したことを様々な方法で表現することができる。	好奇心や探究心が高まり、疑問や不思議をみつけることができる。	課題をみつけ、失敗を恐れずに挑戦することができる。	主体的に遊びや生活を工夫したり、試行錯誤することができる。	課題解決にむかって、主体的・自律的に関わることができる。	課題解決にむかって、試行錯誤し、考え抜くことができる。	具体的な生活場面に行動に表すことのできる、実際の遂行上の能力を鍛えることができる。	個人が含まれる状況の決定に実際的に影響を及ぼす能力と意志力を持つことができる。	情報を分析・評価し事実を正確にとらえ、公正に判断するとともに適切に表現することができる。	課題について、構想を立て、実践し、評価・改善することができる。	問題に対して、よりよい解決や新しい知識を作りだし、さらに次の問題を見つけることができる。	個人と社会、道徳的な社会的規律の大事でも、個人の問題と関連させて、解決していこうとする態度を持つことができる。

学び方を学ぶ帯ラベル：発見の方法／収集の方法／吟味の方法
為すことを学ぶ帯ラベル：問題発見／問題解決／問題感知

2 社会科教育における学びの系統性

	自己を知る				他者を知る			社会を知る			

共に生きることを学ぶ

- 自分と他者との関係が理解でき、思いやりを示すことができる。
- 人と異なる思いや考えを認め合い、思、愛情や信頼感を持つことができる。
- 共通の課題を持って、グループで試行錯誤し、行動しながら協力し合うことができる。
- 自己と他者に関心をもち、すばらしさに気付き、大切にすることができる。
- 自他の理解を深め、コミュニケーション能力を高めることができる。
- さまざまな状況において適切に対応することができ、他者との人間（自然）関係を円滑にすすめることができる。
- 洞察と自発的意思によって環境的な解決について考えることができる。
- 互いの考えを伝え合い、自らの考えや集団の考えを発展させることができる。
- 自分のおかれる環境に愛情と感謝の心をもち、集団や社会の一員としてのあり方を考え、適切な行動ができる。
- 自己、自己と他者、個人と社会との関係を把握し、よりよくしようとすることができる。
- 他者と協働しながら、新しい価値を創造する力を育むことができる。
- 持続可能な社会の実現に向けて、自己だけでなく他者及び自然環境などのあらゆるものとの共生を考慮することができる。

人間として(市民として)生きることを学ぶ

- 生活に必要な基本的な習慣が身につき、自信を持って行動することができる。
- 失敗したり思うようにならない体験をして、他者にも共感してもらい、支えられ、自己肯定感を持つことができる。
- 仲間とともに様々な経験を通して、やり遂げる充実感を味わうことができる。
- 生活上必要な習慣や技能を身に付け、自分以外にも思いやり、やさしさをもつことができる。
- 自分のよさや可能性に気付き、意欲と自信をもって生活することができる。
- 物事を深く考え、見く、自分の可能性を磨くことができる。
- 困難だと思われる状況であっても、めげずに前に踏み出すことができる。
- 意欲や意志をもち、企画及び創造する力を鍛えることができる。
- 自分のすべきことを明確にし、まわりに働きかけることができる。
- 人権尊重の精神を身に付け、自分の価値観を確立することができる。
- 他人の価値観に触れ、柔軟に新たな価値を創造することができる。
- 民主主義社会の一員として必要な資質をもつことができる。

（区分）自己を知る／他者を知る／社会を知る／価値を知る／価値を考える／価値をつくる

4. 本時の目標

既存の学習（今まで調べてきたこと）を踏まえ，ダンゴムシのすみやすい環境を仲間との共同学習を基盤として考えることができる。

5. 本時の展開

時	教師の指示・発問	子どもの学習活動	教材・資料
7	・「どうして～したの？」感覚的行動の根拠を問い，自覚化できるようにする。 ・「今まで調べてきてどんなことがわかった？」本や実験等の根拠をもとに，すみかづくりに取り組めるようにする。	1.導入 各々考えて持ってきた材料を交流する。 2.課題 とっておきのダンゴムシファミリーハウスをつくろう。	・子どもたちに自分がすみかづくりに必要だと思うものを持ってこさせる。 ・様々な種類の土，霧吹き，枯葉，葉，石，枝など，すみかづくりに必要だと予想されるもの。
23	・「どんなことをしたら喜ぶかな？」ダンゴムシの立場に立って考えられるようにする。	3.小集団追究 ○小集団(3人)で家をつくる。 ○ダンゴムシを引越しさせて，観察する。	
5	・「○○さんのアイディアどう思う？」仲間と共に高まりあえるようにする。		・子どもたちが今まで記録してきたワークシート。
10		4.交流 ○工夫したことを発表する。	

筆者作成

6. 本時の評価

本時の評価はルーブリックを用いる。ルーブリックとは，子どもの学習到達状況を評価するための，評価基準表のことである。本ルーブリックは，子どもの認識成長を2つの観点，CからSの4つの段階で捉えることで，各々の子どもが持つ認識段階，及び授業前後の変容課程を捉えることを可能とする。

	S	A	B	C
生き物(ダンゴムシ)への理解と愛情	ダンゴムシが長く生きられるように願い，ダンゴムシの立場に立って，すみやすい環境を根拠をもとに工夫することができる。	根拠をもって，ダンゴムシに適したすみかづくりに取り組むことができる。	ダンゴムシに愛情を持ち，ダンゴムシのすみかづくりに取り組むことができる。	ダンゴムシに合ったすみかを考えることができない。
他人への理解と協力	他人の思いを理解し，自分の思いと比べ，より良いアイディアを伝えることができる。	他人の思いを理解することができる。	自分の思いを伝えることができる。	他人の思いを聞くことができず，自分の思いも言うことができない。

著者作成

注

1) 新保真紀子『小1プロブレムの予防とスタートカリキュラム』2010年，明治図書，p.13。

2) 田中伸「幼児教育カリキュラムの類型と実際」『幼児教育学実践ハンドブック』風間書，2013年，pp.43-44。

3) Peter Alheit & Eva Kammler（1998）"Lifelong learning and its impact on social and regional development: Contributions to the First European Conference on Lifelong Learning, Bremen, 3-5 October 1996：collected papers" Donat Verlag 10 Norman Longworth & Keith Davis（1996）"Lifelong learning: new vision, new implications, new roles for people, organizations and communities in the 21st century" Kogan Page, London p.22

4) デンマークは「国民能力会計」において，コンピテンシーを「要求と挑戦に行動で対応できる個人の能力」ととらえ，今後個人と社会に必要とされる具体的な10のキー・コンピテンシーを示している。

5) 「この子の幸せを求めて」白川町教育委員会

6) 長瀬美子・田中伸・峯恭子編著『幼小連携カリキュラムのデザインと評価』風間書房，2015年，p.16。

（丹羽彩乃）

3 社会科教育における批判的思考

(1) 社会科における批判的思考力

　膨大な情報であふれる現代社会の中で，ある一側面からの情報を鵜呑みにし，吟味することなく決めつけた見方をしてしまうことは危険である。社会で起きていることに「本当にそうなのか。」と問い，様々な立場から検討し，判断を下していくことが必要となる。そのような力のことを「批判的思考力」と言う。道田（2000 年，p.54）は批判的思考力について以下のように述べている。

批判的思考力とは，見かけに惑わされず，多面的・多角的に事象をとらえて，本質を見抜くことができる力である。

　「見かけに惑わされず」とは，見た目や表面上だけで判断してはいけないということである。「多面的・多角的に事象をとらえ」とは，様々な立場から考え，客観的に事象をとらえるということである。
　この批判的思考力をなぜ社会科で育てる必要があるのか。社会科学習の究極の目標は「公民的資質の基礎」の育成である。公民的資質の基礎について，小学校学習指導要領解説で次の 3 点が示されている。

○平和で民主的な国家・社会の形成者としての自覚をもち，自他の人格を互いに尊重し合うこと。
○社会的義務や責任を果たそうとすること。
○社会生活の様々な場面で多面的に考えたり，公正に判断したりすること。

　批判的思考力は，3 つ目の「多面的に考えたり，公正に判断したりすること」に特に関わる力である。前述したように，決めつけや，自分の立場のみ

の判断は公正とは言えないからである。

　現在の小学校社会科授業では，ある社会的事象について，それに関わる人物を取り上げ，努力や願いを追究していく授業を多く見かける。確かに人物の努力や願いに共感することは大切である。しかし，それは同時に子どもの思考を単線的にしてしまう危険を孕んだ授業でもあると言える。そこで，本稿では人物に共感するだけにとどまらない，子どもの思考が複線的に広がっていくような授業に改善し，批判的思考力を育てる社会科授業の在り方を提案する。

(2)　批判的思考力を育む授業改善の視点

①　社会規模の異なる事象を比較し，人物の思いを相対化

　批判的思考を身につける授業では児童が複数の立場から考えられるよう単元を仕組んでいく必要がある。

　そこで，単元の中で，規模の異なる社会を同時に扱うことを試みた。現在，社会科で内容として取り扱う社会の規模は，学年が上がるにつれ，同心円状に広がっていくような配列となっている。それをアレンジし，一つの単元でちがう規模の社会を同時に扱い，社会を見る視点を広げることで批判的思考力を育成することはできないか。例えば，単元の中で児童にとって身近な社会のものを扱うのであれば，より社会の規模が大きいものを比較対象として用意する。身近な社会では成り立つことが，さらに大きな社会では成り立たないことが起きていることに気付くことができる。取り扱う社会の規模が逆の場合も同じである。カメラのレンズの倍率を切り替えるように，社会的事象を小さな規模，大きな規模で見る見方を身につけることで，様々な立場から物事を考えることができるのではないだろうか。また，そのための教材としては，人々の思いや願いが含まれている教材こそ，有効に活用できる。なぜなら，人々の思いや願いとは必ず特定の視点から理解されるものであり，それが別の教材と相対化されることによって，視点の移動が強調されるのである。社会では多くの人が共に生きていくために，かなった願いとかなわなかった思いや願いが必ず存在している。かなわなかった思いや願いとは，も

しかしたら社会の中でかなうかもしれなかった可能性があったものである。それゆえ，人々の思いや願いが含まれやすい教材を取り上げ，相対化させていくことで，「本当にこの考えでよいのか。他にも別の可能性があるのでは」という批判的な構えを獲得させることができる。

② ワークシートによる比較した内容の視覚化

取り上げる二つの違いがはっきりするよう，ワークシートを作成し，調べたことを書き込ませていく。実地調査や資料からの情報収集した内容を，いくつかの項目に分けて整理し，児童生徒が社会規模の異なる事象に関わる情報や，そこに含まれた人々の思いや願いを比較しやすくするためである。書き残しておくことで何度も見返すことができ，社会的規模の大小という視点を移動させながら，事象を相対化させていくことに有効である。

(3)　「批判的思考」を取り入れた授業実践

――小学校第3学年「のこしたいものつたえたいもの」――瑞浪市文化財「櫻堂薬師」と月吉地区「大應寺」の比較を通して

① 比較する教材について

小学校第3学年「のこしたいものつたえたいもの」の単元にて，批判的思考力を育む実践を行った。この単元で取り上げる社会規模は「市」と「町」の二つである。市と町にそれぞれの古い建物を取り上げ，比較していく。

瑞浪市土岐町には市指定文化財に登録されている「櫻堂薬師」がある。平安時代の弘仁3年（812年）三諦上人によって創建され，三諦上人が嵯峨天皇の病気平癒に功績があったことから勅願寺となった建物である。その歴史はおよそ1200年。本堂には平安〜鎌倉時代に造られた仏像や，絵馬が納められており，その歴史的な価値が認められ，市の文化財に登録された。保存会が設置されており，保存会の人々による管理，また櫻堂薬師を広める活動が市主催で行われている。

市よりも社会規模の小さい「町」の古い建物として，瑞浪市明世町にある

「大應寺」を取り上げた。文化財に登録されてはいないが，300年の歴史をもち，明世町月吉地区の人にとっては，年間行事・法事等で関わりのある建物である。1学期の町探険で訪問しているところで，異なる地区に住む児童も，住職の大應寺を守る思いなどをインタビューし，明世町にある大切な建物という認識をもっている。

櫻堂薬師は市民，大應寺は町民という異なる視点が含まれている。瑞浪市市民として，保存会や市役所の人々が櫻堂薬師を残していこうとしていることを学習し，町民という視点で見ていた大應寺を市民という視点で見た時，「自分たちがよく知っていて，大切だと思っているものと，文化財として国が守っていこうとするものはイコールにならないことがある」という，批判的な見方を獲得できると考えた。「自分がもっている見方だけで決めつけて物事を判断しない」という批判的思考力を3年生でどこまで付けられるか本実践で試みた。

② 比較のためのワークシートの作成

まずは，2つの建物の違い調査の段階で，ワークシートを作成し，そこに調べたことを書き込めるようにする。残してきた，伝えてきたのは，「いつ，どこで，だれが，どうして，どうやって，どれくらいかけて」を表にしたものである。見学で調査したことを思考の材料として貯めておくことができる。さらに表には，比べて思ったことも書かせる。そうすることで児童自身が「自分が思っていたこととちがった」といった見方の変化に気付くことができるようにした。また，比較して気付いたことや，考えたことも書けるようにしておき，学習を終えた時に自分の考えが作りやすいようにしておく。

以下，本実践の単元指導計画である。

表 3-1 ワークシート

	いつ	どこで	だれが	どうして	どうやって	どれくらいかけて
大應寺						
櫻堂薬師						
くらべてみると…						

単元のねらい

　身近な古くから残る建物と市の文化財を比較することを通して，地域の人々が願いをもち，歴史的背景，保存されているものの価値，保存に関わる人々の違いに気付き，町民，市民の立場から，古くから残る建物の価値について考えることができる。

単元指導計画

	本時のねらい	学習活動	指導，援助	評価
つかむ①	地域に古くから残るものを出し合い，学習課題を作ることができる。	○地域に残る古いもの，建物を見つけて発表する。 ○町探険で見学した月吉の「大應寺」と土岐町にある文化財「桜堂薬師」の写真を見て気付いたことを発表する。 ○「桜堂薬師」の方は「有形文化財」に登録されていることを知り，単元の課題を作る。 大應寺も桜堂薬師も古くから残っている建物なのに，どうして桜堂薬師は有形文化財になっているのだろうか。	・「大應寺」は町探険で見学したことから，住職さんが大切に守っていたことや，地域の人々が利用していることを想起させる。 ・両方の建物がどれぐらい前に建てられたかを確認しながら，単元の課題作りにつなげていく。 ☆「文化財」の意味をおさえる。	関心 意欲 態度
調べる②③	大應寺がどのように守られてきたのか，見学や住職さんの話から調べることができる。	大應寺はだれに，どのように守られてきたのか調べよう。 ○町探険で見学した時に聞いた，大應寺について調べたことを確認する。 ○単元の課題を確認し，改めて調べたいことを考え，見学計画を立てる。 ・大應寺はどれぐらいの人で守っているのか。 ・守っていくためにかかるお金はどうしているのか。 ・住職さんはどうして守っていこうと思ったのか。 ・これから大應寺を残していく	・いつ，だれが，どうやって，どうして守ってきたのか問いかけ，前回の見学で分かっているところ，もう一度聞いてみたいことを明らかにさせる。 ・地域の行事との関わりがあり，月吉地区の人々にとっては大切な建物であることをおさえる。	関心 意欲 態度 知識 理解

		ためにはどうしたらよいか。 ○見学へ行き，話を聞いたり，質問したりする。 ○調べてきたことをまとめる。		
調べる④⑤⑥	桜堂薬師がどのようにして有形文化財に指定され，どんな人々によって守られてきたのか見学や保存会の方の話から調べることができる。	桜堂薬師が有形文化財に指定されたのはなぜか調べよう。 ○大應寺で調べたこと，単元の課題を確認し，桜堂薬師について調べたいことを考え，見学計画を立てる。 ・いつからあるのか。 ・桜堂薬師はどんな人が守っているのか。 ・守っていくためにどれくらいお金がかかるのか。 ・大應寺よりもすごいところがあるのか。 ・地域の人々にとって，どんなものか。 ○見学へ行き，保存会の方の話を聞いたり，質問したりする。 ○調べてきたことについてまとめる。	・大應寺と比べることができるよう，桜堂薬師について調べたいことを考えさせる。 ・単元の課題から，大應寺にはないものがあり，それが文化財に指定されたことにつながると問いかけ，調べることを考えさせる。 ・保存会の方をゲストティーチャーに招き，守っている人々の規模や活動の仕方が大應寺では違うことが分かるようにする。	関心 意欲 態度 知識 理解
考える⑦	古くから守られてきた桜堂薬師と大應寺を比較し，単元の課題である桜堂薬師が有形文化財に指定された理由を考えることができる。	大應寺も桜堂薬師も古くから守られてきた建物なのに，どうして桜堂薬師は有形文化財に指定されたのだろう。 ○守る人々，建物や保存しているものの価値，地域にとっての価値という視点を与え，調べてきたことから考える。 ○課題についてまとめる。	・二つを比べるようにして板書し，似ているところ，どちらかにしかないところが分かるようにする。	思考 判断 表現
まとめる⑧⑨	学習したことを元に，「古くから残る建物新聞」を作ることができる。	○新聞に書く内容を決める。 ○新聞の割り付けを考える。 ○学習内容を元に新聞を書く。 ○書いた新聞をグループごとに発表する。	・割り付けがしてある用紙，白紙の用紙を用意し，使いたい方を選んで書かせる。	技能

(4) 実践の成果と課題

① 成果について

本実践において，単元の導入時点では「自分たちにとって大切で守っていきたいと思う大應寺は，文化財としても守られているだろう」と考えていた児童がいた。この児童は導入時，自分の立場で物事を見て，直感的に判断する構えをしていたといえる。しかし，それぞれの建物について調べ，守っている人々の話を聞いていくにつれ，違う見方で大應寺と櫻堂薬師を見るようになった。第7時の考える時間のまとめではその児童は以下のような記述をしていた。

> 櫻堂薬師が有形文化財になっているのは，大應寺よりも古い 1200 年という昔からあって，言い伝えにも出てきたり，櫻堂の中には，めずらしい木でできた像や観音様，絵馬など岐阜県でもめずらしいものが残ってきたりして，瑞浪市にとって宝物みたいなものだからだった。わたしにとっては，大應寺は大切な建物だけど，だれにとっても大切ではないことがあるんだなと思った。

この児童は，大應寺と櫻堂薬師を比較することを通して，櫻堂の文化財としての価値に気付き，自分の最初の考えを見直している。また，「だれにとっても大切ではない」という部分から，自分とは違う，社会にいる誰かの考えに気づくことができたのではないかと思う。この児童の気付きは，「自分の考え方でよいのだろうか。」という批判的思考力への第一歩といえるのではないか。本実践のみで，多様なスキルを伴う高度な批判的思考力が身についたとは言えないが，先に述べたように，社会で起きていることに「本当にそうなのか」と問うことが社会科で育てるべき批判的思考の中核である。この単元をアレンジした原理を用いて，年間計画全体に，異なる社会規模の事象を比較する単元を位置づけていくことで，批判的思考力の基礎を社会科教育の中で育成できるようになるのではないか。

② 課題について

　本実践において，批判的思考を育むため，社会規模の異なる事象を比較して追究していったが，まとめの段階を新聞でのまとめにしてしまったところは見直す必要がある。新聞で自分の調べたことや自分の思いを振り返るだけにしてしまったので，大應寺と櫻堂薬師という 2 つの古い建物を比較して育てた見方・考え方で，さらに異なる社会規模の古い建物について考えさせるような，批判的思考力を生かすようなまとめの時間の在り方について考えていく必要がある。また，この社会規模の異なる事象の中で社会的な問題が起きていたとしたら，取り上げて討論させると，自分とは違った考え方にも気付くことができたかもしれないと思った。

参考文献・引用文献

- 　道田泰司　「批判的思考研究からメディア・リテラシーへの提言」コンピューター利用教育学会『コンピュータ＆エデュケーション』Vol. 9　2000 年，pp.18-23。
- 　文部科学省『小学校学習指導要領解説　社会編』東洋館出版社 2008 年，p.14。
- 　竹川慎哉『批判的リテラシーの教育』明石書店，2010 年。
- 　道田泰司・宮本博章『クリティカル進化論』北大路書房，2004 年。

（加藤和子）

4 社会科教育における教科間連携

(1) 教科間連携の理論と視点

　カリキュラムマネジメントのキーワードと言えば「連関性」と「協働性」である。本稿では特に連関性について「関連」「つながり」「関係」などの言葉で理解し，各教科間，教科と道徳や総合的な学習，特別活動等のつながりが授業やカリキュラムの構成において重要であることを提案する。

　中学校学習指導要領解説社会編（p.117）には次の記述がある。

> 経済に関する内容を学習する基本的なねらいは，経済活動の意義が人間生活の維持・向上にあることを消費生活を中心に理解させるとともに，現実の生産や消費などの経済活動を取り上げて市場経済の基本的な考え方や職業の意義などを理解させること[1]。

　「経済に関する学習」は，中学校 3 年生で扱う学習内容ではある。しかし，よく考えてみると，生徒は，お小遣いをもらうことや買い物などを通して，経済にかかわる活動をすでに経験をしているはずであろう。つまり，生徒にとって経済とは全く新しいことではない。また，本校の第 2 学年では特別活動や総合的な学習で「キャリア教育」に取組んでいる。「なぜ働くのか」という問いに対して，職業調べや職場体験，講話，将来設計等を通じて，自分なりの答えを探し求めていくカリキュラムが存在する。

　ここで一つの考えが生まれてきた。公民分野の経済に関する内容の一部を，中学校 2 年生のキャリア教育と関連させることはできないだろうか。経済の仕組みについて学ぶことや働く体験を中学校 3 年生の公民分野の学習前に触れておくことは，より深く経済に関する内容の理解につながるのではないか。このような考え方が生まれてきた。

　このように考えを持った上で，本校のキャリア教育の課題点を探してみる

と，次のような意見があることが分かった。

課題点（前年度のキャリア学習担当者からの取材より）
①調べ学習が中心となる，活動があまりない。
②職場体験と探求のサイクルがうまくかみ合っておらず，職場体験がただの行事のようになっている。
③生徒が本当に働く意義を感じたり，考えさせたりする場面が少ない。

文科省ＨＰの教科横断的な課題（キャリア学習）は次のように記してある。

課題点
近年，ニートの問題など若者たちの社会とかかわろうとする意欲に低下が見られる中で，働くことに対する実感的な理解を深めることが大切であり，各教科等を通じて，協調性や責任感など他者とかかわる力の育成，社会生活の中での責任や勤労などの観念の理解・定着を図ることが必要[2]。

これらの本校の課題やキャリア教育が抱える課題を解決するためには，「リアルさ」と，自ら問いを立て課題を見いだし解決するという営みである「探求の過程」を重視することが大切であると考えた。そして，この「リアルさ」と「探求の過程」を重視することができる総合的な学習の時間を中心とした，教科間連携のカリキュラムを開発した。

(2) 教科間連携を軸とした社会科教育実践

①　単元計画作成の手順

単元の構想にあたっては，『カリキュラムマネジメント分析シート』を用い「単元指導計画の手順　A～F」にそって手順で説明する。なお，C～Fの順番は関係なく，行き来しながら単元を構想していく。

この『カリキュラムマネジメント分析シート』を活用することにより，探究活動を俯瞰して捉えることができ，「連関性」と「協働性」のつながりを意識しやすくなり，カリキュラム開発の援助となり得る。

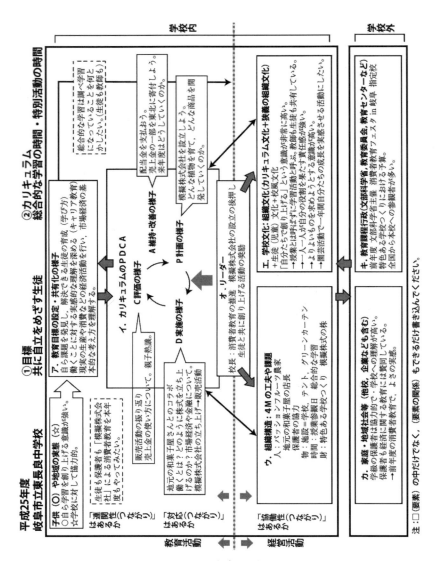

図 4-1 完成図の例

　様々な項目を俯瞰し，つなげながら単元を構想できる。
・この『カリキュラムマネジメント分析シート』は田村知子氏の『カリキュラムマネジメント・モデル』を一部変更し，使用したものである[3]）。
・単元計画作成の手順は，文部科学省『中学校学習指導要領解説 総合的な学習の時間編』pp.70～75 を参考としている[4]）。

4 社会科教育における教科間連携

単元計画作成の手順
A. 学校の教育目標や年間計画等を踏まえ目標を設定する。
B. 生徒の興味・関心，教師の願い，教材の特性の3つの視点から中心となる活動を設定する。
C. 探究的な学習となる単元の展開の構想。他教科の連携はここに入れる。
D. 校長先生や主任等，すべての要素を見渡す教師（担任）の働きかけ。
E. 単元を展開する上で「必要・有効・課題」となる組織構造（人・物・金・組織等）や学校文化を挙げる。
F. 家庭や地域との関わりや行政等の外部との要因を挙げる。

社会科の「経済に関する学習」と「総合的な学習」の連携を軸とした実践「模擬株式会社を設立し，働く意義を学ぼう。」

A. 学校の教育目標や全体指導計画等を踏まえた目標を明確にする。

単元指導計画を構想する際には，その前提として学校の教育目標や学校の全体計画・年間指導計画等を踏まえる必要がある。

B. 3つの視点から，中心となる活動を設定する。

単元を構成する際に3つの視点を考える。3つの視点が重なり合った部分を<u>中心となる活動</u>としてとらえ，単元を構想していく。

生徒の興味・関心や保護者の願い

4月当初に総合的な学習に関わるアンケートを行い，生徒や保護者の願いを把握した。

生徒A ＜ 昨年度行った「模擬株式会社」を2年生になってもやりたい

生徒B ＜ 「働くとはどういうことか？」をテーマにした活動をしたい。

保護者 ＜ 現実の社会や流通・経済と関連した学習を推進してほしい。

教師の願いや教材の特性

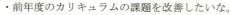

担任

・前年度のカリキュラムの課題を改善したいな。
・1年間探究のサイクルが継続するキャリア学習を展開したい。
・リアルな体験や実社会との関連を持たせたいな。
・横断的な学習を行い，生徒に汎用的な資質・能力を育みたいな。
・生徒一人一人が役割を持ち，活躍できる場を設定したい。
・1年生のときに行った郷土学習と系統付けた，実践にしたいな。
・保護者や地域のニーズに応えられる実践にしていきたい。
・学級活動の園芸活動とも関連させた実践にしたいな。

〇中心となる活動を設定

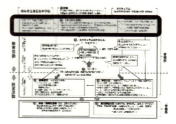

□働くことに対する実感的な理解を深める。
（キャリア教育の推進）
□現実の生産や消費などの経済活動を行い，市場経済の基本的な考え方を理解する。
（社会科との教科横断的な学習の推進）
□探究の過程を大切にした年間指導を行う。
（総合的な学習の推進）

　児童の実態や興味・関心を出発点とすることで，児童の主体的な活動が保障できる。　教師の願いを出発点とすることで，どんな内容について学ばせたいのか，どんな資質や能力及び態度を身に付けさせたいのかを明確にした単元構想が可能となる。教材の特性を出発点とすることで，どのような問題解決や探究活動を行うことができるか，明確に見通すことができる。

C. 探究的な学習となる単元の展開を構想する。

　Bの中心となる活動を意識して探究的な学習過程になるように計画する。
　生徒が各探究の過程でどのような発言をすればよいのかイメージする。これにより，担任は見通しが持て，探究の過程を逆向きに設計できる。

課題の設定

学級活動で大切にしている園芸活動を生かしながら，模擬株式会社の活動をしたいな。

2年生は職業調べや職場体験など，働くことと関連した活動がテーマだ。模擬株式会社を通して「働くとは」という大きな問いの答えを見つけていきたい。

4 社会科教育における教科間連携　113

| 年間を貫く学級テーマ：模擬株式会社を設立し，働く意義を学ぼう。 |

情報の収集

いろいろな立場の人から話を聞いて学んでみたい。どんな人から話を聞けばよいのかな。

商品の材料となる農家の方や商品開発の社長さん。お金を扱うから，証券株式や銀行の人からも聞くといいかも。どんな商品が欲しいか知るためには地域の人にも調査しないと。

整理・分析

【販売活動前】
市場調査をした結果をグラフで示してみよう。
価格はいくらにすると一番収益が出るのだろうか。

【販売活動後】
なぜあの商品はすごく売れたのかな。
配当金はいくらにすれば，一番よいのだろうか。

まとめ・表現

総合的な学習を通して，働くということについて深く考えることができました。3年生で学ぶことと関連付けて考えることができて，「市場経済」の大切さが分かりました。

　一番の経費は「人件費」で，びっくりしました。工場でロボットが高い値段で購入される理由がよく分かりました。

D. 校長先生や主任等，すべての要素を見渡す教師（担任）の働きかけを描く。

　本物のお金を扱うことや地域や保護者を連携する実践をするためには管理職の理解が必要不可欠である。当時の校長は，本実践を推進し，時には助言や共に活動することもあった。学年主任もこの実践を推進した。このような「活動しやすい環境や雰囲気」があったからこそ，担任や生徒は意欲的に活動を進めることができた。

E. 組織構造（人・物・金・組織等）や学校文化に着目する。

　この実践においての難しさは「資金」であった。販売活動をするにおいて，原材料費や諸経費がかかる。それだけの予算等は学級にはない。しかし，前年度，消費者教育の「模擬株式会社」の実践を成功していたため，事前にお

金を集める「株式」という発想があった。今回もこの手法を取り入れた。

　学校文化の視点から考える。本校では，「授業」という言葉は使わずに「学習活動」と言う。学校の諸活動は「受け身」ではなく「自分たちで創り上げる」という文化が根付いている。この文化はあらゆる場面で発揮される。

　足りない「金や物」は株式という手法を使う。「自分たちで創り上げる」という学校文化を生かすために「教師は指示ではなく，問いかける」を意識する。これらの結果，「自分たちで会社を経営する」という強い意識が年間を通じて継続した。このように③の探究の過程を他の要因と「つなげる」ことで，本実践をより充実させることができた。

F．家庭や地域との関わりや行政等の外部とのつながりを挙げる。

　4月当初に「今年も模擬株式会社をやってほしい。」という保護者が存在した。このように保護者の理解がすでにあったため，「模擬の株」を発行する際も多くの保護者が購入した。また保護者も売上金について考える熟議を行い，保護者も生徒と共に活動する場を設定した。地域の一例としては「郷土の和菓子」を販売している和菓子屋の社長に支援を依頼した。この社長さんは他校の PTA 役員であったことから，学校の教育活動に好意的であった。

　このように家庭や地域に教育活動のねらいや意義を共有したことで，年間を通じて協力を得られることができた。多くの社会人を探究の過程に入れることで「リアルさ」が入り，探究の過程をより充実させることができた。

参考資料　年間指導計画の一部編成（ＰＤＣＡのサイクル回し方例）

総合的な学習の視点	学習課題：勤労	学習対象：働くことの意味や人の夢や願い
	学習内容：模擬株式会社を設立し，地元の名産品を創作し，販売・経営する活動を通して，地域で働く人の存在とその夢や願いを知り，働くことの意味を理解することができる。	
社会科の視点	「市場の働きと経済」では，経済活動の意義について消費生活を中心に理解させるとともに，価格の働きに着目させて市場経済の基本的な考え方についてふれる。また，現代の生産や金融などの仕組みや働き，社会における企業の役割と責任について考えるきっかけをもつことができる。	

4　社会科教育における教科間連携　115

	1回転目（4月5月）		2回転目（6月7月）		3回転目（9月）
P	今年はどんな植物を育てよう。	P	模擬株式会社を設立するにはどうするか	P	流通・経済について学ぼう。
D	パッションフルーツ農家に取材しよう。	D	地元名産の和菓子を手作りしよう。	D	株のシミュレーションをしよう。
C	取材を活かし，栽培計画をしよう。	C	今後の会社経営の計画を立てよう。	C	流通・経済についてまとめよう。
A	農家さんにお礼の手紙を書こう。	A	和菓子屋さんとコラボ会社を設立。	A	プロから金融について学ぼう。
	4回転目（10月）		5回転目（11月12月）		6回転目（1月2月）
P	市場調査の計画を立てよう。	P	パッションフルーツういろうを開発しよう。	P	配当金と純利益の使い道を考えよう。
D	市場調査をしよう。	D	ういろうを販売しよう。	D	配当金の支払いと東北への募金をしよう
C	市場調査の結果を分析しよう。	C	会計処理をしよう。	C	今までの学びを振り返り，まとめよう。
A	商品の値段を設定し株式を発行しよう。	A	売上金について考えよう。【親子熟議】	A	1年間の学びを振り返り交流しよう。

(3)　最後に

「社会に開かれた教育課程」とは，「学校教育を通じてよりよい社会を創

るという目標を持ち，教育課程を介して，その目標を社会と共有していくこと」である。本実践が社会科の学習を総合的な学習や他教科と関連させ，家庭や地域と連携していくカリキュラムの開発の一助となれば幸いである。

引用・参考文献

1)　文部科学省『中学校学習指導要領解説社会編』p.117。
2)　文部科学省　教科横断的な課題の中のキャリア学習。
3)　田村知子他『カリキュラムマネジメントハンドブック』ぎょうせい，2016年。
4)　文部科学省『中学校学習指導要領解説 総合的な学習の時間編』pp.70-75。

（鈴木大介）

5 社会科教育における協働的学び

(1) 協働的学びの理論と視点

① 社会科における協働的な学びの定義

社会科教育における協働的な学びとはどんな学習を指すのだろうか。また，協働的な学びを成立させるためには，児童にどのようなスキルが必要なのか。文部科学大臣による中央教育審議会への諮問の中に，次のような一文がある。「実社会や実生活に中でそれら（知識）を活用しながら，自ら課題を発見し，解決に向けて主体的，協働的に探求し，学びの成果等を表現し，さらに生かしていけるようにすることが重要である。」現在「協働的な学び」は一層，重視される方向にある。これに対して社会科では，協働という言葉を用いずとも，「協働的な学び」に近い学習形態を行ってきた。例えば「学び合い」という学習活動がそれである。立場の違いを意識して多面的に考え，話し合う学習活動が確かな理解につながるとされ，現実社会の課題に対してみんなで考える学習活動が大切にされてきた。確かに「協働」と「学び合い」はその活動スタイルにおいて重なる部分が大きい。互いの意見を交流し，新たな考えや表現を獲得していくといった側面は，見事に一致する。社会科で「協働的な学び」という視点が授業改善になかなかつながらないのは，「学び合い」に代表されるようなこれまでの活動型の授業との差異が分かりにくいためともいえよう。

② 協働的な学びを生み出す要因や条件

それでは，従来の「学び合い」と今回の「協働」とは何がどのように異なるのであろうか。その違いは「児童の主体的な学びによって新しい考えや認識を獲得しているか否か」であると考えられる。

従来の「学び合い」では，単位時間ごとに授業者が資料を提示して課題設定を行い，資料をもとに追究して検証し，まとめを行うスタイルが主流である。一見，児童は主体的に学習していると見えなくもないが，単位時間ごとに学習が完結し，児童の意識が連続しにくいという問題がある。

児童の意識を単元の学習を続けている間持続させ，「学び合い」を「協働」に発展させるために，どのような条件を満たしていれば良いのだろうか。本節では，協働的な学びを生み出すための，「教材」「問い」の 2 つの条件を提案する。

ア　「教材」：社会問題を取り上げる教材開発

主体的・協働的な学びを生み出すためには，教材として何を学習するかが重要である。調べてすぐに分かることや，解釈が限定されるようなことでは，児童が意見を交流しても，それは「答えの確認」に過ぎず，新たな考えやより良い考えに発展することはない。

児童が新たな考え，より良い考えを獲得するためには，社会問題を取り上げた教材化を提案する。ここでは社会問題を次のように定義した。

・社会を維持，発展させていくうえで困難が生じ，克服しようとしている事象。
・克服や発展の方法はあるものの，それが社会全体へ広がっていかない事象。
・立場や視点によって価値が異なり，合意に至っていないため，解決しない事象。
・短期的・個人的な利益を優先しすぎて，長期的に見て社会全体に大きな損害を生んでいる事象。

このような社会問題の中から児童が経験していても気づいていない問題を教材化することで，児童の多様な考えを生み出すことができ，新たな考えやより良い考えに発展させていくことが可能であると考える。

イ　「問い」：単元を通して追究する価値判断を迫る発問

教材開発と同様に，どのような発問をするかということも，主体的・協働的な学びを生み出すための重要な条件である。単元の導入で強烈な問題意識を持たせることができれば，その問題を解決するために単元の学習を連続したものとして考えることができる。そこで本節では「価値判断」を促す問いを提案する。どの価値を選び取るかは，情報量や立場，時代などによって変

わるものである。だからこそ児童が協働的な学びを通して仲間の考えを吟味・吸収した上で，自らの価値観に従って主体的に判断する必要が生まれる。しかも，一面的・利己的な判断にとどまらず，児童を含めた社会全体が幸せになれるような判断をするという意識を持たせることで，自分の結論を再吟味し，よりよい判断に更新していこうとする主体性が育つと考えている。

(2) 協働的学びを軸とした社会科教育実践

① 本実践における協働的な学びを生み出す「教材」とは

本実践で取り上げた教材は，日本の林業である。林業の現状は，輸入木材の増加に伴う国産の木材使用率の低下，若者の林業離れ，林業従事者の高齢化や減少による森林の荒廃など，決して芳しいものではない。ここに含まれる社会問題は，林業の厳しい現状を生み出しているのは，消費者の私たちであり，国産木材の消費が伸びなければ，森林がさらに荒廃し，将来木材として利用できる木が減るだけでなく，土砂災害や野生動物出没の原因にもつながってくるという問題である。

単元導入時の児童は価格や品質，安全性で判断することが多いため，輸入木材を使えば経済的でよいとの立場が大多数である。そこで，単元を通して日本の森林や林業の現状，日本国内での企業や行政の取組などを学習することで，日本の森林を再生し将来まで残していくには，国産木材の使用促進が大切であるという事実をつかませる。そのうえで再度判断させ，単元の学習でつかんだ事実を判断に活かせるようにする。

単元の学習での新たな事実や仲間との交流活動によって，自分の考えが揺さぶられ，変容したり強化したりするのではないかと考えた。

② 本実践における価値判断を迫る「問い」とは

本実践では，第1時において「国産の割り箸と輸入の割り箸，どちらを使うか」という価値判断を迫る問いを投げかけた。安全性や価格，品質だけで判断するのではなく，日本や世界の環境に与える影響，行政や企業の取組など，できるだけ多くの情報を加味して判断しなければならないため，より

よい判断にするために新たな情報や仲間の考えを積極的に求めることを想定した。単元の第 1 時で判断を迫る問いを投げかけたのは，単元の学習を通して，判断するために必要な事実を意識的に積み重ねていってほしいという意図があってのことである。

③　単元指導計画

ア．単元名：「わたしたちの生活と森林」

イ．対象学年：5 年

ウ．単元の目標

> ・国産と輸入のどちらの割り箸を使うかという問題を判断するという目的に向け，日本の森林の現状や林業の現状について意欲的に追究することができる。（関心・意欲・態度）
> ・国産割り箸と輸入割り箸のどちらを使うかという問題に対して，生活経験や既習の内容をもとに考えて判断し，適切に表現することができる。（思考・判断・表現）
> ・国産割り箸と輸入割り箸のどちらを使うかという問題を公正に判断するためや，自らが抱いた問いを解決するために，情報機器等を駆使して資料を収集・取捨選択しながら追究することができる。（資料活用の技能）
> ・国産割り箸と輸入割り箸のどちらを使うかという問題を判断する活動を通して，日本の森林や林業の現状を理解することができる。（知識・理解）

エ．単元の流れ（全 6 時間）

時	目標	学習活動	主な評価基準
1	国産割り箸と輸入割り箸のどちらを使うかという問いについて判断する活動を通して，今後の学習の中で何を明らかにすれば事実に基づいて判断ができるかを考え，今後の学習の見通しを持つ。	○割り箸を使う場面を想起する。 ○割り箸を使う時に，国産割り箸と輸入割り箸とどちらを使うか判断し，その理由を交流する。 国産と輸入，どちらの割箸を使うか。 ○今後の学習で明らかにしなければいけないことを考える。 ○今後の学習について確認し，見通しを持つ。	国産割り箸と輸入割り箸のどちらを使うかという問いに対し，何を明らかにすれば事実に基づいて判断ができるかを考え，今後の学習の見通しを持つことができている。 （関心・意欲・態度）

5 社会科教育における協働的学び　121

2	日本の木材の使用量や輸入量を調べる活動を通して，日本が木材を大量に輸入していることに気付くとともに，輸入された木材は安価なため，広く普及していることを理解する。	○課題を確認し追究する。 木材は，どこからどのぐらい輸入され，何に使われているのだろうか 土地利用から 木材供給量と自給率から 天然林と人工林について 木材の価格，割り箸の価格から ○国産割り箸と輸入割り箸と，どちらを使うか判断し，理由を記述する。	日本が木材を大量に輸入していること，輸入された木材は安価なため，広く普及していることを理解している。　（知識・理解）
3	林業従事者の減少によっておこる問題を，資料からとらえる活動を通して，日本の人工林は手入れをしなければ土砂崩れや野生動物の出没などの被害を生み出す可能性があることに気付き，森林を後世に残すためには，早急な手入れが必要であることを理解する。	○資料から日本の林業の現状について調べる。 ○課題を確認する。 林業で働く人が減ったことで，どんな問題が起きているのだろうか。 ○資料をもとに，起きていることについて調べる。 ○国産割り箸と輸入割り箸と，どちらを使うか判断し，理由を記述する。	林業従事者の減少によっておこる問題を，資料から捉えることができている。（資料活用） 人工林は間伐などの手入れをしなければ荒れ，様々な問題を引き起こすことを理解している。　（知識・理解）
4	木製品を扱う会社とその取組を調べる活動を通して，国産材を使えば日本の森林の再生につながるが，価格が高く安定供給が難しいこと，また輸入材を使えば価格の安さや安定供給が実現できるが，日本の森林が再生しないということをそれぞれ理解する。	○課題を確認する。 木材を使った製品や会社について調べよう。 ○木製品やその会社について調べる。 ○それぞれの木材を使う理由を調べる。 ○国産割り箸と輸入割り箸と，どちらを使うか判断し，理由を記述する。	木製品を扱う会社とその取組を調べる活動を通して，国産材を使うことのよさと課題を，また輸入材を使うことのよさと課題をそれぞれ理解することができている。 （知識・理解）
5	国産木材の使用を推進する取り組みを調べる活動を通して，国や	○国産材の使用促進のための取組を考える。	国産木材の使用を推進するために，

	県・市町村が，公共施設に国産材を用いたり，林業で働く人に補助金を交付したりするなどの様々な取組を行っていることに気付き，参加企業の資料などから取り組みの現状をつかむ。	国産材の使用を進めるために，国や県・市町村はどのような取組をしているのか。 ○資料を収集し考えをまとめる。 ○ 国産割り箸と輸入割り箸と，どちらを使うか判断し，理由を記述する。	国や県・市町村が様々な取組を行っていること，協力する企業もあるが，少数であることを資料から通してつかむことができる。 （資料活用の技能）
6	国産と輸入のどちらの割箸を使用するかという問いに対して，グループで結論を出そうとする活動を通して，既習内容を再確認し，様々な事実を元に総合的に判断・選択し，その理由を，根拠を明確にして反対意見も踏まえながら表現する。	○課題を確認する。 国産割箸と輸入割箸のどちらを使うのか，根拠を明確にして判断しよう。 ○自分の判断を示し，交流を行う。 　価格から 　購入のしやすさから 　林業の現状から 　行政や企業の活動から ○最終的な判断をし，その判断に至った過程を振り返る。	どちらの割り箸を使うかという問いに対する自分の考えを，双方の意見を踏まえ，複数の視点から根拠を述べながら，記述することができている。 （思考・判断・表現）

◆(3) 実践結果及び評価

　本節では，社会問題を取り扱うことと，単元導入時に価値判断を迫ることで，協働的な学びの具現を図ろうとした。ここでは，その実践についての検証を行う。

　以下は，単元後に個々の判断を集計し分析した結果である。

<最終時の判断の根拠について＞
① 　導入と終末で，判断の根拠が増えた……30名／38名（78.9%）
<単元を通した判断の変化について＞
② 　判断に一度も変化がないが根拠は増えた。……19名／38名（50.0%）
③ 　単元の中で，判断が一度でも変化した……12名／38名（31.6%）
④ 　最終的な判断が導入時と変化した……6名／38名（15.7%）

ここでまず注目すべきは①の項目である。およそ 8 割の児童に，判断の根拠が増加したという結果が見られた。単元の中で，「経済的側面」「労働者や行政の側面」「品質の側面」「環境的な側面」と，複数の追究の視点を提示したこと，交流活動のように協働的に学ぶ機会をもったことで，根拠の増加につながったと考えている。

　また，単元を通した判断の変化の②の項目について，判断が変化することがなかったものの，判断の根拠は増えた児童が半数いた。根拠の増加が自分の考えを強化したと考えられる。変化の顕著な児童のノートを抜粋する。

A男<導入時>
　価格は安いけど，輸入のほとんどが中国産でとても扱いが悪く，有害な物質が入っているから。
<終末時>
　国産割り箸のシェアは 0.4% しかないから，国産を買っても変わらない。また国産は価格が高い。
　間伐材を利用しなければならないことは分かるが，割り箸以外の使い道を考えた方がよい。割り箸は輸入で構わない。森林環境税も払っている。

　A男は，はじめの判断は「経済的側面」「品質の側面」が強く，そこから国産を選ぶ判断をしていた。しかし，学習が進むにつれて判断の根拠が増えただけでなく，さらに「経済的側面」「労働者や行政の側面」「環境的な側面」も踏まえた上での判断に変化し，輸入を使えばよいという立場に変化している。このことは「協働的な学び」の一つの成果であると考えている。

B子<導入時>
　国産を選ぶ。外国産は安全性が不安なのと，データから日本の森林が増えているから，日本の木を使えばいいと思う。
<終末時>
　国産を選ぶ。日本の森林が危ないので，国産材を使うことで何とかしたいと思う。そのためには森林環境税もきちんと払う必要がある。100 年後にも豊かな自然が残るようにしたい。

　B子は，導入時では安全性に関わるイメージと，日本の森林資源が増加し

ているというデータをもとに判断しているが，終末時では日本の森林が持続できない状況にあることや森林環境税の存在，今対策を打つことで未来に森林が残せることからの判断へと，根拠の数も内容も変化している。判断そのものは国産で変わっていないが，考えが強化された結果であると考えられる。

　最終時のグループで判断する展開において，「安全」「税金」「外国との関係」など第2〜5時までに自ら獲得してきた知識を生かしながら主体的に判断しようとする姿が見られ，「立場や視点によって価値が異なり，合意に至っていない」状況，すなわち解が見つかりにくい（見つからない）場合でも，自分たちが得た情報を活用して，もっともらしい解をつくっていこうとする主体的な態度を身に付けることにつながった。

　これらのことから，本単元において児童は単元を通して学習意欲を持続させ，新しい情報を手に入れ，それを今まで獲得してきた知識とつなげながら主体的に学びを深めていく姿が見られた。

　以上のことから社会問題を教材として取り扱うこと，価値判断を迫ることが，社会科の学習において協働的な学びが成立させる要件の一つであることが明らかになった。今後，他の単元においても実践を行い，検証を行うと同時に，この2つ以外にも協働的な学びを成立させる方法を探っていきたい。

参考文献

・　中央教育審議会「初等中等教育における教育課程の基準等の在り方について（諮問）」2014年11月20日。
・　岐阜大学教育学部附属小学校　中間研究報告「なかまと共に新しい価値を創り出す児童の育成――協働的な学びを促す授業デザイン」2016年。
・　澤井陽介『澤井陽介の社会科の授業デザイン』東洋館出版社，2015年。
・　全国社会科教育学会編『新　社会科授業づくりハンドブック』明治図書，2015年。

（高木良太）

6 社会科教育における道徳性

(1) 道徳性を育成しようとすることのリスクと可能性

　この授業は道徳の授業になってしまっていませんか。社会科授業実践を検討する場でときおり耳にするセリフである。当たり前と言えば当たり前だが，社会科授業は道徳の授業とは違うと考えられている。一般論における道徳の授業といえば，伝統的に価値があるとされる特定の行為や考え方について理解させ，学習者をそのように傾向付けるものである。うそをつかない，あいさつをする，命を大切にする，みんなのために働く。学習者がこのような行為や考え方を優先的に選び取るようになることが道徳性の育成として期待されている。社会科授業実践がこのような道徳性の育成に拘泥するとなれば，問題があるだろう。従来から価値があると見なされてきたとはいえ，特定の行為や考え方が現実の状況には合わないこともある。なにより民主主義社会の本質である社会の新しい可能性を否定することになる。

　それでは，社会科授業実践は道徳性を育成することを出来る限り意識しないようにすればよいのか。この考え方も問題を含んでいる。道徳性とは広い意味では，その社会における望ましい習慣である。道徳性という言葉が日常的に"規範の受容"を指すのは，そのような習慣が社会の安定性を作り出すからである[1]。既存の規範を受容するという習慣を否定するにしても，人と人の間に成り立つ社会は，個人同士を結びつける何かしらの習慣無しには存在しない。社会科教育がめざすものが学習者をこれからの社会を作っていく人間にすることだとすれば，現実の社会を形成するための習慣を育成するという意識は重要であろう。

　冒頭のセリフが示すように，社会科教育において"道徳性を育成する"と言うことはリスクがある。社会を作るということが，既存の規範を受容して，

これまでの社会を継承することのみに収斂するリスクである。しかし，そのようなリスクを自覚した上で“道徳性を育成する”意識を持つことは，民主主義社会を形成する習慣を再吟味し，社会科教育の意義をより深く追求する試みになるのではないだろうか。本節では，現代社会における道徳性について改めて考察する。また，そのような習慣を発達させようとした社会科授業実践を紹介し，道徳性の観点から社会科授業実践をマネジメントするアイデアを提起したい。

(2) 現代社会の道徳性とは何か

今，社会科授業実践のマネジメントにおいてどのような道徳性に注意を払うべきなのだろうか。簡潔に本節の立場を言えば，現代における道徳性とは，“他者と共に思考する”という習慣である。

現代社会は，それを構成する人々がその存在自体に興味を失いつつあることに特徴を持つ。伝統的な価値基準が個人の在り方を決定し，人々を一つにまとめる社会が存在した時代はずいぶん昔のことになった。それどころか，伝統への革命や批判の対象として社会の存在を感じることすらも昔のことになりつつある。宇野重規は次のように言う。「デモクラシー社会に絶対的な根拠がないことは，誰の目にも明らかなことです。デモクラシーは常に揺れ動き，不確定性や不確実性こそがその本質であるといっても，もはや驚く人はいないでしょう。その意味で，恐れるべきはむしろ『どうせ，無根拠なのだから……』というニヒリズムの常態化なのかもしれません[2]。」民主主義社会の肝要な点は，たえず異議申し立てに開かれていることによって，自ら変革を起こしていく自律的な機能にある。しかし，過剰に高まった“あらゆる判断の指標を特定の誰かが決めるべきではない”という思いは，社会的関係そのものも放棄しようとする現象を生んでいる。“個人の選択である”ということ以外に価値の基準とするものが無いように感じ，他者を自分と無関係なものとみなすことが増えているのである。

現代社会では，互いに関係を持つということを自ら作り出さなければならない。もちろん，他者が正しい答えを教えてくれるわけではない。しかし，

自分の考えもまた正しいわけではなく，他者以外に自らの考えに意味を与えてくれる存在があるわけでもない。他者と互いに“個人の選択”を是認し，それぞれが自己を修正していくきっかけにすることによって，互いの考えに存在意義を発見するしかない。自ら他者の思考に興味を持ち，自己の思考の内に取り込もうとする。そして，その範囲を拡げていく。このような習慣が社会科授業実践のマネジメントにおいて注意を払うべき現代社会の道徳性ではないだろうか。

(3) 道徳性の育成を意識した社会科授業実践

① 実践の背景と構想

　本項では，ひとつの社会科授業を紹介する。本実践は，著者が高等専門学校において倫理という科目の中で道徳性の育成を意識して行った実践である。実践した学校における倫理という科目は，2年生(概ね16歳と17歳)を対象に実施されている科目であり，90分×30回という授業時間が設定されている。著者はこの倫理という科目を，学習者をこれからの社会を作っていく人間にする社会科教育の一部と捉えている。そのなかで，市民(技術者という立場の市民)としての自己を確立するための科目として実践しようとしている。高等専門学校では各科目の目標や内容，方法が学習指導要領に拘束されているわけではないが，著者は倫理という科目について，学習指導要領に依拠した高校倫理のための教科書を意識している。学校という組織における教科実践を取り巻く状況からすると，その年代の学習者が学ぶべきであると公的に表明されている内容を意識することが必要だと感じるからである。

　高校倫理の教科書の内容は，ほとんどの部分が過去に人間観・世界観を深く思索したと言われる人々や集団の思考の結果である。素直に扱えば，それらを世界観や人間観の一つの参考例として理解させることになる。道徳性という点に注目するならば，それでは十分ではない。歴史上に残る思想を，人間の存在や世界の在り方に対する考え方の事例だと理解させたとしても，それを参考に自己を吟味していくプロセスは結局のところ個人任せになってしまう。参考となる事例が増えても学習者それぞれの模索が互いに孤立するの

では，現代の社会を作り出せるような自己が育つとは思えない。

　そこで，本実践では，教科書に出てくる哲学者プラトンを，誰もが問える
が答えるのが困難な問いかけを試みた人物として取り上げ，学習者がその問
いを他者と共有するような学習を模索した。単元の目標を，"愛とはなにか"
という問いを他者と共有し，何が自分にとって大切なものであるかを他者と
共に吟味できるようになること"と設定し，4 つのまとまりからなる単元を
構想・実践した。それが以下のものである。

表 6-1　単元 "愛とはなにか"

時	目標	主な問い，説明，指示
1	○クラスのメンバーそれぞれの問いを互いに共有する。	・「日頃どんなことを不思議に思いますか？　一人一つ問いを作ってみて下さい」 ・考えついた人から，黒板に自分の問いを書かせる。 ・「みんなと一緒に考えたいと思う問いを選び，投票しましょう。一人 2 票で，同じ問いに 2 票入れても，自分の問いに票を入れても良いです。」
2	○クラスの誰かの問いについて，協力して思考する。	・問いについて対話するためのワークシートを配り，まず投票によって決められた問いをシートの一番上に書かせる。問いに対する自分の考えを書かせ，ワークシートを回収する。 ・回収したワークシートを混ぜて配り直し，ワークシートに既に書いてある考えに対して，自分の考えを書かせる。その際，問いを深めていくために，以下のような問いかけが使えることを紹介する。 ・○○ってよくわからないけど，どういう意味なんだろうか？ ・○○って思うけど，それはどうしてなんだろうか？ ・○○っていうけど，それにはどんな前提があるんだろうか？ ・○○って考えてるけど，その考えはどこからきたんだろうか？ ・○○ってよく言うけど，それって本当？ ・○○ってことが言える事例になるものはあるだろうか？ ・○○ってことが言えなくなる事例になるものはあるだろうか？ ・時間が許すところまで紙上での対話を続けさせる。

3	○プラトンの"愛とは何か"という問いとそれについての考えを知る。	・"愛とは何か"という問いが書かれた対話のためのワークシートを配り，問いに対する自分の考えを書かせ，ワークシートを回収する。 ・プラトンの考えについて説明する。 「プラトンは"本当の"愛とはそのものに真の美しさを見つけることであると考えた。」 「プラトンのイデア論とは，万人が共通して思い浮かべられる何かをイデアと名付け，それは我々の日常的な感覚の世界とは別の世界にあるという考えである。」 「プラトンのイデア論は，"物事の本質"を追求していった一つの答えである。」
4	○"愛とは何か"ということについて協力して思考する。	・"愛とは何か"という問いのワークシートを混ぜて配り直し，ワークシートに既に書いてある考えに対して，自分の考えを書かせる。その際，"本当の"という問い方を意識させる。 ・再び回収したワークシートを配り，既に書いてある考えに対して，自分の考えを書かせる。

②　実践したアイデアと成果

学習者自身の問いを共有する活動

　本実践では，学習者に自分たちの問いを共有する活動をさせた。これによって学習者は"自己と他者が同じ問題を探求できる"ということを確認する。このアイデアは，トマス・ジャクソンの教育アプローチを参考にしたものである[3]。

　学習者に対し何かしらの問いを黒板に書くように促すと，初めは「どんな問いを書けば良いのだろう」(学習者の記述から抜粋。以下，本項では学習者の記述を引用表記の無い鍵括弧で示す)と少し戸惑いを見せるが，特別な問いで無くても良いことに雰囲気で気づき始めると一気に黒板が埋まる。挙げられた問いは様々である。「なかには，一生考えてもわからないだろうなっていう疑問も，ググったらすぐ分かりそうな疑問も……」。わずかだが例を挙げておこう。「オタクは日本の経済をまわしているのになぜ嫌われるのか」，「なぜ親と子は立場が対等じゃないのか」，「人は死んだらどうなるのか」。

　黒板にクラスの仲間が書いたことが，教授者が黒板に書くことの何倍も学習者の興味を引くのは常であるが，"みんなの不思議に思うこと"というのは

その最たるものである。ほとんどの場合「みんなが何を疑問に思っているか，このような機会じゃないと知れないし，面白かった」という様子であった。同じ問いにまとめられるものがあるかを尋ねると，「似ている問いもあったけど，少しずつ違った」というように，問いの分類を試みることで互いの問いについてより詳細に考え始める。その後，問いを出した本人たちが一つにまとめても良いという問い同士を一つにし，みんなで一緒に考えたい問いを投票で選ばせる。

　問いが決まるとワークシートを配り，選ばれた問いに対する自分の考えを書かせる。それからワークシートを回収・再配布し，他者が書いた考えに対する考えも書かせた。これを時間に応じて数回続けるのだが，その際に"事例を挙げること"や"根拠を明示すること"などを要求する7つの問いかけ（表6-1を参照されたい）を使わせる。これらは，人が何かを探求する際の思考を問いかけの形にしたものである。これらを使って自他の思考を関連付けつつ探求を進めると，一つ一つの事がらについてさまざまな考えが混乱していることに気づくようになる。学習者は「なにげないこともつきつめれば問題になっていく」ということを実感していった。

　人が自分自身の生き方や世界の在り方を考える時，自分と他人の違いのなかで何が重要かを考えることは大きな助けである。しかし，そのような発想は"自分と他者が同じことを探求できる"ということが前提となる。現代社会では関心事や問題となるものが多様で，しかも価値規準はあいまいなのだから，他者と一つのことを考えるのは楽ではない。"人それぞれだから"と言われてしまえば，深追いはしたくない。本実践で試みた問いを共有する活動は，学習者がそれぞれの問いが本当はどれだけ複雑なのかに自分たちで気づくようにする。これを繰り返すことによって，他者の問いを自己の問いでもあると考えられるようになり，意見は違っても他者の思考に興味を持ち，他者の思考を自己の思考の内に取り込もうとする習慣が生まれる。

定義への問いかけに取り組む活動

　本実践では，哲学者プラトンの思索した問い，"愛とは何か"について学習者に探求させた。これによって，多くの人と思考を共有するために問いを根源的なものに掘り下げていくことを経験する。

学習者に"愛とは何か"という問いを示すと，「急に言われても何も思いつかない」，「愛について考えることがなかったので，難しい」と反応する。少し時間を取り，愛という言葉を聞いたことや使ったことはあるか，と問えば「何があっても守ってあげたいと思うこと」や，「何かを求めるという感情の表現」というような意見が出てくる。

　その後，プラトンの愛に対する考えを紹介した。プラトンは『饗宴』の中で，本当の愛とはそのものに真の美しさを見つけることである，という考えを示している。これをイデア論（それぞれの事物を成り立たせている何かをイデアと名付け，それは我々の日常的な感覚の世界とは別の世界にあるとする考え）と共に説明する。このプラトンの考えに注目しつつ，前述した7つの問いかけを利用しながら互いの考えを吟味させる。定義を求めるような問いかけに取り組むと，愛について「もともとなんとなくイメージはあった」が，「本当の，と問われると……」，「考えれば考えるほど分からなくなっていった」という様子であった。

　愛とは何か，我々が日常的に意識することはない。しかし，多くの人が愛という言葉を使用して人生を語る。日常的な概念の使用は，我々の習慣的な思考や生活の様式の一部である。それがあたりまえと思っているが，「それをいざ思い出そうとするとできないので，ながれの中で生きている」と感じるように，実際には合意を起こさせることがほとんどないような不確定なものである。それゆえ，本実践で試みたような概念の定義について考えることは，多くの人間と共に考えることが可能な問いになる。学習者は，定義を求めるような問いかけをだれもが問える根源的な問いの一つとして経験する。このような経験を繰り返すことによって，より大きな範囲の人々と共に考えるために問い，掘り下げてみるという習慣が生まれる。

(4) 道徳性というマネジメントの観点

　社会科教育は学習者をこれからの社会を形成する人間にすることを目指す。これをより上手く実現していくために，社会科授業実践を常に見直していかなくてはいけない。道徳性は，そのための重要な観点であるといえよう。本

節では，現代社会における道徳性は"他者の思考を自己の思考の内にとりこむという習慣"だと考えた。学習者のそのような習慣を育成するために，"学習者自身の問いを共有する活動，概念の定義について問う"というアイデアを中心に構想した一つの社会科授業実践を紹介した。人々が社会に対する興味を失いつつある今，他者との関係を作り出すという習慣は生活の中で自然に身につくものでは無くなってきている。社会的関係を自ら作り出すことを意識的計画的に学ぶことも必要ではないだろうか。

　道徳性とは，社会を形成するために望ましいと考えられる習慣のことである。社会の現実と理想を隔てるギャップから生じる概念ともいえる。これを意識するということは，社会科教育がその理想をどこまで追求するのかを再検討するということでもある。クラスに社会的関係を作り，共に考える習慣を身につけるためには，丁寧に丁寧に時間をかける必要がある。多様な問いを共有する実践を続ける中で，「このような言葉は時間に追われながら考えるものではない」という感想が出ることもある。社会科授業実践が限られた時間と空間の中でより良い社会を作っていくことにどれだけ直接的にかかわっていくのか。道徳性という観点から社会科授業実践をマネジメントすることを通して，社会科教育の可能性を少しずつ追求していくことは大切なことであろう。

参考文献

1)　工藤和男『いのちとすまいの倫理学』晃洋書房，2004 年，参照。

2)　宇野重規『〈私〉時代のデモクラシー』岩波書店，2010 年，p. 175。

3)　Jackson, T., 'The Art and Craft of "Gently Socratic Inquiry', In A.L.Costa(Ed.), *Developing Minds: A Resource Book for Teaching Thinking* (3rd ed.),2001, Association for supervision and Curriculum, pp.459-465 を参考にした。特に 7 つの問いかけはここから訳出している。

（福井駿）

7 社会科教育における評価

(1) 評価の理論と視点

① はじめに

　今，なぜ「評価」が重要視されているのか。一般的に「評価」というと，多くの教師は，単元テストや期末テストの点数によって 5 段階評価や 3 段階評価をする行為であると思っている。これは「評価」を「測定」という行為として捉えているからである。しかしながら，本来の「評価」は，それ以上のものを含む。確かに測定も行うのであるが，大切なことは，教師が児童生徒に対して持つ「どんな姿にまで高めたいか」というねらいと実際の子どもの姿との差はどんなところにあるのかを考えることである。このことは，「指導と評価の一体化」という言葉で指摘されることもある。教師が目の前の児童生徒の姿を「見取り」，具体的な指示や発問を考え，目指す児童生徒像へといざなう。これこそが本来の「評価」のあるべき姿である。では，具体的にどんな手を講じればそれができるのか。本節では，実践例をもとに，「評価」の場面を取り上げながら，論じていきたい。

② 評価のとらえ

　まず，評価とはなにかについて，もう少しだけ整理しておこう。先述したようにこれまでの一般的な「評価」は，一面的な機能しか期待されていなかった。しかし，評価には本来，多様な機能がある。一般的には，「診断的評価」「形成的評価」「総括的評価」と大別することができる。これはスクリヴァンによって，「カリキュラム改善のための評価」として提唱された「形成的評価」「総括的評価」に，ブルームが「診断的評価」という新たな機能を追加し，「カリキュラムや教授，学習改善のための評価」として発展させ

たものである。(梶田, 1986)[1]

　ここで，まず私たち教師が留意しなければいけないこととして，「評価」
の目的を意識することである。ブルームは，大別された 3 種の「評価」に
ついて，以下のように述べている。「診断的評価」は「授業の開始時に生徒
を適切に位置づけることと，授業の展開にあたって，生徒の学習上の難点の
原因を発見すること」としている。つまり，「診断的評価」とは，学習の始
まりにおいて，学習の適性やレディネスを把握することになる。次に，「形
成的評価」を「カリキュラム作成，教授，学習の 3 つの過程の，あらゆる
改善のために用いられる組織的な評価」と位置づけている。「形成的評価」
とは，子どもの学習や教師の授業方法，カリキュラムなど，教育課程の改善
を目的としているのである。さらに，「総括的評価」を「1 つの学期やコー
スのプログラムの終わりに，成績づけや認定，進歩の評価，カリキュラムや
教育計画の有効性の検討などを目的として用いられる評価の型」として規定
する。「総括的評価」は，教育活動の効果や有効性を計ることを目的として
いることになる。（ブルームほか，1973)[2]

　ブルームによる評価論の考え方は，これまでの日本の評価論に大きな影響
を与えているといわれている。成績や順位付けのためではなく，カリキュラ
ム編成や授業づくりといった教育活動の改善や子どもたちの学習支援のため
の評価として捉える見方こそが，児童生徒の学力を伸ばすことになることは
頭に入れておきたい。

(2) 評価論を軸とした社会科教育実践

① 単元指導計画

　ここで事例にするのは，中学校 3 年生の歴史の授業において，「沖縄県
普天間基地問題」を取り上げた実践である。まずは単元自体を紹介しよう。
本節末に示してあるのが単元指導計画である。生徒は第二次世界大戦後から
冷戦の終結，現代社会に至るまでの歴史を学習する。特に，沖縄県の置かれ
ている状況を取り扱うことにより，構成主義に基づいた歴史観を生徒に育む
ことができると考えた。

7　社会科教育における評価　135

単元指導計画『米軍基地問題を考える』（全6時間）

発問構成			主な発問(・)と生徒の反応(→)	
導入部1・2	価値判断の表明	米軍基地問題とは何か	・米軍基地移設問題の論争点は何であろう？ ・米軍基地問題があるのはなぜか？年表をまとめ，歴史的経緯をもとに説明しよう。 【パフォーマンス課題】 ・戦後，米軍と日本はどのような関係にあるのか？ ・あなたは米軍基地について日本政府，沖縄県民，どちらを支持しますか？　それはなぜですか？ 【自由記述式】 　→戦後の日本の様子について理解した知識をもとに，考えを作ることができる。 【評価規準】沖縄県内にある米軍基地について，移設問題があることを知り，問題に揺れる沖縄の現状を把握するとともに，米軍基地移設問題について関心をもつことができる。（関心・意欲・態度）	1. 米軍基地移設の必要性　を他国との関わりで考えることができるように，具体的な事実を示す。 2. 支持をするために筋道立てて考えることができるように思考の仕方を示す。 3. 問題の所在が分かるように，具体的な事実を示す。
展開部3	価値判断の探求	オスプレイ導入から考える	私たちはなぜ日本政府を支持するのだろう？ 【授業場面での日常的な評価】 ・日本政府が米軍基地を必要とするのはなぜだろうか 　→戦後占領，サンフランシスコ講和会議，冷戦，朝鮮戦争，ベトナム戦争で米軍が活躍。 ・沖縄米軍基地の存続は，領土問題の解決に役立つのか？ 　→安保条約は役に立たない ・なぜ米軍は，オスプレイを沖縄に50機配備し，17機を格安で日本に売却しようとしているのか？ ・アジアの地図を逆さまにするとふたをする形になる 　→国防のみならず，世界を守るため	1. 抑止力という考え方があることを示し，米軍基地存続の正当性を見出させる。 2. 米軍基地が必要である。論を歴史的事象と比較しながら思考できるようにする。 3. 国防という考え方があることを具体的な事実とともに示す。

			【評価規準】沖縄の米軍基地移設問題について，対外関係や政府の視点から，米軍基地の在り方について理解することができる。（知識・理解）	
4		沖縄基地返還問題から考える	私たちはなぜ沖縄県知事を支持するのだろう？ 【授業場面での日常的な評価】 ・沖縄県民や県知事が米軍基地に反対するのはなぜか？ ・世界一危険な基地をどう閉鎖・返還するか 　→周辺住民は墜落の恐怖にさいなまれる，騒音による生活・学習環境への悪影響 　→1996年返還の合意 ・日本政府による予算の位置付け，税金負担の拡大 　→思いやり予算 ・米軍基地への依存は無い 　→基地に依存しない経済の発展 ・基地の面積：沖縄の10.2%，沖縄本島の18.4% 沖縄県民総所得3兆9376億円（2009年） 米軍基地収入　2058億円（5.2%）⇔観光収入3778億円（9.6%） 【評価規準】沖縄の米軍基地移設問題について，沖縄県知事や沖縄県民の視点から，米軍基地の在り方について理解することができる。（知識・理解）	1. 日本政府の負担という経済的な見方から考えることができるようにする。 2. 米軍基地が必要ではないという論を沖縄県民の主張と比較しながら思考できるようにする。 3. 経済の発展のために，基地不要の考え方があることを具体的な事実とともに示す。
終末部5・6	価値判断の議論	普天間基地移設問題を考える	普天間基地移設問題はどのような対応策があるだろうか？ 【パフォーマンス評価】 ・普天間基地にはどのような問題があるのだろうか。 ・対応策を出し，ランキングしてみよう。 ①県内移設→沖縄県民の意見が通されていない。かつて，県外移設の約束をした経緯が生かされていない。 ②県外移設→日本国内には横田基地が存在する。沖縄基地の機能を他基地に移行すればよい。日本国内に縮小はするものの米軍	1. 問題の所在を確認するとともに，今の日本にとって望ましい解決策は何か，具体的な事実を示し，思考できるようにする。 2. 3つの考え方の正当性を主張できるように思考の仕方を示す。 3. 経済的な観点

| | | | 基地は残る。
③米軍基地撤退→沖縄は，米軍基地からの収入が少ない。観光収入や農業収入が増加している今，経済的に依存しなくてもよい。

・**これまで沖縄が置かれた状況を把握し，今後の日本の基地問題に対する考えをもつことが大切である。**
　→薩摩藩による琉球王国の属国化，版籍奉還，廃藩置県による琉球処分と沖縄県の設置，戦後米国による占領政策，沖縄返還後の基地問題など，沖縄県民のアイデンティティが守られていない状況が続いている。価値判断を通して，自分の考えをもつことが大切である。

【評価規準】普天間基地移設問題について何が問題となっているかをとらえ，「自然」「経済」「安全」の視点から対応策のランク付けをする活動を通して，望ましいものを，日本政府，沖縄県，諸外国など立場をもとに自分なりの考えをつくり出す。
（思考・判断・表現） | から情意面に訴えるよう具体的な事実を示す。 |

　まず，戦後から現代社会を年表によって大まかにとらえることで概観し，「沖縄県に置かれている米軍基地の移設問題」について，移設に賛成か，反対かを価値判断させる。その際，生徒が価値判断することができるように，資料を配布することで必要な知識を与えたことと，トゥールミン図式を用いて思考の方法を身につけさせた。図式化することで生徒の思考を表出させ，記述式の評価を行った。続いて，沖縄県の米軍基地の「政府の立場」と「沖縄県知事・沖縄県民の立場」から米軍基地の存在の意味を追究する活動を位置づけた。そうすることで，世界の情勢と日本の置かれている状況を把握することができ，知識を獲得し，理解を深める。最後に「投票活動を行う際，どのような解決策を支持するのか」というパフォーマンス課題を位置づけ，それまでの学習で身に付けた知識や概念を活用して，「普天間基地の移設問題」について具体的な解決方法を提示し，どの解決策が望ましいかを考える

ことで，価値判断の過程を明らかにすることができ，価値判断の形成過程を体験することができると考えた。

② 評価の観点

本実践では，「パフォーマンス課題」を提示し，生徒がそれを解決していく様子を段階的に見取ることによって，生徒一人一人が確かな考えを導き出すという学習の目標に到れると考えた。私は，教師として「構成主義」の立場から教育的活動を行ってきた。ここでいう構成主義の学習論とは，「学習を子ども自身が，主体的に知識を構成したり，メンタルモデルを構成したり

| | 児童生徒の段階 | 知識・技能 | | 思考・表現 | | 関心・意欲 |
				思考の方法	表現の方法	情意
A（できる）	知識の有意味な使用と創造 メタ認知システム	原理と一般化	方法論・思考を伴う実践	意思決定 仮説検証 批判的思考 創造的思考	学び合い 共同構築	活動の社会的関係性・妥当性に即した内発的動機付け 教科観・教科学習観 知的性向・態度 自己の思い・生活意欲（切実性）に根ざした内発的動機付け 志やキャリア形成
B（わかる）	知識の意味理解と洗練	概念的知識	複合的プロセス	解釈 関連付け 構造化 比較・分類 演繹・帰納		内容の価値に即した内発的動機付け 教科への関心・態度
C（知る）	知識の獲得と定着	事実的認識	個別的技能 機械的作業	記憶と再生	コミュニケーション	達成感，自己効力感

することで，世界を意味付ける行為として理解する学習観」である。このような主体的な学習を目指した授業実践をする際には，教師自身が評価の観点を確かなものにしておくことがより重要になる。ここで大切にしたいことが，「評価の細分化と構造化」である。本実践で言えば，「育成すべき資質・能力の三つの柱」（中央教育審議会 教育課程企画特別部会「論点整理」2015）3）を意識して評価を行っている。次に示す表のように子どもたちになってほしい姿を三つの観点から分割し，相互の関係を整理しておいた。

　これを参考に，パフォーマンス課題に対するルーブリックを作ることになる。生徒に実際に示し共有したルーブリックを以下に示す。

≪パフォーマンス課題≫
沖縄では米軍基地の問題で揺れ動いています。日本国民として，米軍の基地問題を解消するために国民投票を行います。あなたは，どのような判断を下しますか？　様々な立場，歴史的事実をもとに考え，説明しなさい。

	自然環境	経済	安全	政治
A（できる）	基地を移設した場合，海の環境を壊す恐れがあることを理解している。	米軍基地が無くても，観光収入や大型店舗誘致による収入で沖縄の財政が保たれることを理解している。	基地周辺で事故の恐れだけでなく，米軍兵士による事故や事件が起きていることを理解している。	アジアの外交問題にかかわって，安全保障のために米軍基地が配備されていることを理解している。
B（わかる）		米軍基地の経済効果だけでなく，観光収入による経済効果があることを理解している。		諸外国とのかかわりにより米軍基地の必要性を理解している。
C（知る）	基地周辺には，観光地として多くの人々が集まることを理解している。	沖縄県に米軍基地があることで，経済効果があることを理解している。	基地周辺で飛行機の墜落の恐れがあることを理解している。	日本政府が安全保障条約により，米軍に守られていることを理解している。

このようにすれば，「知識・技能」「思考力・判断力・表現力」「主体的に学習に取り組む態度」の三観点に合わせて，生徒が何を求めているのかをとらえることができる。

例えば，ルーブリックを見て，ある生徒の「政治」の側面が B 段階に至っていないとわかった時，基地の必要性について理解するために教師はどんな手立てを打てば良いのか。生徒の多数は，沖縄県に米軍基地があることは知っている。しかしながら，なぜ基地があるのかについては，朝鮮戦争や冷戦における基地の役割など，因果関係を捉えることができていない生徒がいる。そこに，日本と他国とのかかわりに着目できるような資料を与えることで，米軍基地の存在意義について思考することを促すのである。ルーブリックは教師と生徒が共有する。生徒は，4 つの視点から見て，今自分がどの段階であるかを知ることができると同時に何が足りていないのかを自覚する。生徒はルーブリックと照らし合わせながら学び，教師による評価が生徒自身の主体的な学習の足場がけとなる。生徒の姿を確実に見取り，評価をすることで，主体的な学びを促すことができる。

主体的な学習を導く教師の役割とは，「思考の方法を教える」，「表現の方法を教える」，「知識を与える」「見方や考え方を与える」，「見方や考え方を活用させる」，「何がわかったのか自身の成長を感じさせる」，「何がわからないのか自身の足りない点を感じさせる」である。教師は児童生徒に寄り添い，課題解決や意思決定，価値判断ができるように導くメンターとしての存在意義があると考えたい。

③　評価の方法

評価をする際，より効果的に実践改善に生かすためには，児童生徒の実態を捉える質を向上させる必要がある。とらえの「信頼性」と「妥当性」が求められる。「信頼性」とは，測定結果の安定性を問う概念である。「妥当性」とは，そこで問題にしているものを本当に評価しているのかどうかを問う概念である。

以下に，6 つの評価方法を示す。具体的には，以下の通りである（西岡ほか，2015）[4]。

7 社会科教育における評価　141

　ここで大切なことは，評価の融合である。本実践でいえば，「自由既述式」，「パフォーマンス課題」を組み合わせた。「パフォーマンス課題」については，「投票活動を行う際，どのような解決策を支持するのか」について自分の考えを述べるという様々な知識やスキルを総合して使いこなすことを求めるような複雑課題を指す。この「パフォーマンス課題」を常に意識させながら，各授業のまとめの 5 分間で，「自由既述式」の評価を行い，誰が，何を考え，どんなことを知りたがっているかを評価し，「パフォーマンス課題」と向き合うために，必要な言葉掛けを行う。それに加えて「日常的

信頼性　妥当性

■選択回答式：選択肢の中から記号や語句などを選び，それがあらかじめ決められた正解と一致しているかどうかによって正誤の判定がなされる形式。客観テスト式
■自由記述式：自分で回答を考えて記述し，ある基準に基づいてその出来・不出来が判定されるような形式。
■実技テスト：特定の技能に関してその実演を求めることで評価を行うもの。筆記テストの限界を克服するもの。
■授業場面での日常的な評価：特別な評価機会を設けるのではなく，日々の授業の中で断続的に行う評価。教師による観察。
■パフォーマンス課題：さまざまな知識やスキルを総合して使いこなすことを求めるような複雑な課題を指す。
■ポートフォリオ評価法：学習の成果物やその過程で生み出されるものを系統的に蓄積してファイルなどの入れ物に収め，それをもって評価を行う手法。

な評価」も欠かせない。「日常的な評価」については，教師の児童生徒に対する観察の意識こそが大切である。「教材に対する理解」「児童生徒の思考過程に対する理解」「指導するポイントの意識」が重要となる。授業の中で，個人追究の場面やグループ討議を行う際にも，ルーブリックと照らし合わせながら，生徒一人ひとりに評価を行う意識を持つのである。「信頼性」のある「自由記述式」と「妥当性」を補償する「パフォーマンス課題」を組み合わせる。そして「日常的な評価」を常にルーブリックと照らし合わせながら意識する。このように，評価を融合させることで，生徒の「知識・技能」，「思考・判断」，「関心・意欲」の高まりを妥当で信頼できる形で見取るようになることを心にとどめておきたい。

(3) 実践結果

　今回の実践は，児童生徒一人一人に対し，教師がどのように向き合うかを評価という観点から考えて行った実践であった。教師がルーブリックを作成し，児童生徒を段階に応じて見取り，指示や発問，問い返しを行うことで，児童生徒の関心や意欲が高まるだけでなく，探究心が高まると感じた。児童生徒を「評価」をする際には，信頼性と妥当性の比重も重要となる。「評価」をする際，思考力や判断力を評価しようとすると妥当性が低くなる。児童生徒につけたい資質や能力を本当につけることができているのだろうか。評価の妥当性が問われている。これについても，教師自身がルーブリックを作成し，児童生徒につけたい資質や能力を明らかにしながら，指導・援助をしていくことが重要であろう。ルーブリックを用いることにより，パフォーマンス評価の信頼性を高めることができると考えられる。

　「評価」に対する教師の捉えを変えることで，教師自身の児童生徒への関わり方が大きく変わる。教師と児童生徒との関わりの中で，「評定」はしていても，「評価」をしていない状態になっていないだろうか。主体的に学ぶ児童生徒の姿がある時，その側には必ず確かな評定を行っている教師の姿がある。主体的な学習の重要性が高まる今こそ，質の高い「形成的評価」を行い，社会科授業における児童生徒の可能性を伸ばしたい。

参考文献

1) 梶田叡一『形成的な評価のために』明治図書，1986 年。
2) ブルーム，B・Sほか（梶田叡一・渋谷憲一・藤田恵璽訳）『教育評価方法ハンドブック-教科学習の形成的評価と総括的評価-』第一法規，1973 年。
3) 中央教育審議会 教育課程企画特別部会「論点整理」2015 年。
4) 西岡加名恵・石井英真・田中耕治『新しい教育評価入門——人を育てる評価のために』有斐閣コンパクト，2015 年。

（平野孝雄）

IV

社会科教員養成
のマネジメント

授業力育成を軸とした
教員養成の方略

1 社会科教員養成の国際的・国内的動向

(1) 教員養成の国際的動向

① 教育改革の国際的潮流

　将来予測が困難な時代において，新たな社会の形成や児童生徒の豊かな人生を切り拓くために必要な能力を学校教育で育んでいくことが必要であると言われている。欧米やオーストラリア，ニュージーランドといった先進国では，OECD が提起したキー・コンピテンシーなど能力を育てるための教育改革が始まり，カリキュラム編成をコンテンツベース（何を教えるか＝内容中心）からコンピテンシーベース（何ができるようになったか＝能力中心）へとシフトさせている。

　コンテンツベースのカリキュラム編成は，身に付けさせるべき内容を先に設定し，それに対応した能力の育成を考えるという，内容主導で能力を従属させるカリキュラムである。我が国においてもこれまで学習指導要領はどの内容を児童生徒に学ばせるのかということに力点が置かれて編成されていた。一方，コンピテンシーベースのカリキュラム編成では，育成すべき能力を先に設定し，そのために必要な内容を選択・配置するという，能力主導で内容を従属させるカリキュラムである。

② カリキュラム編成の中心となるコンピテンシー（能力）の事例

　それでは，育成すべきコンピテンシー（能力）とは具体的にどのようなものだろうか。2000 年の PISA ショックを経てカリキュラム改革に取り組んできたドイツの事例を見てみよう。

　次に示すものは，平成 26 年当時のベルリン市の基礎学校（我が国の小学校にあたる）のカリキュラム[1]内容例である。ここでは，紙幅の関係もあ

るので社会科関連のうち，政治科（日本の社会科（公民）に相当する教科）の内容の一部を以下に紹介する。

政治科のコンピテンシー
A：政治に関する基礎的知識の形成
B：情報の収集・整理と伝達，そして社会科特有のメディアを活用する力
C：社会で共生するための社会的な振る舞い方や，共存のための紛争解決能力
D：社会的規範やアイデンティティーの自覚と他者との協調

政治科のコンピテンシーを見ると，政治に関する知識の形成やメディアを活用する力とともに，Cのように社会的な振る舞い方などの非認知的能力があげられているようだ。

③　児童生徒の資質・能力の育成を目指す教員養成

それでは，児童生徒の資質・能力を育成する教員をどのように養成し，教員としての成長を促すのだろうか。基本的には教師として必要なコンピテンシー，つまり教員が何を知っており，何ができるようになるべきかを定めてスタンダード化（教師スタンダード）し，それを基準に教員養成，採用，教員のライフコース全体での職能成長を図っている[2]。

例えば，アメリカでは教職課程認定や教員免許取得，職能開発等でこのスタンダードが使われている。そこでは「学習者の発達」「教科内容の知識」「評価」「指導計画」「指導方略」「リーダーシップと協同」をはじめとする 10 項目を設け，それぞれ具体的なルーブリックを作成しチェックするようだ。

また，ドイツでも教師スタンダードが開発されており，大学の教育課程編成，試補終了時の能力評価で使われている。ドイツの大学における教員養成は州ごとに異なるが，おおよそ 3 年半から 5 年の期間を費やし，その後 1 年から 2 年の試補勤務を経て教員として採用される。その際，評価の基準となるスタンダードは，授業力，生徒指導力，評価力，革新力という 4 つの領域が設けられ，それぞれ 2 から 3 のコンピテンシーが設定されている。

(2) 教員養成の国内の動向

我が国の近年の教員養成の動向については，先のアメリカやドイツをはじめとした先進国とほぼ同様な動きを取っていると言えよう。

① 日本における教育改革——次期学習指導要領の検討

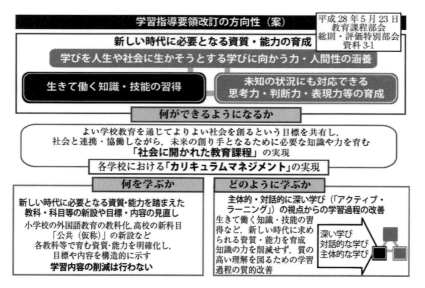

図 1-1 【平成 28 年 5 月総則・評価特別部会配付資料】

初等中等教育においては，上図に示すような知識のみならず児童生徒の資質・能力を育成しようという教育改革が進み，次期学習指導要領の検討が行われている。

そして，現在，児童生徒に育むべき資質・能力は，中央教育審議会の「審議のまとめ」では次のような三つの柱で整理されている。それが，「何を理解しているか，何ができるか（生きて働く『知識・技能』の習得）」，「理解していること・できることをどう使うか（未知の状況にも対応できる『思考力・判断力・表現力等』の育成）」，「どのように社会・世界と関わり，

よりよい人生を送るか（学びを人生や社会に生かそうとする『学びに向かう力・人間性等』の涵養）」である。

②　日本におけるこれからの教員養成方略——大学教育の改革

　初等中等教育改革と前後するが，教員養成改革も並行して進んでおり，平成24年8月に中央教育審議会答申「教職生活全体を通じた教員の資質能力の総合的な向上方策」では，これからの学校で児童生徒に育むべきものを「基礎的・基本的な知識・技能の習得に加え，思考力・判断力・表現力等の育成や学習意欲の向上，多様な人間関係を結んでいく力」と明示し，これらは言語活動や協働的な学習活動等により効果的に育まれると指摘している。そして，教員養成においては「新たな学びを支える教員の養成と，学び続ける教員像の確立」が必要だとし，児童生徒の資質・能力を育成する教員養成の充実が求められた。

　それでは，新たな学びを支える教員はどのように養成されるのだろうか。やはり，教師自身も同じように資質・能力を身に付けていけるような養成が必要となるはずである。そのため，教員養成段階で今日の教育改革の象徴の一つになっているアクティブ・ラーニングを経験して，習得した知識・技能を活用して課題を解決する思考力・判断力・表現力等と教育課題を探究する力などが求められることになる。

　そもそも，アクティブ・ラーニングの必要性を述べてきたのは，よく知られるように『新たな未来を築くための大学教育の質的転換に向けて——生涯学び続け，主体的に考える力を育成する大学へ（答申）』（平成24年8月28日）であり，アクティブ・ラーニングの公式的な定義を行っているのはこの「答申」にある用語集であった。

　そこでは，予測困難なこれからの時代をよりよく生きるために，高等教育段階で「知識や技能を活用して複雑な事柄を問題として理解し，答えのない問題に解を見出していくための批判的，合理的な思考力をはじめとする認知的能力」「人間としての自らの責務を果たし，他者に配慮しながらチームワークやリーダーシップを発揮して社会的責任を担いうる，倫理的，社会的能力」「総合的かつ持続的な学修経験に基づく創造力と構想力・想定外の困難

に際して的確な判断をするための基盤となる教養，知識，経験」が必要だというのである。

　そして，このような資質・能力を育成するためには，これまでのような知識を伝達する授業から，「学生が主体的に問題を発見し解を見いだしていく能動的学修（アクティブ・ラーニング）への転換」が必要だとしている。つまり，教員が講義し，学生がそれをノートに取り，理解内容を試験で確認するといった教育では，資質・能力は育たない。こうした力を育てるためには，学修者の能動的な学習を実現することが必要なのだ。

③　教員育成指標

　資質・能力を育成することを重視した教員養成における学修方法とともに，先のアメリカやドイツのように教員としての資質・能力を指標化し，クリアすべき目標として明確化することが求められている。

　平成 27 年 12 月の中央教育審議会答申で「教員育成指標」の作成義務化が提言された。これは，教員のキャリアステージに応じて身に付けるべき能力を明確化したものであり，「教員育成協議会」（仮称）において協議・調整を行い，整備されるようである。

　なお，「教員育成指標」によって，現職教員だけでなく初任段階，つまり教員養成の最終段階で身に付けるべき資質・能力までも明確になるため，大学の教員養成においては，育成すべき教員像を明確化し，大学の各科目の授業もそれに結び付くように展開していくことが求められる。

注

1)　詳しくは「Rahmenlehrplane Kompakt Themen und lnhalte des Berliner Unterrichts in der Sekundarstufe I im Uberblick」ベルリン市政府教育・学術・研究省発行参照。
2)　アメリカとドイツの教師スタンダードの内容は，国立教育政策研究所のプロジェクト研究「児童生徒の資質・能力を育成する教員等の養成，配置，研修に関する総合的研究」の教師教育スタンダード調査チームがまとめた海外調査の結果を平成 28 年 5 月 11 日に所内のミーティングで発表した資料に基づいている。

（大杉昭英）

2 社会科教員の重層的育成

(1) 学び続ける社会科教師へ

　教員の力量向上は，教育界において喫緊の課題の一つとして挙げられる。背景に，ここ数年の間に起こる若手教員の増大，それに伴う教育技術の伝承への不安がいわれる。ただ，一般的な教員の力量向上やその先にあるよい教師像は，社会科教員の成長や理想の社会科教員像と同じなのだろうか。

　社会科教員として求められる力量とは何であろう。より良い単元の指導内容を伝えられる教師力ということができるかもしれない。しかし，単純なコンテンツを伝達する学習塾の先生が求められているわけではない。特に学習指導要領の改訂により，コンピテンシーの育成デザインが求められているなかで，教師自身の力量もこれまでとは異なる部分も要求されるはずである。社会科教員の力量向上のため，教師に求められる力量を考えた上で，社会科に特化した部分が何かと掘り進める。

① 社会科に特化した教師力をめざして

　社会科教師にとって，育てるべき力量はどのようなものだろう。例えば，次のような教師一般に必要とされる力を社会科教師は，もっているのだろうか。

　　○国や県の社会科教育の動向を把握し，教育委員会や県のスタイルに合わせて自分の授業を実施していく力。

　　○教師として，様々な授業観に基づいた授業スタイルを整理した上で，年間カリキュラムで様々な授業を展開し，学習者の資質や能力を育成していく力。

　　○学習者の発達段階や目の前のクラス実態に対応した形で，支援方法や授

業スタイルを組むことができる力。

○研究会や学会で，自分の実践の意図や理論を踏まえてまとめ，研究物としてわかりやすく発表する力。

○教科書の記述や学習内容などを吟味・解釈できる力。

　大学の講義で学ぶようなことから，実際に現場教員にならなければ習得したり向上したりできないような力も並んでいる。列記されたものが，本当に全ての教員に必要なわけではない。当然，授業をする上でも，教師に必要ないものもある。研究会や学会で発表をしなくても，よい授業はできる。しかし，授業にかかわらない力だと切って捨てるわけにはいかない。教師に必要な力は，授業の How to をこなすために使う力だけではなく，新聞を見てこれを学習者に伝えたいと思えたり，評価によって学習者の成長を促せたりできるような力まで，総合的な力が含まれるのである。

　ただ，日々忙しい教師にとって，授業ですぐに活用できる力に目が向くのも事実である。教師の担当する授業観から整理したり，多様な授業方法の習得に励んだりするには労力もかかる。自分が所属する校種や学校などの属性に必要がないとされれば，多様な力も発揮されない。社会科という教科の専門性も，教師の向上を望まなければ，必要以上の力も知識も求める必要がないのである。

　一方で，よりよい授業実践を目指し，本当に学習者の資質や能力の向上を意識するならば，緻密な教材研究や授業方法が求められるのはいうまでもない。特に社会科はその成長に時間はかかる教科の一つである。そのため，気が付けば土台となる社会科授業の原理原則に立ち戻り，省察を試みることが力量向上につながり，成長への近道となることも多い。

　時には，大学教員などと社会科教師としてじっくり話し込むことも良いことである。学生時代とは異なる示唆も得られる。ただ，大学教員の指針でさえ，受け入れられる場合とそうでない場合がある。また，大学にまで行って，話し込むほど悠長な時間が教員にあるはずもない。

　そこで，教育現場での社会科教員同士のかかわりこそ重要になっていく。

② 社会科教師の成長を取り巻く状況

　社会科教師の現時点の力量を測る場合，研究授業の一時間で判断される場合がある。重要ではあるが，それで決めつけることはやってはいけないことである。例えば省察場面において，授業者自身が失敗した授業だと思っても，失敗の自覚や原因が把握されていれば，社会科教師としてその授業をきっかけとして力量を伸ばすことができる。当然，そのための省察である。一方で，他者から失敗に関わる要因をいくら指摘・助言されても，修正する力や聞き入れる意志がなければ，成長の度合いは限られる。

　また，研究授業も大事であるが，授業をきっかけとして，他者との出会いが授業力や子ども理解，時には環境そのものまで飛躍するきっかけとなることもある。当然，自分自身の授業を冷静に見つめようという姿勢のない教師には，よりよい出会いにも出くわせない教師も多い。

　教師自身成長はしたいが，校種，経験年数や，教材研究・授業構想・授業・省察に至るまで，潜在的にも顕在的にも複合的なプラス要因・マイナス要因が教師には覆いかぶさっている（図2-1）。全ての要因は教師の気持ち

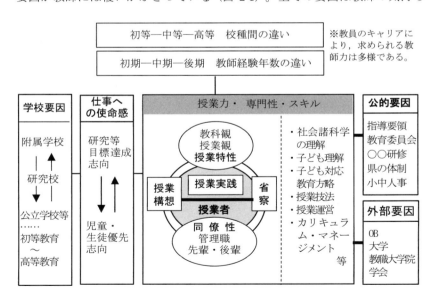

図 2-1　社会科教師を取り巻く環境要因

次第で変化する。授業後の助言も，若手の時には納得でき，ためになったと思い明日からのやりがいとなる意見であったとしても，中堅になって同じ助言を聞くと，型にはめようとしないでほしいとか，もっと社会科の授業内容に関わるアドバイスをしてくれないのか，そんなことは既に聞いたからわかっていると，受け入れられなくなることさえある。

　教師のおかれている状況は，様々な要因によって刻々と変化する。成長のきっかけも，教師によってそれぞれである。それでも何かきっかけを待つのでは無く，自身の成長は何のためかと問い続け，学習者のために社会科の授業研究に挑むべきである。

③　経験と成長のベクトルの向上

　社会科の授業で重要な部分は，授業力と教師が持ち合わせる授業内容に関わる専門的知識・スキルである（図 2-1）。当然ながら，若手より経験年数のあるベテラン教員のほうが，全てにおいて力量は高い場合が多い。そのために若手はベテランから学ぶことになるが，どのように学ぶことができるかは，学校や地域の同僚性やマネジメント力に関わってくる。

　例えば，新規採用は吸収すべきことが多い。大学の学びを土台にしつつ，子ども理解や授業スキルは，研修によって学んでいく。校内でも新規採用者には，様々な補助がなされる。しかし，二年目以降は教材研究も初めての単元が多く，ペースがつかめるまで社会科授業力の向上まで考えられない。三年目までに離職するケースがあるが，こうした状況が改善されるよう，同僚や管理職の支援は重要である。

　中堅になり，技術も備わり，学習者を落ち着いて見据えた授業ができるようになれば，学校特性や仕事の使命感も大きくかかわってくる。義務教育の場合は，転勤次第で社会科指導を学ぶ環境も変わってくる。教科の研究を深化させたいのか子どもが授業を楽しく受けてくれればいいのか，社会科教師としても成長が分かれるところである。

　さらに経験年数を経ていけば，社会科授業に関する学習者の反応など，授業の回数に比例して把握できるようになる。社会的事象の分析やその分析からの授業化もスキルがつかめ，教材研究も一見スムーズになる。半面，若手

の時期のように貪欲で多様な社会科授業へのチャレンジをすることは少なくなる傾向が多い。教師としての経験値の上昇は，授業が成立する条件に過ぎず，絶えず良い授業にするための様々な努力を怠ってはならない。

中堅になれば，社会科教育の潮流を見失っていても，社会科の授業づくりに関して，若手から意見を求められる。しかし，授業の成功例の結果だけを自慢しては，若手にとって成長につながる語りとは言いがたい。社会科授業づくりの不易なもの，ベテラン教師になるまでにたどり着いた授業づくりの変遷や研究手法，教材研究の苦労や乗り越え方など，その教育観を伝えることこそ，中堅以降の責任である。

④ 「かかわり合い」によって成長する教師力

以上のように，若手とベテランの協奏による授業研究は重要である。社会科教師の「かかわり合い」は，研究授業を中心に事前の構想・授業・省察によってなされる。授業や教材研究についての議論によって，宮大工のように熟練した技術が伝承され，伝統的な教師力が潜在化して受け継がれる。

社会科教師の力量の成長のために，「かかわり合い」の意義を再確認し，より良い協奏の意識を持つ必要がある。当然，社会科教師が成長するには，個人の努力は必要である。クラスの子ども理解も，授業設計についても最終的決定は担当教師にしかできない。しかし，教師が自分はこれでいいと思った瞬間に，多くの人との「かかわり」の回路は途絶え，協奏は止まって自己流を貫くことになる。逆に，成長を止めない社会科教師は，指導主事や同僚

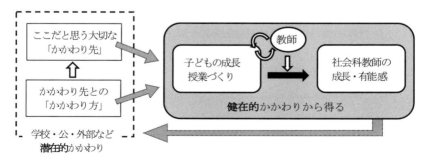

図 2-2 社会科教師の「かかわり」による成長

・先輩・大学・一般社会とかかわる協奏の重要性を理解し，さらに有益な「かかわり合い」を見つけ出していくことになる（図2-2）。

授業を取り巻く教師のマネジメント力

　これまで述べたように，社会科教員は教員人生の中において公的要因や外部要因との「かかわり合い」によって，大きな成長を促されていく。これらが横糸であるなら，縦糸である教師自身の授業マネジメント力によって，授業は描かれていく。本章では，社会科授業を創り上げるための重要な縦糸である教師の授業マネジメント力を，①授業構想力，②授業実践力，③省察力の3段階と捉えた。

①　授業構想力のマネジメント

　経験年数に関係なく，優れた社会科授業は教師の授業構想力に支えられている。そうした授業は，学習指導要領や教科書に捉われ窮屈だと思いながら実施を試みているものは少ない。教師は，子どもたちに社会のなにをつかませたいのか，子どもたちはつかめるのか，授業の構想段階から覚悟をもって，社会から教材を探しだし，知恵を絞っていくことになる。

②　授業実践力のマネジメント

　授業者は必ず経験するが，計画通りに流れる授業は稀である。授業によっては，学習者の思考が指導者の意図と極端に異なることになっても，修正する力も含めてのマネジメントである。教師は，絶えず学習者の理解のために，発問の精選，より良い資料や板書・教材の提示，議論のマネジメント等を実践の中でも心がけなければならない。さらに，授業構想を描ききらないで，一単位時間のつながり全体を意識しないとか，単元全体を見通さない場当たり的なマネジメントである瞬間だけ教師が満足できても，結局は学習者に社会がわかったと実感させることはできない。

③　授業省察力のマネジメント

　他者から，授業や教材についてアドバイスや解説を求められた時，初めて自分自身を内省し，授業の新たなる意義を実感できる瞬間がある。省察による，教師自身のメタ認知である。メタ化できれば，今後の授業や教師の在り様も自覚でき，新たなる構想をマネジメントすることへつながる。そのためには教師自身が，単なる公的要因に捉われた再現者とならず，構想段階からより良き社会科授業を目指し，最新の社会諸科学の学問的成果を用いながら，カリキュラムをマネジメントできる力を持ち合わせ，有意義な省察を実施する必要がある。

　最後にそれぞれのマネジメント力をまとめた。その成長については本節以降で横糸の要因である学部生時代・多様な学校現場の教師・教育委員会経験者・それら以外の立場に属する者が，社会科教師の成長を授業と絡ませどう見つめているか詳細に語ってもらう。参考にされたい。

参考文献

- 須本良夫「社会科教育における実践的指導力向上の可能性」全国社会科教育学会課題研究④口頭発表資料，2015 年。
- 中原淳『リフレクティブ・マネジャー』光文社，2013 年。
- スティーブン・J・ソーントン（渡部竜也・山田秀和・田中伸・堀田諭訳）『教師のゲートキーピング――主体的な学習者を生む社会科カリキュラムに向けて』春風社，2012 年。
- 渡部竜也「カリキュラム授業理論と教師教育論の連続的探究の必要性」日本社会科教育学会編集『社会科教育研究』№110，2010 年。

（須本良夫）

3 授業構想力の育成方略

(1) 大学教育における授業構想力の育成

① 授業構想に求められる3要件

授業の構想に必要な要素は、①学習指導要領の分析、②扱う教科書・社会諸科学の研究、③地域の実態調査や子どもの意識の把握、④先行事例の吟味・扱う教材の選択、⑤学習目標の設定、⑥単元計画の詳細・指導案の作成の、6点であるとされている[1]。①と②は、「授業の意義を知る・考える」ことであり、③④は教材の吟味、⑤⑥は単元や学習の目標の設定である。通常、授業の構想は、主にこの6点をこの順序で行うことが求められている。

しかし、上記には大きな課題がある。結論を先に述べるのであれば、授業を構想する順序である。本来、社会科授業はまず学習目標を設定し、その目標に合わせて単元計画を設計し、目標・計画に合わせた教材研究を行う。すなわち、授業は児童生徒につけさせたい力を明確にし、その上で教材や展開案を考えてゆくことが求められている。社会科学習は資料などの教材及び学習内容は重要であるが、それはつけさせたい力を育成するための手段である。目標に応じた内容を選択し、そのための資料を取捨選択する。授業は、資料を活用するためのものではない。社会科授業の手段と目的を入れ替えてはいけない。授業はあくまでも、育成したい力や資質、すなわち授業の目標から作り出す必要がある。

以上の観点に基づき、本項では授業構想の要件を教育目標から再設計するための以下3つの要件を示してゆく。第1は「授業の意義を知る・考える」こと、第2は「授業の型や授業に活用可能な理論を知る・考える」こと、第3は「授業を実践する」である。以下、この3点の必要性、意義及び内容を整理してゆく。

1 つ目の要件は，「授業の意義を知る・考える」ことである。先にも述べたが，授業は児童生徒に力をつけるために行うものである。この大きな目標を達成させるために授業を行うのだが，教師がこのねらいについて理解をしていなければ，授業を仕組み，子どもたちに力をつけさせることはできない[2]。社会科は，教科書を教える教科ではなく教科書やそのほかの資料を基に社会を考える教科である。なぜなら，教科書を無批判に教授・学習する授業では，公民的資質[3]の育成を達成することは出来ないからである。以上から，社会科授業を構想する第 1 の要件として，社会科授業の意義，及び授業で目指す獲得すべき力や能力を知る・考えることを設定する。

2 つ目の要件は，「授業の型や授業に活用可能な理論を知る・考える」ことである。この要件に係る意義と内容は以下 4 点である。第 1 は，授業のねらいに到達させる方法の複数化である。授業は，ねらいに到達させるための展開は教師の数だけある。教師は社会科教育学における 6 つの授業理論を踏まえた上で，それを各々の学級や授業の目標に応じて加工する[4]。当然，1 つの方法のみで授業を構成する場合よりも，複数の類型を活用した授業の方が児童生徒に合った授業を構想し，実践することが出来る。授業の型や理論を当該授業で目標とする育成すべき力によって選択することが，児童生徒の育成にはより効果的である。これは，教師が一つの授業理論や枠組みに固定化した思考を脱却させることをも可能とする。教師は，時として自身や所属する教師文化・学術団体のやり方を神格化し，その方法論へ子ども達をはめ込む方法に固執してしまうことがある。しかし，その方略は自身が所属する教師文化に合致しているだけで，必ずしも目の前にいる全ての子どもたちの能力育成と合致しているとは限らない。特定の理論や法則，方法論に従い授業を構想していくことは，子どもの目標や成長を阻害する可能性がある。自身の授業を子どもや学級に応じたより良いものにしていくためにも，様々な授業理論に触れ，自身の授業論を相対化していくことが必要である。

3 つ目の要件は，「授業を実践する」ことである。指導案はあくまでも指導計画であり，授業が目標とする力の育成へ達するかどうかはわからない。授業では，当該の学級・子どもの反応・思考過程に基づき，事前には設計できない様々な状況が噴出する。先に述べた通り，授業は児童生徒の力をつけ

るための実践である。いかに良い理論を取り入れた授業であっても，児童生徒の力の育成が叶うとは限らない。したがって，授業は実践を通してその授業理論及び授業実践を反省的に捉え直す必要がある。何が不足していたのか，どんな点を改善するのかを明らかにすることで，社会科の目標を達成させるような授業に近づけることができる。以上 3 点を検討することで，授業構想力の段階的な育成が可能となる。

② 大学教育における授業構想力育成の論理
大学教育における「授業の意義を知る・考える」カリキュラム

　では，上記 3 つの要件は大学教育でどのように育成されているのか。以下，3 つの要件毎に大学教育との関係を示してゆく。第 1 に，「授業の意義を知る・考える」カリキュラムは，各教科の教育法の講義がある。岐阜大学では，小学校社会科教育法や社会科教育法Ⅰ〜Ⅳなどが設定されており，主に大学 1 年生から 3 年生までの間に履修をする。これらの授業は，大きく 3 つの内容を学ぶ。第 1 は，社会科の教科としての目的を学ぶ。これは，その教科の最も大きな目標・目的について知る。「社会科教育とは何か」「社会科教育の目的は何か」「社会科教育の教科教育学としての意義と責任は何か」という視点を学び，考える講義である。

　第 2 は，学習指導要領に示されている目標・目的や，社会で求められている資質・能力の観点から，社会科教育（授業）で育成する資質や能力を考える。例えば，小学校社会科教育法の講義[5] では，小学校社会科の目標である公民的資質の基礎とは何かを考え，その観点に基づいた指導案の作成を行う。また，中学校社会科教育法の講義[6] では，社会科という教科と社会の関係を分析し，教科内容と社会の関係を学生自身が分析し，その上で育成したい資質を設定。そのための中学校社会科授業をデザインする。

　第 3 は，社会科教育の目標や内容の変遷を学ぶことを通して，その教科の役割や育成を目指す児童生徒の姿を明らかにする。例えば，昭和 22 年の試案や 26 年の学習指導要領では，日常生活での問題を取り上げ，解決方法を考えていくことが中心であった。しかし，昭和 33 年の指導要領では，基礎学力の充実が図られることになった。その後も様々な変遷があったが，現

在では公民的資質の基礎が重要だとされている。こうした変遷内容から，共通していることを考えその教科での目標・目的を考える。歴史的視点から，教科の目標・内容・方法，及び社会科教育学が持つ教科としての社会的責任を捉えてゆく。上記 3 点を通して，社会科の教科としての目的を学ぶ。

大学教育における「授業の型や理論を知る」カリキュラム

次に，「授業の型や理論を知る」カリキュラムは，社会科教育概論・公民科教育法等の講義で実施されている。例えば，社会科教育概論では，社会科の指導案を検討したり，自分たちで指導案を作成・交流したりする中で，社会科の授業理論を学ぶ。当該活動では，社会授業理論の優れている点や問題点を指摘することで，学生各々が社会科授業理論を知り，分析・評価してゆく。

公民科教育法では，日本の社会科教育の類型を踏まえ，それを米国，英国などを事例とした外国の社会系教科目の授業の型や理論と比較していく。具体的には，実際になされたカリキュラムを授業で翻訳し，各国の社会系授業が想定している教育目標や目的の比較，当該諸国の授業論が持つ優位性と課題・問題点を分析する。「授業の型や理論を知る」カリキュラムでは，授業理論を複数化し，各々の特徴と課題を理解・分析する。

大学教育における「授業を実践する」カリキュラム

第 3 は，授業観察や教育実習等の実践である。これは，実際に授業を実践するカリキュラムである。岐阜大学では ACT（Active Collaboration Teaching）プランというプログラムがある。これは 1 年生から 4 年生まで毎年現場の先生の授業を見学し授業を実践するプログラムである。1 年生では計 4 日。2 年生では，2 週間。3 年生では，教育実習として 2 ヶ月間。4 年生では，週 1 日のペースで小学校や中学校へ入り，各学年段階に応じて，授業見学・授業以外の教師の仕事を見学・授業実践を行う。この ACT プランは，学部の教員養成カリキュラムの核として位置付けられ，実践の中で理論や授業方略を実践的に学ぶカリキュラムである。

③　大学における授業構想力育成の実際──卒業論文作成を通して

筆者の場合，授業構想力育成の手続きの多くは，主に卒業論文の作成過程

で学んだ。筆者の経験をもとに，その具体的な手続きを示してゆく。卒業論文のタイトルは「小学校社会科における批判的思考力育成論——創造的思考力育成を通して」である[7]。卒業論文の作成過程は，大きく4つの段階を経た。第1に，社会科授業の目標の検討である。社会科教育は実際の社会をその学習対象とする。そのため，教科の目標は様々なものがある。しかしながら，児童生徒は，社会において様々な問題に直面し，それに対して自分で判断や対処をしてゆく必要がある。また，そうしようとする態度（＝創造的思考力）が社会科では求められており，そのための力を育成する必要がある。そこで，この創造的思考力を育成するための手段として，批判的思考力の育成を目標とする卒業論文を作成した。

一般的な「批判的思考」	本論文での「批判的思考」
●論理性・合理性 ・矛盾はないか ・課題に対する主張，主張を裏づける根拠になっているか（一貫性はあるのか） ●主体性 ・情報を鵜呑みにしない ・本当にそうなのか，と疑ってみる ・あくまで，自分以外を対象とする （例．他者，外部の情報，事象）	●反省性 ・自分の考えはどうか （他者は自分の考えをどう考えるだろうか↓ハーバーマスの批判理論） ・自分自身を批判的に見る ●論理性・合理性 ・矛盾はないか ・課題に対する主張，主張を裏づける根拠になっているか（一貫性はあるのか） ●主体性 ・情報は鵜呑みにしない ・本当にそうなのか，と疑ってみる ・あくまで，自分以外を対象とする （例．他者，外部の情報，事象）
↓	↓
・自分は批判的思考の対象外となり，たとえ自分に間違いや誤りがあったとしても気づくことができない ・自分を守るための，破壊的批判になる可能性が高い	・自分自身の間違いや誤りに気づくことができ，修正することができる ・反省性のためにハーバーマスの妥当要求を用いる →破壊的批判ではなく，建設的な批判になる。よって，批判すること，されることで解決への方向付けになる（代案，改善点の提示）。自分なりに対処するための力が身に付く。

図 3-1　批判的思考の要素

3　授業構想力の育成方略　　161

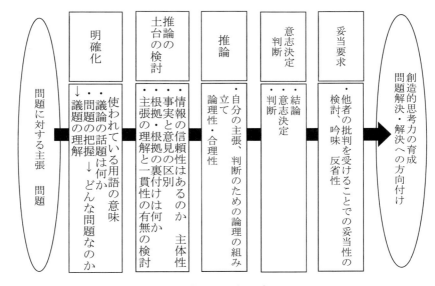

図 3-2　批判的思考のプロセス

　第 2 は，先行研究の分析である。批判的思考に関係する社会科教育研究，心理学研究，社会学研究，哲学研究等，全ての研究論文を分析し，ユルゲン・ハーバーマスの理論を基に批判的思考の構成要素を「主体性」「論理性・合理性」「反省性」の観点から類型的に整理した。その上で，社会科教育学における批判的思考の理論と実践を 2 つの潮流に分けて捉え，ハーバーマスが「反省性」を強調し，その中でも特に「妥当性」や「妥当要求」について主張している根拠と背景を明らかにした。その上で，批判的思考の目的や要素，過程を整理し示したものが以下，図 3-1，3-2 である。

　第 3 は，上記の批判的思考の目的・要素・プロセス・理論を取り入れた，以下の批判的思考力育成を目指した小学校社会科授業を構想した。

過程	学習活動
第1時 導入 （明確化） 展開 （推論の土台 の検討） （推論） （意思決定・ 判断） 終末	1. **資料から課題を作る**（T：みんなが毎日食べているものの中にも海外で作られた食べ物があります。では，なぜ海外から食べ物を買っているのでしょうか。T：日本より安いからと言ってくれましたが，日本産のお米と外国産のお米の値段はこうなっているそうです。ところで今の日本は，どれくらいの食料を自分たちで作っていると思いますか。：実は 39%。これは 61%の人の分の十分な食料は日本だけでは作れていません。では足りていない分の食料をどうしていると思いますか。） 2. **資料から本時の課題を考える**（T：日本は外国から食料を買ったり，逆に売ったりしています。そこで，どれくらい売っているかを農業と工業で比べてみました。農業　総産出額：約 8 兆 5000 億円（お米：約 2 兆円）工業：約 65 兆 7000 億円） 私たちは不足している分の食べ物をどんな方法で補うべきだろうか。 3. **個人追究をする** 4. **集団追究** 5. **次回の授業の見通しを持たせる。**（1 時間目終了）
第2時 導入 （妥当要求） 展開 終末	1. **前時のふりかえりを行う。** 2. **本時の課題を考える。** 私たちは不足している分の食べ物を，どんな方法で補うことが望ましいだろうか。 3. **グループ活動をする**（T：自分で考えた提案を班の中で交流してみよう。その時に班の人はそれぞれの立場の人が納得できるかを考えながら聞こう。もし納得できないと思った時は，自分ならどんな案にするかを提案してみよう。最後に自分たちの班ではどんな解決策が一番いいか決めてみよう。） 4. **集団追究をする**（T：各班で考えた案を発表してください。聞いているみんなは，全員が納得できる案になっているか考えながら聞きましょう。） 5. **まとめ**（T：みんなの意見を聞いて，自分ならどんな案にしたらみんなが納得できるかを，プリントに記入しよう。）（2 時間目終了）

本授業のねらいは「日本における食料生産の問題ついて知り，その解決策を吟味することを通して，解決へ導くための手続き・考えを検討・追究し活用することができる」ことである。授業は 2 時間構成とし，第 1 時の導入では，国産の米と外国産の米の原価のちがいや工業生産額などからこれからの食料生産をどうするかという課題へつなげ，追究の場面で日本政府，外国，農家以外の日本人，農家の人の立場で考えさせる。そのときに，意見カードや提案カードというものを活用し，どんな解決法があるかを個人で考えさせていく。第 2 時では班で交流し，それぞれの立場の解決策を考えていく。そして終末では自分たちの身近な問題で対立していることを取り上げ，批判的思考の活用をしていく。これらの活動を通して，新しい社会政策を提案するという創造的思考を行うことを目指す。

　大学教育では，以上のように，授業の意義や授業の型や理論を原理的に学び，それを授業実践へ応用する学びを行う。時代や学習指導要領変遷に追われ，二転三転する授業論ではなく，あくまでも子どもに育成したい資質・能力の観点に基づき，「這いまわらない」原理的な授業論の探究を目指すことを行う。

注

1) 須本良夫『若い教師のための小学校社会科』梓出版社，2012 年，p.13。

2) Stephen J. Thornton 著，渡部竜也，山田秀和，田中伸，堀田諭共訳『教師のゲートキーピング──主体的な学習者を生む社会科カリキュラムに向けて』春風社，2012 年。

3) ここでいう公民的資質とは，「社会生活のうえで個人に認められた権利は，これをたいせつに行使し，互いに尊重しあわなければならないこと，また，具体的な地域社会や国家の一員として自らに課せられた各種の義務や社会的責任があることなどを知り，これらの理解に基づいて正しい判断や行動のできる能力や意識など」（前掲 1），p.9）をさすものとする。

4) 6 つの授業理論については，全国社会科教育学会編『社会科教育学実践ハンドブック』明治図書，2012 年参照。

5) 2014 年度における須本良夫先生による講義「社会科教育法（小学校免許対象）」。

6) 2014 年度における田中伸先生による講義「社会科教育法（中学校免許対象）」。

7) 吉田賢司『小学校社会科における批判的思考力育成論――創造的思考力育成を目指して』2015 年度岐阜大学卒業論文（指導教官：田中伸准教授）。卒業論文の概要については，http://www.nobolta.com に掲載。

（吉田賢司）

(2) 学校現場における授業構想力の育成（附属学校）

　授業構想力とは，学習者を目標へ到達させ，同時に様々な能力が身に付くようにするために，何を内容として扱い，どのような単元構成にするか，授業方法はどうするかを選択する教師のマネジメント力ということができる。

　これまで公立学校へ 3 年，附属学校へ 4 年勤務した経験から，双方の明確な違いは，「多様な研修の機会」を挙げることができる。附属学校の場合，①授業公開の実施，②教員養成への関与，③実践を含む大学との共同研究といった公立校にはない 3 つの使命があり，それらは同時に教師自身のこれまでの授業構想力を見つめ直す機会となっている。

　授業構想力を培う上で最もベースとなるものは，PDCA サイクルの Project の部分である。当然，計画を立てるためには学習者や指導者の現状把握も大切である。そのため CAPD といったサイクルの重要性も言われる。いずれにしても授業実践を行う上で，授業構想に当たる部分の重要性が大切なことは言うまでもない。なぜなら，明確な計画がなければ，授業評価だけでなく，学習者への評価も充実しないからである。もちろん，その後の授業実践の向上へもつながらない。そこで，附属学校で実施される 3 つの使命をもとに，授業構想力をいかに培っているか，その具体について述べていく。

①　授業公開の実施で育成される授業構想力

　附属学校では授業公開は使命である。学校での研究会以外にも，校内で独自の研修会が行われる。授業研究会では，授業そのものについての意見が多い一方，校内研修の場合には授業構想についてまで様々な議論がなされる。それだけに授業構想の不十分な授業の場合，授業構想力そのものを身に付けるように要求される。

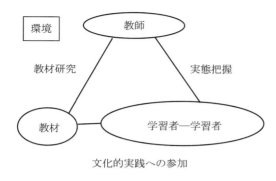

図 3-3 教育における関係性

授業を構想する中で，図3-3 に示すように，授業は「学習者」「教材」「教師」「環境」の4つの視点と関係性で捉えることが重要であることを考えるようになった[1]。経験知が少ない公立学校にいた時期は，社会科の授業内容を考え，伝えることに追われてしまっていた。しかし，附属学校の校内研修で同僚からの厳しい指摘を受け，学習者の意識を考えた単元レベルの構想を練ることの重要性を学んだ。そのおかげで，教師の発問や提示した教材をとおして，学習者の意欲を喚起し，夢中になって学習に参加できる単元計画の作成を心がけるようになった。同時に，子どもの意識が単元の最初から終わりまで無理なく考えられていると思えた時，教師側の学習課題や習得させたい知識の整理も，一単位時間ごとにつながりをもつかたちで構想できるようになってきた。

　また，一連の授業構想が成立するためには，学習者の側に立った教材研究が必要であることもわかってきた。授業公開後には，学習者に対して教材が適切であったかどうかは多く議論の的となる。時に，教師が教えたいことのすべてを資料として与え消化させようとする授業は，学習者からすれば迷惑なだけである。一つの資料の背景にあるものは何か，何を読み取らせたいのか，他の資料や発問をどう配置すれば，学習者の学習意欲は高まるのか。これら一連がすべて教材を含めた研究なのである。学習者の見取りがあまければ，与える教材や資料も授業構想段階で見誤ってしまう。

　そこで，学習者の実態や意識をよく理解したうえで，どのような目標を設定するのか，そして，その目標に到達することができるようになるために，どのような教材をどのタイミングでどのように用いていくのか熟考してきた。また学習者の様々な反応を想定し，それに対する教師の指導や援助についても指導案に示すものとは別に，複数用意することを心がけるようになった。

当然，そうした授業構想の力量は，実際の授業場面の中で，子どもたちによっても評価されていく。附属学校の授業公開の経験を積むことは，必然的に授業構想力を磨き，授業力の向上へとつながることになっているのである。

②　教育実習をとおして育成される授業構想力

附属学校は教員養成の場として，実習生を受け入れ助言することも，教員の力量形成へとつながる。

附属教員は，毎年，教育実習生の学習指導案の作成に携わり指導をしていく。その際，実習生がどのような授業の構想を描いているかを，読み解かねばならない。その描いた授業が目標の到達に達するのか，あるいは描き切れているのか，現状のクラスで実施できるのかを即座に指導するのである。

経験の少ない実習生にとっては，大学で指導案の書き方を学んできているものの，教師が何を問いかけ，どのような資料が必要なのか，のみに意識がいきがちである。

そうした実習生との構想段階の対話は，自身の授業は学習者の実態や意識に基づくものであるのか，教科内容は吟味されているかなど，教師としてメタ認知をしながら見つめ直し，授業計画を再構成する時間である。また，その授業に立ち会えるため，授業構想の成果もすぐに検証でき，授業構想力を身に付ける機会としては非常に恵まれているといえる。

同時に，経験値の少ない実習生へは，本時の指導計画をより具体化するために模擬授業を行い，構想の具現化に努めるよう助言してきた。学習者に問いかけ，資料を提示するといったパフォーマンスを模擬的にする中で，実際に頭の中に描いていることが，どこまで具現化することができるのか確認することは重要な経験である。当然，模擬授業で滞る場面があれば，さらに指導案に再考を加えていくことになる。つまり，授業構想力の高まりへは，より鮮明な授業像を，事前に描くことができるかどうかが重要な鍵となる。

③　大学との共同研究をとおして育成される授業構想力

附属学校は研究成果を世に問うために，授業研究を大学研究者と共同で行うことができる。その中で，研究者のもつ情報を授業計画へ取り入れ，吟

図 3-4　S 店の前に立地する F 店

味・検討を繰り返し，より提案性のあるものへと高めていく。このような取り組みをとおして，社会諸科学や認知心理学などの成果を授業に組み込み，学習者の学びに結びつける術を身に付けることができる。社会科の場合には，教科教育学および社会諸科学の内容の両面の成果を，教材を媒介に授業構想へ活かすことが重要である。

例えば，第 3 学年「お店のひみつにせまる！」を研究授業で行う場合，大学研究者との指導案検討をとおして，「店側は競合店に負けないために，必死になって様々な策略を考えている，それをマーケティング論（社会諸科学の成果）にある経営理念（Policy），場所(Place)，商品(Product)，販売促進（Promotion），価格(Price)の 5 つの視点（5 P）から捉え直してみてはどうか」と指摘をいただいた。

マーケティング論そのものを学習者へ教えることはできない。そこで，再度，現地に取材調査へ出かけたり，マーケティング論に関する文献を読み深めたりする中で，学習者が追究するうえで最もふさわしい社会事象「F 店がS 店の目の前に立地していること」（図3-4）を探し出した。

最初に提示した指導案は，販売促進と価格に特化したものであった。しかし，指導案検討を経て，先に示した5つの視点からF店の販売を捉え直し，図3-5に示すように単元構成そのものを再構成することができた[2]。

実際の実践をとおして，学習者は「店の戦略」に関する法則性を見出し，それを思考の武器として，身の回りにある店を5つの視点から追究する力を付けることができるようになった。学習者の思考力育成につながった実践である。

【授業構想 第一次案】　Ｓ店の売る工夫に特化して授業を構想

> **【スーパーマーケットＳ店の取り組み】**
> 販売者は，消費者の買う工夫に合わせて，売る工夫をしている。

【Ｓ店の工夫１】
Ｓ店では，同じ白菜でも違う大きさに切り分けて販売しているのは，お客さんの欲しい量に合わせて買ってもらうためである。

【Ｓ店の工夫２】
Ｓ店が，なるべく安く商品を売っているのは，安く買い物をしたいというお客さんの気持ちに応えるためである。

【Ｓ店の工夫３】
Ｓ店が他店よりも多くの種類の商品を置こうとしているのは，いろいろな商品を求めるお客さんの気持ちに応えるためである。

【検討会後の授業構想】Ｆ店をマーケティング論から捉え直し教材化

> **【販売店の戦略】**
> 　商品を売る仕事に携わる人たちは，消費者の買う工夫（購買行動）をふまえて，経営理念（Policy），場所(Place)，商品(Product)，販売促進（Promotion），価格(Price)の５つのマーケティング要素（５Ｐ）をふまえて商業活動の戦略を講じ，利益をあげている。

【Ｆ店の価格】
　地元の農家が他店の販売価格，客のニーズを踏まえた安い価格設定が可能である。

【Ｆ店の場所】
（本時）
　Ｆ店がＳ店の目の前にできたのは，新鮮で安心・安全な野菜を提供するという経営理念のもと，集客や仕入れに適した場所で，消費者の求める低価格で安心・安全な野菜を提供できる強みがあったからである。

【Ｆ店の商品】
　地元の農家が育てた有機栽培野菜，朝採り野菜のみを販売。新鮮かつ安心・安全な野菜を扱う。

【Ｆ店の経営理念】
　新鮮で安心・安全な野菜を提供するという経営理念をもとに，営業を展開している。

【Ｆ店の販売促進】
　野菜に地元の農家の顔写真を載せることで，消費者に安心感を与えられるようにしている。

図 3-5　授業構想の変容　（最初：上　検討後：下）

なお，大学との共同研究は，授業を計画する段階では終わらない。授業を実践するところから，実践のふり返り，さらに，ふり返りをとおして次年度の実践の方向性を見据えるところにまで至る。その中で，授業映像や学習者が使用したワークシートの蓄積などをもとに，学習者の具体的な文脈や状況に対して，適切な資料を提示したり，発問をしたりすることができていたのか。また，学習目標に到達するような手立てが効果的であったのかなど，様々な側面から分析や検討がなされる。ここで明らかになった成果と課題は，次年度以降，授業者の実践経験として，授業を構想するうえでの大きな糧となる。社会諸科学の成果をいかに教材に組み込んで授業を構想し，学習者に向き合わせるのか，単元を構想する力量形成につながったとふり返る。

以上，附属学校の経験を中心として，授業構想にかかわる力量形成について述べてきた。大学との共同研究を経た提案性を追究した授業から，実習生が実践するものまで，実は授業構想力をいつも無意識に向上させようとしていることを再認識することができた。これらの経験が授業のあり方を画一的なものにせず，学習者にとって社会を認識する力や社会を形成する力の育成に寄与する，多様な授業実践の構想につながることを願いたい。

注

1) 兵庫教育大学附属小学校『平成 25 年度　提案要項・学習指導案集「学習者－文化－教師」をつなぐ』2013 年，p.9。なお，ここでいう「環境」とは，主に教師や学習者間で交わされる言葉を示す。
2) 本実践の詳細については次の論文を参照されたい。關浩和・原田智仁・吉水裕也・米田豊・浅野光俊・中熊信仁・重枝孝明・戸出彰男・井元康行・小寺研・入江兼司「社会科固有の『読解力』形成のための授業構成と実践分析（Ⅴ）」，『学校教育学研究　第 26 巻』2014 年，pp.47-56。

（浅野光俊）

(3) 学校現場における授業構想力の育成（公立学校）

① はじめに

小学校担任として，教師自身が学習材を発掘し，学習者の実態に即して取り組める社会科こそ，教科教育の究極の面白さが味わえる。一方で，忙しい

教師にとって課題も多い教科である。社会科を専門としない先生と，専門とする先生の授業に対する思い入れの違い。社会科専門といいながらも，ベテランと若手教員の授業力の違い。いずれにしても，それらの違いは差となって授業場面で表出し，児童の学習意欲や能力の育成，内容理解として授業の質の違いとなってしまう。

さらに社会科授業は，日常的に展開される授業と研究会等で公開する授業に大きな違いがある。研究授業の場合，社会的事象から何を教材にするのか，その発掘から教材化，その後に授業構想に位置付けたカリキュラム設計をすることになる。一方で，通常の授業は，教科書の資料，学校のシラバスに沿った教材の活用など，パッケージ化されたものを扱う授業展開が多い。

本来であれば，全ての教諭が研究授業的手法で社会科授業作りを実施すれば，日常の授業で扱う資料一つの扱い方の工夫や，児童が読み取った発言など，深めていくことができるようになる。しかし，研究授業的な手順を日常的に行うことはもちろん，社会科を専門としない教諭が一度でも現地調査から教材作りを始めるなど，現実的ではない。そのため社会科授業を誰もができるよう，構想段階からシンプルに多くの先生と協働を行い潜在的教材性など皆で共有することが必要である。

②　授業構成力を育成していくために

社会科授業では，社会的事象を理解し説明する力，また，社会における諸課題について公正な判断を下す力の育成が求められる。これらの力を学習者に育成していくためには，社会的事象を他人ごとではなく自分ごととして捉える問題解決的な学習の構想が重要である。

当然，そうした構想段階で児童が自ら問いをもてるようにするために，次の2つの観点を踏まえマネージメントに努めなければならない。

○二つの実態把握力

ア：教師が児童の生活経験や発達段階などから，学級と個の意識の実態をとらえ，それに合った教材や内容を提供する。（児童の実態把握）

イ：学習のねらいに適確に合う社会の情勢をとらえ，児童を取り巻く社会の諸課題から，教材や内容を精選する。（社会の実態把握）

○プロジェクトマネジメント力

実態が把握できれば，児童の思考の流れに沿った単元及び本時を構想していくことができる。この時，終末の学習者像を描き，単元全体を俯瞰し学習者の掲げる目標を効率的に達成できるように管理できるプロジェクトマネジメント力こそ需要である。

以下この2点をまとめ，授業構想力から，教師自身の成長に関して述べていく。

③　実態把握力

社会科では上述したとおり，授業前に二つの実態を把握する必要がある。

ア：児童の実態把握

授業は，子どもたちの実態を基にして，短期的には授業後，長期的には十数年後に成長した姿を描き，その姿に近づけるよう資質・能力を育てていく。そのためには現状の児童の実態把握が大切になってくる。

例えば表現力の場合，社会科に限らずあらゆる教科と共通しながら育成をしていく部分も多い。しかし，社会科独自の将来に役立つ能力という表現力は，ただ自分の思いを語りたいだけのレベルの子か，何か根拠をもとに話しているのか，さらには他者の考えや資料を批判的に吟味して自分の中へ取り入れようとするかといった，教科内容を絡めた社会科としてオリジナルの成長レベルの実態把握が必要である。当然子どもたちの中には，資料を読み取ることが得意な子もいれば，不得意な子もいる。生活経験が豊富な子もいれば，配慮を必要とする子もいるといったように個人差が見られる。表現力と一言でいっても，その他の力の要素や現状と絡め合わせ，その子の実態をとらえ次のレベルへと力を伸ばしていきたい。

また，個の実態把握とともに，学級全体の実態把握とその方向性を考えることは，学習を進めていく上で重要である。個の探究をもとにアクティブ・ラーニングを進め全体で高まりあうためには，決してうわべの活動があればよいのではない。学習者個々の思考が活発に展開し，対話場面を含めた交流が保証されなければ，個人追究の域を脱しないものとなってしまう。学級全

表 3-1　児童の実態把握のための教師間の交流内容

	児童について話す内容	把握できる児童の実態	頻度（できれば）
同じ教科の教師	・日常の社会科の授業の中の児童の様子について	・教科の発達段階（学び方）Ex）資料活用の仕方比較，関連，総合思考段階など	単元毎授業毎
同じ学年の教師	・授業や学校生活全体における児童の様子について・抽出児童の変容	・学年全体で見た時，様々な日常の場面における児童の言語力や思考力について	週に一度
他の教科の教師	・他教科の授業の中での児童の様子について・抽出児童の変容	・話す，聞く，書くなどの学び全体に関わる発達段階。	隔週程度
管理職	・授業参観時の学級集団について（雰囲気，学び方など）	・学級集団（学ぶ集団）としての児童の様子	授業参観時保護者面談時

体での意見の交流場面や，討論，ロールプレー等の学習方法と授業での活用を教師は意図的にマネージメントしなければならない。また，学習者自身が主体的に取り組めるようにするには，学習者とも教師の意図を共有するべきである。

　PDCA といったサイクルで考えていけば，授業構想は「Plan＝計画」に当たる。しかし，児童の実態把握は資質・能力の育成のためである。よって，最終的には児童の「Check＝検証」まで含めた授業構想まで練るべきである。また，その場合そうした一連の授業者の思いが，主観的にならないためには，他の教師と実態把握の段階からの協働が重要となる。複数の教師によって，より児童や学級の像を鮮明に浮かび上がらすことができ，効率的に育成すべき支援や方略がつかみやすくなる（**表 3-1**）。

イ：社会の実態把握力

　社会の実態を把握するためには，様々な文献や新聞，ニュースなどに関心を寄せて，知見・見識を広げられるように努める必要がある。そうした社会的な事象に関する情報は，日々多く流れるが，社会科教師とそれ以外の教師，或いは教師以外の大人となにが異なるのであろうか。

当然，社会人や学生も社会の出来事を語り合う。ＳＮＳ，新聞やテレビなどから情報を得たり確認したりし，自分の持ち合わせている情報の連結を中心とした会話であることが多い。そうした日常会話であっても，情報の中に自分の周囲に関する話題や仕事にかかわる特定の情報があった時には，必要以上に敏感になり，あるレベルの深さを主体的に求める。

教師の場合でも，社会科教師とそれ以外の教師の違いは，多くの場合社会科教師は情報と接する場合，授業の教材となるかどうかという基準を設けていることが多い。それは魚市場で多くの魚から活きのよい魚を取捨選択する方法が経験的にわかっている仲買人がいるほうが，人気店になる確率が高いように，日々の情報に関して興味・関心の意欲のある教師のほうが，子どもに相応しい教材や資料を提供する可能性は高い。

経験値がなくても，教師同士で教材作りを話題としたり，討議し合ったりする環境があれば，単なる社会的事象の中から教材への発展のさせ方や子供たち食いつきなどが予想できるようになり，教材と社会の出来事を密接につなげることができるようになっていく。そして，多くの社会科教師がそうした教材によって子どもの成長とともに感じるのは，自分自身が丁寧に行ってきた教材の発掘（教材研究）の仕方こそ，子どもたちに求めたい探究方法であり，教師が提供した資料を通して子どもたちが社会と接していることを実感することで，教材研究こそが社会科の本質であることを理解するのである。

その結果，「子どもたちにどんな大人になって欲しいのか」「今，目の前の児童はどんな力をもっていて，この先どんな力が必要なのか」という学習はより本質的な目標設定となり，具体的に考えられるようになる。

④　プロジェクトマネジメント力

これまでは単元構想に必要な学習者と社会の把握力について述べてきた。しかし，実際の授業ではプロジェクトマネジメント力こそが重要となる。

初等の社会科の場合，授業を構想する際に気を付けるべきことは，取り上げる学習内容が時間軸，空間軸，社会軸から総合的に吟味されているかということである。いわゆる社会の見方・考え方にあたるが，単元の中で児童に考える材料として，いかなる形で意識化できるようにするかが重要である。

そのためには，単元で獲得すべき中心概念（社会認識）と目指す児童の姿（態度面）を中心に据えて，単元を構想することを心掛けるとよい。単元を構想する際の順序を以下に示す。

表 3-2　単元構想モデル

手順	単元構想モデル
0	現状の子どもと学級の実態把握（プレテストなど実施）
1	社会的事象に内在する社会の仕組みや問題の中から，現状の子どもたちにとってよりよい学習すべき内容，授業スタイル（意思決定や価値判断，社会参加，理解型）を組み合わせると効果的かなどを考え，学習材を選択する。
2	単元で習得すべき知識を，時間軸，空間軸，社会軸に沿って情報を整理する。その際，概念的知識（社会的事象の意味）と目指す児童の姿（資質・能力面）を再度確認する。
3	単元の内容を児童が獲得できるように，単元を貫く課題（MQ：メイン・クエスチョン）を設定する。
4	単元全体の流れを設定する。社会的事象の意味を理解し，単元を貫く課題の下位である SQ（サブ・クエスチョン）を確認し，学習者の思考に沿った単元（時間）の流れとなるか確認する。 ※社会参加や意思決定等の判断⇒討議が中心となる場合，単元のどの位置が効果的かを点検をしながら，授業設計をする。
5	さらにカリキュラム・マネージメントという観点から，他の学びの要素を見つめ直し，同僚や管理職などからも全体の見つめなおしのために協力を仰ぐ。
	→　授業の実施へ　　→　必要に応じた修正　　→　最終ポストテスト

⑤　おわりに

授業構想力を，実態把握力とプロジェクトマネジメント力と捉え，その力を育成することを目指している。そのためには，上記で述べたように，関連図書の読書など個人の研究も大切である。しかし，同じ学校の同僚や OB，あるいは教育の専門家など，あらゆる方面の方々との対話をしたり批判を受けたりしながら進まなければ社会科授業をする力量の成長は，一定の段階で停滞をすることになる。特に若い教師は，構想段階の重要性はわかりづらいので，より意識した協働性を鍛えるべきである。

（奥村浩平　各務将也　長尾豪哲）

(4) 教育委員会における授業構想力の育成

① 教育委員会として育てたい授業者の資質・能力

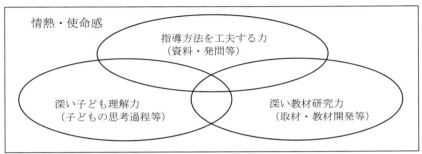

図 3-6 よりよい授業を構想し実践する指導者の資質能力

　よりよい授業を構想し実践する指導者の資質能力をまとめると，上記の図3-6のようになると考えられる[1]。4つの資質能力がより高いレベルでバランスよく関連し合っていくことにより，よりよい授業を構想し，実践することができる。各資質能力の例を次に示す。

○指導方法を工夫する力
　授業の目標を達成するために子どもを主体的に取り組ませる指導方法を工夫する力を指す。社会科では，特に資料の作成と提示，発問が重要である。

○深い子ども理解力
　子どもの興味や関心，思考の特性，流れについて理解する力を指す。社会科では，子どもの思考の流れに沿った学習過程が重要である。

○深い教材研究力
　教材を深く理解し，教材の本質を見抜く力を指す。社会科では，取り上げた人物の取材や教材開発を通して，人物の生き方に迫ることが重要である。

○情熱・使命感
　上記3つの能力の土台となる資質能力で，教師としての使命感や授業づくりへの熱意，専門職としての誇りなどを指す。

教育委員会としては，このような資質能力を身に付けた社会科教員を育成することが重要であると考え，学校訪問や事前指導，教育課程研究集会などの場で指導助言を行っている。

②　授業構想力育成の重要性

授業の PDCA サイクルの中で，育成したい 3 つの力（授業構想力，授業実践力，授業省察力）があるが，この項では授業構想力の重要性について述べる。授業構想力の定義を次のようにとらえている。

その授業でどんな「ねらい」を設定するか，そのためにどんな教材をどのように活用するか等を子どもの既習の学習内容や経験をもとに，授業における思考の流れを想定しながら，授業を組み立てていく力

授業が成功するか否かは，授業を実践する前の準備段階で 8 割決まると言われる。言い換えれば，学習指導案を作成する前の段階で，どれだけ子どもの実態を把握し，深い教材研究を行って，授業構想を確立するかが重要だと考えられる。そこで，授業構想力の育成に必要な観点（要素）を洗い出してみると次のようになる。

表 3-3　授業構想力の育成に必要な観点（要素）

1　子どもの実態把握
　・単元や教材に対する理解度や興味関心，経験等の把握
2　深まりのある教材研究
　・学習指導要領の内容と子どもの実態を踏まえた魅力のある教材開発
3　学習のねらいの明確化
　・深まりのある教材研究を踏まえたねらいを 4 観点から設定
4　授業構想の確立
　・ねらいと学習活動の一貫性，資料・発問の吟味，子どもの思考の流れにそった学習過程，指導形態の工夫等
5　授業計画（学習指導案の作成）

③　授業構想メモの立案

教師主導型の授業で子どもが生き生きと取り組めなかった授業の多くは，

学習のねらいと学習課題（入口），まとめ（出口）が一体化していない場合が多い。これは，学習指導案を作成する場合に導入，展開，終末の順に書くことが原因であると考えられる。そこで，教育委員会で事前相談や学校訪問の際に，授業構想メモを立案することの重要性を説いた[2]。この手順は，次の表3-4の通りである。

表 3-4　授業構想メモ立案の手順

①子どもの実態はどうか。
②本時の目標は何か。（主語は社会的事実，述語は社会的意味）
③授業の出口（まとめ）で理解させたいこと，発言させたいことは何か。
④どんな学習課題にするか。（必然性のある課題づくり）
⑤課題意識をもたせるために，どのような導入をするか。
⑥どんな追究活動を行わせるか。
⑦どんな資料を提示し，どんな発問を行うか。
⑧まとめの表現活動をどのような方法で行わせるか。

　この授業構想メモの特徴は，子どもの実態や本時の目標を検討した後に，「出口」にあたるまとめの段階を検討する。その上で，学習課題，導入，追究活動の内容を検討する。その理由は，本時のねらいと授業の出口（まとめ），入口（学習課題）の一体化を図るためである。実際に図3-7が小学校3年の単元「農家の仕事──長良のぶどうづくり」の授業構想メモである。本時の目標を設定した後に，授業の出口で子どもに理解・発言させたいこと（まとめ）を書き，その後に学習課題（入口）を書くため，本時の目標と授業の出口，入口が一体化していることが分かる。

④　授業構想メモの有効性

　教育委員会における授業構想力の育成として，学校訪問や事前相談の場で授業構想メモを活用して授業構想を確立してから学習指導案を作成することの有効性を説いてきた。それをまとめると，次の3つになる。

○本時の目標の明確化

　社会科は，社会的事実・事象の意味を追究する教科である。しかし，本時

の授業でとらえさせたい社会的事実は何か，社会的意味は何かが不明確な授業が見られる。それを解決するためには，本時の目標の主語にA社会的事実，述語にB社会的意味を書くこと（AであるのはBであるからであることがわかる）によって教師自身がとらえさせたい内容を明確にもつことができる。また，4観点のどの力を付けたい授業なのかをはっきりさせることができる。

〇子どもの思考の流れにそった学習過程（授業の入口と出口の一体化）

学習指導案は導入から書くのでなく授業の出口から書くとよいと言われるのは，教師が設定した「本時のねらい」と子どもが授業の出口で理解する内容「まとめ」がずれないためである。実際に授業構想メモを活用した図3-7の実践で本時のねらいと学習課題，まとめが一体化していることが分かる。

・本時のねらい　砂地を生かしてあまいぶどうを作りたい。
・学習課題　窪坂さんはなぜ雨の多い長良でぶどう作りを始めたのだろう。
・追究活動　砂地のよさ，あまいぶどうを作りたい2つの視点から追究
・まとめ　砂地のよさを生かしてあまくておいしいぶどうを食べてほしい。

このように，上記の内容が一体化するために授業構想メモは有効であり，それが子どもの思考にそった学習過程につながるのである。

〇深まりのある追究活動

子どもが深まりのある追究を行うためには，授業構想の段階で追究視点の数と中身，絡まり方を整理すること，追究視点を深めるための手立てを明確にすること，深めの切り札となる発問及び提示資料を吟味することが重要である。具体的に図3-7の実践の例で示すと次の通りである。

・追究の視点の数と中身及び深めるための手立て
①砂地のよさ（体験的活動・土の中の根の様子）②窪坂さんの願い（窪坂さんの話）の二つの視点から追究
・追究視点の絡まり方の整理
　二つの視点を関連させて追究し，砂地のよさを生かしてあまいぶどうが作りたいという窪坂さんの願いに迫る。
・深めの発問と提示資料
　「窪坂さんの話」を提示して「デラはやっぱり砂地でなきゃあという言葉には窪坂さんのどんな願いがこめられていますか。」と問い，砂地のよさを生かしてあまいぶどうが作りたいという願いにせまる。

3　授業構想力の育成方略　　179

②本時の目標　雨が多いとぶどうが裂果するにもかかわらず，窪坂さんが雨の多い長良でぶどう作りを始めたのは砂地を生かして甘いぶどうを作りたいと願ったからであることがわかる。（思考・判断）

①子どもの実態
ぶどう農園の見学で長良のぶどう作りの様子は知っているが，窪坂さんの願いまではとらえていない。

⑤導入（資料提示）
岐阜市と甲府市の年間降水量のグラフを提示して比較させ，雨の多い長良でぶどう作りを始めたことに疑問をもつ。

④学習課題
どうして窪坂さんは雨の多い長良でぶどう作りを始めたのだろう。

⑥深まりのある追究活動
○五感を通した体験的活動によりぶどう作りに適した土壌を体で感じ取らせると共に，土の中の根の様子（絵）の資料と関連づけて読み取り（個人追究），全体交流で仲間と追究を深める。
・水を入れてみたら普通の畑の土は吸い込むのが早いけどぶどう園の土は少しずつ水が通っていって水持ちがいい。
・ぶどう園の土はまだ水が残っているので根の先から水や栄養をもらいやすいのであまいぶどうができるんだ。
○「窪坂さんの話」の資料で「デラはやっぱり砂地でなきゃあ」という言葉に着目させ，さらに追究を深める。
・雨が多くても根の先から栄養をもらいやすい砂地の土地だから甘いぶどうができると思って始めたんだ。

⑦資料・発問
○導入資料
・岐阜市と甲府市の年間降水量のグラフを比較させ，ぶどうは雨に弱いのに雨の多い長良でぶどう作りを始めたことに疑問を持たせ，課題につなげる。

○追究資料
・甲州園（窪坂さん）の土と普通の畑の土を比較する活動
→五感を通した体験的活動によりぶどう作りに適した土壌を体で感じ取らせる。
・土の中の根の様子（絵）
→根の先から水や栄養をもらいやすい水はけのよい砂地であることを体験的活動と関連させて読み取らせる。

○深めの発問
・「窪坂さんの話」の資料を提示して「デラはやっぱり砂地でなきゃあという言葉には窪坂さんのどんな願いがこめられていますか。」と問い，窪坂さんの生き方や願いにせまる。

③授業の出口で理解・発言させたいこと
窪坂さんが，雨が多いのに長良でぶどう作りを始めた理由は，根の先から栄養をもらいやすい水はけのよい砂地のよさを生かして，あまくておいしいぶどうを作って食べてほしいと願ったからだということが分かった。

⑧まとめの表現活動
長良でぶどう作りを始めた窪坂さんの気持ちを考えて，吹き出しに表現し発表する活動を通して，窪坂さんの生き方や願いにせまる。

図 3-7　授業構想メモ「農家の仕事——窪坂さんのぶどう作り」

以上，教育委員会の取組として授業構想メモの有効性について述べてきたが，授業の成功の可否は，いかに授業構想を綿密に立てることができるか，授業構想力の育成が重要であると考える。

参考文献

1) 板橋均『授業・単元の構想力，実践力を高める授業研究会の工夫』群馬県教育センター225集，2005年。
2) 澤井陽介・中田正弘『社会科授業のつくり方』東洋館出版社，2014年。

（菊池真也）

(5) 学会活動における授業構想力の育成

これからの教育には資質・能力の育成が求められる。そのため，教師の授業力の向上が必須である。本章では教師の授業力向上という問題に焦点を当て，授業力を「授業構想力」「授業実践力」「授業省察力」に区分し論じている。本項では，「学会活動が教師の授業構想力にどのように寄与しうるのか」について論じる。

① 社会科教育における学会活動

学会とは，ある研究分野に興味関心を抱く人々が集う会員組織のことである。学会はいずれも研究大会を開催し，機関紙を発行することを主な活動とし，教育の発展に貢献しようとするものである。

社会科教育に関連する学会を整理したものが，表3-5である。社会科教育学の学会会員は大学等の研究者と学校現場の教員から構成されている。その機関紙に掲載される論文も同様で，研究者によるものと現場教員によるものが混在している。草原和博は，このような研究志向と開発志向の共存関係が成立していることを日本の社会科教育学会の特徴と捉え，研究と開発が一体的に推進される R&D（Research & Development）の研究体制と呼んでいる[1]。

このような社会科教育における学会活動は，教師が授業を構想する力とどのように関わるだろうか。この問いに答えるために，研究大会の開催と機関

紙の発行を主な活動とする学会活動を次のように区分する。ひとつは研究大会での発表を聴くことや発行された機関紙を読む活動，いわば教師が学会活動から自身の授業構想へとインプット（入力）を行う活動である。もうひとつは研究大会で発表することや自身の研究を論文として執筆する活動，いわば教師が学会活動を利用し授業を構想した結果をアウトプット（出力）する活動である。学会活動をこのようなインプットとアウトプットという観点から捉えたとき，学会活動に関わることが教師の授業構想力にどのように寄与することになるのかを明らかにしていこう。

② インプットとしての学会活動

学会は，所属会員によって投稿された論文を学会誌で発行する。その論文を読むことも学会活動の一つといえる。また，学会は研究大会を開催し，研究の成果を互いに発表する場を作っている。この発表を聴くことも学会活動である。このような活動に教師が関わることはインプットとしての学会活動である。

研究大会ではシンポジウム・課題研究・自由研究発表のセッションがある。2016 年度の全国社会科教育学会[3]では，小・中・高等学校の系統性をもたせた主権者教育が課題となっていることを踏まえ「社会系教科教育は主権者の育成にどう取り組むか」がシンポジウムのテーマとして設定され議論された。シンポジウムの議論を踏まえて課題研究では初等社会科，中等地理・歴史教育，中等公民教育に分かれて主権者の育成についてさらに授業案の提案

表 3-5　社会系教科教育に関連する学会[2]

学会名	設立時期と学会活動の目的	主な活動
全国社会科教育学会	1951 年設立。社会科教育に関する科学的研究をなし，わが国における社会科教育の発展に資する。	『社会科研究』（年 2 回）・『社会科教育論叢』（不定期）の刊行と研究大会の開催。
日本社会科教育学会	1952 年設立。大学および幼稚園・小学校・中学校・高等学校等における社会科教育に関する研究をなし，あわせて会員相互の連絡を図る。	『社会科教育研究』（年 3 回）の刊行と研究大会の開催。

社会系教科教育学会	1989 年設立。学校教育における児童・生徒の社会的資質形成に関する教育実践の科学的研究を行い，その普及と発展に寄与する。	『社会系教科教育学研究』（年 1 回）の刊行と研究大会の開催。
教育目標・評価学会	1989 年設立。学力が子ども・成人の人間的な発達の基礎になるとの立場に立ち，教育目標・評価の研究の促進と交流を図る。	『教育目標・評価学会紀要』（年 1 回）の刊行と研究大会の開催。
日本カリキュラム学会	1990 年設立。会員相互の研究交流と協力を促進し，カリキュラムの理論と実践に関する学術的，国際比較的，総合的研究の発展と，それによる日本の教育の振興に資する。	『カリキュラム研究』（年 1 回）と研究大会の開催。
日本教育方法学会	1964 年設立。教育方法（教育内容を含む）全般にわたる研究の発達と普及を図り，相互の連絡と協力を促進する。	『教育方法』（年 1 回）・『教育方法学研究』（年 1 回）の刊行と研究大会の開催。
日本教科教育学会	1975 年設立。教科教育に関する科学的研究を行い，教科教育学と教科教育実践の発展に寄与する。	『日本教科教育学会誌』（年 4 回）*International Journal of Curriculum Development and Practice*（年 1 回）の刊行と研究大会の開催。
日本グローバル教育学会	1997 年設立。グローバル教育ならびに関連教育について，理論的・実証的研究を行い，あわせて会員相互の連携を図る。	『グローバル教育』（年 1 回）の刊行と研究大会の開催。
日本公民教育学会	1989 年設立。公民教育並びに社会科教育について，理論的・実証的研究を行いあわせて会員相互の連絡を図る。	『公民教育研究』（年 1 回）の刊行と研究大会の開催。
日本国際理解教育学会	1991 年設立。国際理解教育の研究と教育実践に携わる者が研究と実践を通して，我が国の国際理解教育を促進し，その発展に寄与する。	『国際理解教育』（年 1 回）の刊行と研究大会の開催。
日本地理教育学会	1950 年設立。地理学とその応用特に地理教育の発達普及を図る。	『新地理』（年 3 回）の刊行と研究大会の開催。
日本 NIE 学会	2005 年設立。新聞を教育に活用することに関する研究，調査，教育実践ならびにその会員相互の協力を促進し，我が国の教育の発展及び文化の向上に貢献する。	『日本 NIE 学会誌』（年 1 回）の刊行と研究大会の開催。
National Council for the Social Studies （全米社会科協議会）	1921 年設立。社会科教育を強化し，相互する教育者に関与し支援すること。	*Social Education*（年 6 ～ 7 回）*Theory & Research In Social Education*（年 4 回）の刊行と研究大会の開催。

までを含めた発表と議論が行われた。また自由研究発表では学会員が実施してきた研究成果の報告が行われる。この研究大会では 22 の分科会（1 分科会で 5〜6 の発表）が行われた。その題目の一部を示したものが表 3-6 である。さまざまな学校種について，授業開発に関わるものから諸外国のカリキュラムや教員養成についてまで多種にわたる研究が行われている。

　研究大会では，シンポジウムや課題研究によって現在の教育課題とそれに対する研究者・教師の提案や主張を聴くことができ，自由研究発表によってさまざまな情報を得ることができる。このように研究大会への参加は日常では思いつかない新規性の高い授業あるいは知識を得ることができる。授業構想は教師自身の有している授業に関わる情報に基づいてなされるものであり，自分が受けてきた授業やこれまで実践してきた授業経験に頼ることになる。学校内での研究授業や授業検討会では，勤務校が求める一定の価値観に基づいた下での議論が行われやすい。しばしば「声を大きく」といったミクロな

表 3-6　2016 年度全国社会科教育学会研究大会における自由研究発表の題目（一部）

- 講義かアクティブラーニングか？──米国経済学会の経済学教授方法論争
- 高校新設科目「歴史総合」のためのカリキュラム開発研究──単元「プロパガンダの歴史」の場合
- 米国における社会科教員養成のためのナショナル・スタンダードの構成
- 小学校社会科「讃岐うどん」の教材開発──第 3 学年「工場の仕事」の実践から
- 高校のテスト・評価の変革を妨げているものは何か──地理教員と生徒への調査から見えてくる評価システムの再生産構造
- 中学校歴史的分野における理論構築型授業の開発──社会科学と歴史学を統合する試みを手がかりに
- グローバル社会の見方・考え方を育成する中学校社会科地理学習の単元開発──実社会と自己との関連を説明する学習を通して
- 「学びの共同体」論に基づく学校改革のあり方に関する日中比較研究
- BYOD 社会に対応する ICT 機器の効果的な授業利用──大阪教育大学附属平野小学校の取り組み

指導技術の向上に終始してしまうこともある。学会は，学問の自由に基づき，学習指導要領も批判対象の一つとして捉えることで，自由な視点からよりよい教育を探求する。研究発表を聴くことは，日々の授業構想に新風を吹

き込んでくれるだろう。

③　アウトプットとしての学会活動

　各学会の開催する研究大会で研究発表を行うこと，あるいは自身の研究を論文として整理し投稿することも学会活動の一つである。このような活動に教師が関わることはアウトプットとしての学会活動といえる。

　学会で発表するためには自分の開発した授業を論理的に説明しその意義を明確に伝えなければならない。いくら面白い授業をして子どもが盛り上がったとしても，学術としての貢献がなければ優れた学会発表とはみなされない。ましてや論文として掲載されることはまずない。優れた学会発表として，あるいは論文として機関紙に掲載されるには一定の流儀がある[4]。

　例えば，本稿の共著者である福井が日本教科教育学会誌に投稿し査読を経て掲載された論文について見てみよう[5]。福井の論文は，これまでの教科教育での「問い」は答えを獲得する手段として重要な役割を果たしてきたが，子どもたちが自ら「問い」を立てることができるようになることは保証されてこなかったことを課題と捉え，「問い」を立てることを目的とした教育の原理を明らかにする必要があることを主張する。そこで，「問い」を立てる新しい哲学教育の具体を示していると考えられるホワイト（David A. White）による初等用の哲学教科書 *Philosophy for Kids* を分析し，その構成原理を明らかにすることによって自身の主張への具体的な回答を導き出している。

　論文として認められるには，実証性・新規性・論理性・批判可能性を備えていることが要件であり，その学術的意義が明確であることが必要である。学会発表や論文のようにアウトプットする学会活動は，先行研究を読み解くことで学会の到達点を把握し，残された課題を自己の研究関心と結び付け，実証的なデータにもとづいて論理的に主張を構築することが求められる。それは日常の授業構想を超えた妥当性を保持した授業を構想する力となる。

④　学会活動における授業構想力の育成

　インプットするために学会活動に参加することにももちろん意義がある。

なぜなら社会科教育学においてどのようなことが明らかになっているのか，どのようなことが課題であるのかという最新の情報を得ることができるからである。しかし，授業を構想する力を具体的につけるためにより意義が大きいのはアウトプットとしての学会活動である。自分が創造した新しい授業や理論あるいは授業を通した子どものたちの成長についての実証的なデータを論理的に整理し，広く世に問うことになるからである。

21 世紀元年に，全国社会科教育学会は『社会科教育学研究ハンドブック』を刊行し，社会科教育学研究の成果と方法を整理した。21 世紀の社会科教育学はここから始まったといえる。その中で，社会科教育学のそれまでの歴史を論じた市川博は，次のように述べ文章を締めくくっている。

> 重要なのは，研究者だけが研究している限り，学問の発展は期待できない。教育の現場との連携による研究が不可欠であり，また，教師自身が研究能力をもって理論・実践を進めていくことの重要性を力説しておきたい[6]。

目標論からの授業づくりが求められることになれば，この言葉の持つ意味はさらに大きい。資質・能力の育成が掲げられれば，教師はその目標に達するための授業を多様に構想することが求められるからである。教育課題や学術研究の到達点を踏まえ，教師の主体性や専門性が今後ますます求められることになる。教師がその専門性を鍛え，発揮する場は教室だけではない。教室の現場を踏まえ，社会科教育学という学問の発展に貢献できるような研究を生み出す創造的な試みとしての学会活動に関わってほしい。社会科はSocial Studies であり多様な社会科像がありうる。これからの新しい社会科を描き出す役割は研究者だけではなく教師にもある。

注

1) 草原和博「社会科教育学研究論文の作り方・書き方」草原和博・溝口和宏・桑原敏典編『社会科教育学研究法ハンドブック』明治図書，2015 年，pp.36-38。
2) 棚橋健治編『教師教育講座第 13 巻中等社会系教育』協同出版，2014 年，

pp.323-326 を一部改変し作成。

3)　2016 年の全国社会科教育学会と社会系教科教育学会は，合同研究大会として兵庫教育大学で 2016 年 10 月 8，9 日に開催された。例年，全国社会科教育学会は 10 月，社会系教科教育学会は 2 月に開催される。その他，社会科教育学の主要な学会としては日本社会科教育学会がある（2016 年は 11 月 5，6 日に弘前大学で開催された）。

4)　社会科とはこのようなものでなければならないといった規範は存在しないが，研究活動を行い，学会発表や論文を投稿する活動においては一定の作法が存在する。その作法は規範ではなく，むしろ自らの研究内容をより意義のあるものへとするためのものである。具体的な作法については次の文献を参照されたい。桑原敏典「現職教員が学会発表，論文投稿するために」草原和博・溝口和宏・桑原敏典編『社会科教育学研究法ハンドブック』明治図書，2015 年，pp.244-255。

5)　福井駿「問いを立てることを学習する哲学教育——米国初等後期用教科書 *Philosophy for Kids* の場合」『日本教科教育学会誌』第 37 巻第 3 号，2014 年，pp.23-32。

6)　市川博「社会科教育学の歴史」全国社会科教育学会編『社会科教育学研究ハンドブック』明治図書，2001 年，pp.19-23。

（空健太・福井駿）

4 授業実践力の育成方略

(1) 教育における授業実践力の育成

① はじめに

　昨今，求められる教師像は変化している。以前は教職経験を重ね，熟達した技能と能力をもった教師が「優れた教師」と見なされた。今日では，誰もが「反省的な教師」「成長する教師」であることが要請される[1]。そのため，学校現場では PDCA サイクルを通して，授業実践力の育成を試みてきた[2]。しかし，現状の PDCA サイクルは内容が先行しており，資質・能力については考慮されてこなかった。コンピテンシー・ベースの授業を行うには，内容よりも先に身につけさせたい資質を考えなくてはならない。そのため，資質獲得のための学習論と基盤となる社会諸科学を研究・習得する段階（Research）が必要となる。コンピテンシー・ベースの授業実践力育成は以下の RPDCA サイクルを通して行われる。

　学校現場では子供の実態に応じ，身につけさせたい資質を設定することから始まる。大学教育ではあらかじめ資質を設定し，理論習得に重点を置く。したがって，大学教育における授業実践力の育成方略は，RPDCA サイクルを通して授業観を拡大・深化させることである。

「理論習得段階（Research）」→「授業開発段階（Plan）」→「授業実践段階（Do）→「授業分析段階（Check）」→「授業修正段階（Action）」

図 4-1

②　大学教育における授業実践力育成カリキュラム

　表 4-1 は大学教育における授業実践力育成カリキュラムに関する RPDCA サイクルを示したものである[3]。1 年生から 4 年生にかけ，段階的に RPDCA サイクルを経験する。理論習得段階は，社会科教育の学習論習得段階と社会諸科学習得段階に分かれる。学習論習得段階では，社会科教育の 6 類型（説明，理解，問題解決，議論，意思決定，社会参加）について，それぞれの授業実践例の分析を行い，目標，内容，方法を学ぶ。学習論の基盤となる社会諸科学習得段階は，「政治学」や「自然地理学」などの社会科教育以外のカリキュラムの中で学ぶ。大学教育では，これら社会諸科学の内容を社会科教育の内容や方法へ応用することが求められる。授業開発段階では，教材研究，資料収集を行い，学習論に基づいた授業をデザインする。授業実践段階では，開発した授業を模擬授業や学校現場で実践する。授業分析段階では，模擬授業や授業実践終了後ディスカッションを行い，改善点や代案など批判的な意見を出し合う。授業修正段階では，課題をもとに授業の修正を行う。授業修正のみで解決しない場合，理論習得段階までさかのぼり，学習論の改善を図る。

表 4-1　大学教育における授業実践力育成カリキュラム

学年段階	理　論　習　得 （Research）	授 業 開 発 （Plan）	授 業 実 践 （Do）	授 業 分 析 （Check）	授 業 修 正 （Action）
1 年生	自然地理学 I 地誌学 I				
2 年生	現代政治学 法律学 I 社 会 科 教 育 法 I・II				
3 年生	社 会 科 教 育 概論 社 会 科 教 育 法 III・IV 社 会 科 教 育 実践論	➡ 　　　　　　　　　　　➡ 教育実習　　　　　　➡			
4 年生	教育実践演習 卒業論文	➡			

③　社会参加学習における授業実践力の育成方略

　大学教育でどのように RPDCA サイクルが行われているのか，それぞれの手続きを示す。以下では一例として社会参加学習に焦点を当て，論じていく。

理論習得段階（Research）

　第一段階では社会参加学習の学習論と基盤となる社会諸科学を研究し，習得する。学習論とは，「目標」「内容」「方法」からなる学習の構造である。

　社会参加学習の目標は「社会参加力の育成」，内容は「地域社会の課題」，方法は「社会参加」である[4]。社会参加は手段であり目的となる。社会参加学習における学習論の特徴は，社会参加を通して社会参加力の育成を目指すところにある。しかし，社会参加学習の学習論を知るだけでは不十分である。なぜなら，社会参加学習と社会参加力の関係が不明瞭だからである。このことから，社会参加学習の基盤となる社会諸科学や思想を学ぶ必要がある。

　社会参加学習は参加民主主義論を基盤として成立している。参加民主主義は「人民の人民による人民のための人民統治」にその性格が表される。人間は社会参加を通して理想的な市民へと成長していく。このような捉え方は「参加の教育的機能」と呼ばれる。ペイトマンによる「個人は参加すれば参加するほど，より有能に参加するようになる[5]」という一節は，参加の教育的機能を端的に示している。社会参加に必要な技能は，社会参加を通して学ぶことができるという考え方である。社会参加型学習における学習論は参加民主主義論を基盤として成立しているといえる。以上より，学習論だけでなく，社会諸科学を学ぶことが必要となる。

授業開発段階（Plan）

　第二段階では社会参加学習における学習論をもとに授業をデザインする。拙稿「中学校社会科公民的分野における発信型シティズンシップの開発——社会形成力の育成を目指して[6]」にて行った授業開発・実践の過程を例に挙げ，授業化に必要となる手続きを「単元目標，授業モデル，学習過程，内容，資料」の5点について述べていく。

　一つ目は単元目標を設定する。本単元における目標は3点ある。「既存の制度や仕組み，問題解決策を批判的に捉えること」「制度や仕組みの修正

案や代案を社会に向けて発信すること」「社会との対話を通して，修正案・代案の再構築を行うこと」である。そしてこれらの目標を達成することを通して，社会形成力の獲得を目指す[7]。また本授業では，ボランティアに関係するゲストティーチャーを招き，社会に向けた発信の達成を目指す。二つ目は授業モデルを設定する。授業モデルは学習過程をいくつかの段階に分け，単元や授業の流れを表す。拙稿では社会参加学習の授業モデルに修正を加え「問題把握」「問題分析」「意思決定」「発信」「再構築」の5段階とした。三つ目は授業モデルを具体化した学習過程を作成することである。授業の目標に沿い，それぞれの段階で行う学習活動の概要や問いを授業モデルに当てはめる。問いは，問題把握では「なぜ」，問題分析では「どのような」，意思決定では「どうすべきか」，発信では「何を発信するのか」，再構築では「もう一度考えよう」となる。四つ目は単元内容の設定である。本単元では「長良川花火大会後のごみ問題」「清掃ボランティア」の2点を取り上げた。長良川花火大会は，全国でも有名な花火大会の一つである。しかし花火大会終了後，会場周辺には大量のごみが残されている。花火大会終了後のごみ処理は主催者も行うが，そのほとんどを清掃ボランティアに委託している。清掃ボランティアの活動は新聞などで取り上げられ，称賛される。しかし見方を変えると，花火大会の主催者が清掃ボランティアを行う地域住民の善意を利用することで，自らの負担を削減しているともいえる。本授業はこのような社会問題を取り上げた。以上の手続きで作成した授業が表4-2である。五つ目は資料を用意することである。社会参加学習における資料は，ごみの量の推移など統計資料だけでなく，花火大会参加者の声，花火大会主催者の考えといった主観的なものも必要となる。本授業では，花火大会の参加者と主催者にインタビューを行い，資料として扱った。

授業実践段階（Do）

　第三段階は模擬授業や学校現場で実践する段階である。表4-3は実際に展開した授業を指導案化したものである。

　問題把握では，長良川花火大会後のごみ問題を認識し，課題意識をもつ。問題分析では，ボランティア・主催者・来場者がごみ問題に対し，それぞれ

4 授業実践力の育成方略　　191

表 4-2　授業実践段階における学習指導案の概要

学習過程	学習活動
問題把握	1. 長良川花火大会終了後に出たごみの多くをボランティアの人たちが拾っていることに気付く 2. 長良川花火大会における清掃ボランティアの活動時間・人数を提示し，課題意識をもつ 　清掃ボランティアの負担は大きいのに，大勢の人々が参加したのはなぜだろう
問題分析	3. 清掃ボランティアの方々の立場になって，課題について追究する ・積極的な理由，消極的な理由 4. 主催者・来場者の立場に立つと清掃ボランティアの存在はどのようなものか追究する 5. 長良川花火大会終了後のごみ問題の構造を理解する ただ働き 労働力視　→　ボランティア　←　他人任せ 主催者　　　　　　　　　　　来場者
意思決定	6. 清掃以外のボランティアを想起させ，そのボランティアは誰のため行うのか交流し，ゲストティーチャーに発信する
発信	【自分のため】 ・達成感・やりがい ・よい経験 【地域のため】 ・安心、安全なまちづくり ・地域の活性化 【他者のため】 ・誰かの役に立つ ・困っている人を助ける
再構築	7. ボランティアとよりよい社会の関係に気付かせ，他のグループの発表やゲストティーチャーの話をもとに，自分の考えをまとめる

表 4-3　授業実践時，実際に展開した授業の流れ

学習過程	学習活動
問題把握	1. 長良川花火大会後の清掃ボランティアを取り上げる 清掃ボランティアの負担は大きいのに、多くの人が参加したのはなぜだろう
問題分析	2. 課題について追究する 3. 課題について全体交流を行う 4. 来場者は清掃ボランティアの存在をどのように見るか考える 5. 主催者は清掃ボランティアの存在をどのように見るか考える 6. 長良川花火大会終了後のごみ問題の構造を理解する 7. 清掃ボランティア以外のボランティアを想起する 8. ゲストティーチャーの方を紹介する 9. 震災ボランティアを例に挙げボランティアの問題点を考える
意思決定	10. ボランティアは必要かどうか考える 11. ボランティアについて考えることが国のため，地域のため，社会のためにつながっていることを理解する 12. 本時のまとめを行う 　　①清掃ボランティアについて考えたことを書こう 　　②ボランティアとは何か考えたことを書こう

どのような取り組みをしているか，どのような感情を抱いているか分析する。意思決定では，ボランティアは誰のために行うのか考え，ボランティアはどうあるべきか決める。発信では，意思決定した内容をゲストティーチャーに意思表明する。再構築では，ゲストティーチャーや他のグループの発表を聞き，自分の考えを吟味し，自分の考えがどのように変化したかをまとめる。以上のように授業を開発・実践したが，発信・再構築の段階に至らず，十分に展開できなかった。

授業分析段階（Check）

　第四段階は実践した授業の検証である。分析の視点は，「社会参加学習の学習論が授業にどの程度反映できていたか」「社会参加学習の学習論と子どもの学びの関係」の 2 点である。授業を十分に展開できなかった原因は主に 2 点ある。一つ目は，学習課題からボランティア概念を疑うことが難し

4　授業実践力の育成方略　　193

表 4-4　授業修正段階における学習指導案の概要

学習過程	学習活動
第1時 問題把握	1.　長良川花火大会後，ごみ問題について説明する 「長良川花火大会後，大量のごみが残されていることを知っていますか」 「大量のごみにもかかわらず翌日の午前中にはきれいな状態に戻っていますがなぜですか」 2.　今年の花火大会のごみの量を示した後，資料①を提示する 「このグラフから何が読み取れますか」 ┌─────────────────────────────┐ 　　　　なぜ花火大会後のごみの量が減らないのだろう └─────────────────────────────┘
問題分析	3.　現状の花火大会後のごみ問題の対策を分析する 「ごみ問題が発生する原因は何か」 「現在ごみ問題に対してどのような解決策がとられているのか」 「現状の解決策の問題点は何か」 4.　次回具体的な改善策や代案を考えることを伝え，本時のまとめを行う
第2時 問題把握	1.　前時に行った長良川花火大会後のごみ問題の構造を振り返り，課題を設定する ┌─────────────────────────────┐ 　　　花火大会後のごみ問題は誰がどのように解決すべきだろう └─────────────────────────────┘
意思決定 ↓↑ 発信 ↓↑ 再構築	2.　課題についてグループで交流し，意思決定する 3.　各グループの代表者がゲストティーチャーのもとに集まり，現状の解決策を発信する 4.　全体交流を通してゲストティーチャーの方に最終的な解決策を発信する 5.　ゲストティーチャーの方の話を聞く ※発信内容の妥当性や有効性，実現可能性などについて話してもらう 6.　他のグループの考えやゲストティーチャーの方の話を批判的に振り返り，より説得力のある改善策や代案を個人で考える

く，教師が強引にごみ問題の構造を分析する段階を誘導してしまったことである。二つ目は，発信内容・方法が曖昧であり，生徒・ゲストティーチャーが困惑してしまったことである。以上 2 点の原因から，「ボランティア概念を疑う課題設定」「発信内容の明確化」「より多くの生徒に発信機会を与える方法」の 3 点の課題が明らかになった。

授業修正段階（Action）

第五段階は，上記 3 点の課題をふまえた授業の修正である。表 4-4 は修正後の指導案を示したものである。まずボランティア概念を疑う課題を設定するために，使用する一次資料を変更した。その資料とは花火大会後のごみの量が微増しているグラフである。ここから，なぜ毎年花火大会後のごみの量が減らないのか，疑問視させる課題を設定する。第二に発信内容を現状のごみ問題解決策の代案とした。生徒は問題分析を経て，現状の解決策に不備があることに気付く。その代案をグループで意思決定し，ゲストティーチャーへ発信する。授業実践時の発信内容と比較すると，新たな発信内容はより具体的であることがわかる。第三に発信方法修正を授業モデルから行った。授業の終盤に発信を行うと，ゲストティーチャーのコメントが事務的な内容になりやすく，生徒は再構築できない。そのため，授業モデルを問題把握→問題分析→意思決定→発信→再構築の一方向から，意思決定，発信，再構築を単元の中盤から繰り返す新たなモデルに修正した。

④　おわりに

大学教育では，社会科教育学及び社会諸科学の専門家の下で，上記の手順を繰り返しながら授業づくりを行う。時間的制約の大きい学校現場において，どのように RPDCA サイクルを行うかが今後の課題となる。

注

1) 池野範男「教師の授業力向上」『社会科教育実践ハンドブック』社会認識教育学会編，明治図書，2011 年，p.233。
2) 同上書，p.234。
3) 岐阜大学教育学部社会科講座（平成 24 年度入学者を対象とする）における教員養成カリキュラムの一部を一例として取り上げた。

4 授業実践力の育成方略　195

4)　唐木は「プロジェクト型の学習を組織すること（問題把握→問題分析→意思決定→提案・参加）」「振り返りを重視すること」「学問的な知識・技能の習得，活用する場面を設定すること」「地域住民と協働すること」の四点を必要条件としている（唐木清志『子どもの社会参加と社会科教育』東洋館出版社，2008年，pp.62-71）。

5)　キャロル・ペイトマン（寄本勝美訳）『参加と民主主義理論』早稲田大学出版会，1977年，p.77。

6)　本授業実践は岐阜県内の中学校にて，第3学年を対象とし，平成27年11月30日に実践したものである（拙稿「中学校社会科公民的分野における発信型シティズンシップの開発──社会形成力の育成を目指して」岐阜大学教育学部卒業論文，2016年）。

7)　唐木は社会形成力の育成を目指す社会科授業を，社会参加を志向するものだと位置付けている（唐木清志・西村公孝・藤原孝章『社会参画と社会科教育の創造』学文社，2010年，pp.22-23頁）。

（加藤雅也）

(2)　学校現場における授業実践力の育成（普通校）

①　『授業実践力』とは

　21世紀は新しい知識・情報・技術・政治・経済・科学等の社会のあらゆる領域での活動を基盤として，飛躍的に重要性を増す「知識基盤型社会」と言われる。さらにこれからは，「グローバル化」や「情報化」社会が加速度的に変化する中で，将来の予測がますます困難で複雑になる社会と考えられる。未来社会に生きる子ども達に求められるのは，知識中心の学力ではなく，論理的に考え，他者に分かりやすく表現する力などの汎用的能力である。主体的に判断し，他者との対話や議論を通じて協働し，自ら問題を発見・解決し，新たなものを創り出していけるような力が必要である。

　そこで，私たち教師は，そのような力をもてる子どもたちを育成するために，「授業実践力」を養わなければいけない。教師の社会科における「授業実践力」とは，以下の通りと考える。

(1) 「つけたい力」と「育成すべき資質・能力の三つの柱」から考えた，適切な単元構成を行う力
(2) その単元構成に基づいた，教材研究（教材開発）を行う力
(3) 適切な教材研究に裏打ちされた，児童の実態に合わせた資料の作成とそれを用いた授業を行う力

　つけたい力とは，平成 27 年 8 月に新しい学習指導要領が目指す姿，各学校段階・各教科等における改訂の具体的な方向性等を示した「教育課程企画特別部会　論点整理」にあげられる学力の三要素（個別の知識や技能，思考力・判断力・表現力，学びに向かう力，人間性）である。教師は，これらの力を育成するために，「授業実践力」が必要となってくる。

　しかし，普通校で「授業実践力」を養う場合，課題も多い。普通校では，教科部ごとの研究会が位置付いていないため，各自の授業についてじっくり話し合う時間を確保するのが難しい。また，教師自身が，児童にどのような力をつけたいのか，そのためにどのような手立てを講じるのか，明確にとらえられていないことも課題である。

　大切なことは，限られた環境と時間の中で，社会科授業を自己の授業実践力向上のための時間としてとらえているか，ということである。

②　その「授業実践力」を育成するために必要な手続きとは

　児童に「育成すべき資質・能力を整理する力」を身に付けるため，教師はPDCA サイクルを重視して授業実践を行うことが必要である。

Plan（指導計画の作成）

　1. 目指すべき手本となる授業を参観する

　教師は，目指す理想の児童像を思い描き，社会科の目標や学校の教育目標を具現化しなければいけない。理想の授業像をイメージするために，自ら考え，判断し，行動したり表現したりできる授業を研究している学校の授業を参観することがあげられる。事前に指導案や資料なども検討された上での公開授業となるため，学ぶ点がとても多い。

4 授業実践力の育成方略　197

5 単元構想図

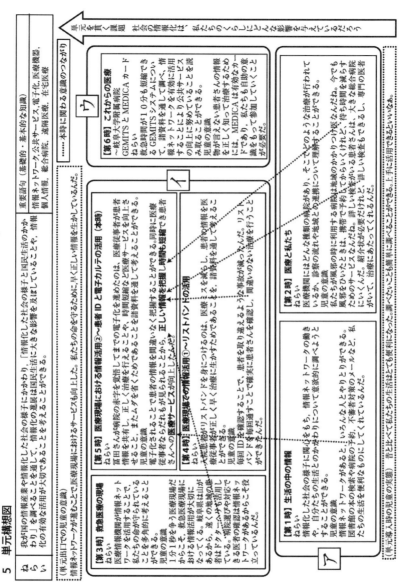

図 4-2　単元構想図（5 年情報化）

ア　児童は「何を知っているのか」「何ができるか」実態を把握する。
　　（個別の知識や技能）
イ　できることをどのように使うか。（思考力・判断力・表現力）
ウ　どのように社会と関わるか。（学びに向かう力，人間性）

2. 単元指導計画の作成

目指す児童のイメージが明確になったところで，つけたい力に応じた単元指導計画を作成する。

単元を構成するときには，つけたい力に応じた単元指導計画を考える。教師は，学力の三要素を起点としながら，学習する児童の視点に立ち，知識の習得だけでなく，それを活用し思考を深める場，どのように社会と関わっていくのか，社会参画の場を設けるなど，単位時間の役割を考えることも大切である。また，教科書を参考に，地域の実態に応じた教材研究を行うのも大切である。

3. 教材研究

社会科は地域教材も取り扱うため，教科書を参考に教材研究を行う必要がある。これらも教師の大切な「授業実践力」である。

教師は，教材研究のためのフィールドワークにおいて，この単元では子どもにどんな力をつけさせたいか，視点をもって取材を行い，単元指導計画を立てることが大切である。前述した 5 年生の情報化の授業では，地域の医療機関や，救急施設，病院のパンフレットや広報誌など，幅広く取材を行った。教科書を参考にしながら，地域の実態に合わせ，地域社会で働く人の願いに触れることができる教材を開発するのが，「授業実践力」である。

4. 授業作り

単元指導計画を基に，一時間の授業計画を立てるときは，ねらいと課題とまとめ，評価が一体化しているか，確認しながら授業計画を作成することが大切である。児童の意欲を引き出すような導入の資料の工夫，課題に対する児童の予想をもとにした追究資料や，深めの発問，終末の資料など，授業の流れにそって資料を考えることが大切である。毎時間の略案や板書計画を立てると，一時間の授業で押さえるべき指導の要点が明確になる。

5. 本時のねらい

冨田さんが病院の赤字を覚悟してまでの電子化を進めたのは，医療従事者が患者情報を共有し，正しく治療を行えることや，時間短縮など医療サービスを向上させること，またムダを省くためであることを諸資料を通して考えることができる。

6. 本時の展開（5／6時間）

過程	主な学習活動	指導・援助（▽） 人権同和の観点（☆）
つ か む ／	1. カルテの電子化にかかる経費を見て気付いたことを話し合う。 ・赤字になってしまうのに，どうして冨田さんは電子化を進めたのだろう。知りたいなぁ。 2. 学習課題を設定する。 電子カルテを導入すると赤字になるかもしれないのに，どうして岐阜市民病院の冨田さんは電子化を進めたのだろう。	＜導入資料＞ 【資料①】電子カルテ導入までの情報化の年表 【資料②】電子カルテ導入の経費・維持管理費 ▽電子カルテ導入には多額の費用がかかるにもかかわらず，導入を決意した事実から疑問をつぶやかせ，学習課題の意識を高める。
深 め る ／ ま と め ／	3. 予想を立て，追究の視点を明らかにする。 ・すぐに用意できる ・カルテは保管庫に保存する。1日に段ボール2箱分ものカルテがつくられるから保存が大変。電子カルテだとサーバーだけでよくなる。【資料③】 ・とっておくのが大変 ・診察時に検査結果を他から取り寄せなくてもよくなる。 ・検査画像を持ち歩かなくてもいい。 ・電子カルテのほうが，早くカルテを探すことができる。【資料④】 ・見る人が分かりやすい ・同時に違う場所で同じカルテをみて，患者の状況を把握し正しい治療を行うことができる。 ・電子カルテは誰が見ても見やすく，患者に説明するときにも，わかりやすい。【資料⑤⑥】 ムダをなくし，電子化によって，作業が便利になった。医師や看護師の労働負担が減ることにより，よりよい医療につながっているんだ。 毎回同時にいろいろな場所で電子カルテを使うわけではない。それでも電子化は必要だったのか。	＜追究資料＞ 【資料③】一日につくられる紙カルテの量と保管庫の広さ 【資料④】紙カルテと電子カルテの取り出し時間 【資料⑤】電子カルテを同時に複数の医師が扱った事例 【資料⑥】紙カルテと電子カルテの比較 ▽仲間の考えや既習事項を「つなげて」「比べて」考えている様子を価値付ける。 ▽視点がつながるところはないか，どちらの視点がより課題に近いのか，誰にとってよかったのか問い返すことで，発言の曖昧な点を深める。 ☆さまざまな視点から考えていくことの大切さに気付くことができる。（認識力） ＜検証資料＞ 【資料⑦】冨田さんの話

> どの患者にも正しい医療を早く行わなければいけない。病気が重い患者さんにとって，電子カルテは素早く治療を行うことにもつながる。だから費用がかかっても導入したんだ。

4. 岐阜市民病院の院長冨田さんの話を聞き，本時のまとめをする。

> 紙カルテでもよいのではないか，という話もありましたが，情報システムが整備されたおかげで，情報を病院内で共有できるようになりました。一人の患者に対し，チームを組んで治療している市民病院にとって，正確に早くだれもが治療できることは，よりよい医療の提供につながります。今後はこの電子カルテを地域のかかりつけ医と連携したり，震災でも利用できるシステムにしたりしていくことが課題です。

【評価規準】
病院が赤字を覚悟してまで電子化を進めたのは，医療従事者が患者情報を共有し，正しく治療を行えることや，時間短縮などサービスの向上があったこと，ムダを省くためであったことを諸資料を通して，表現している。
（思考・判断・表現）

図 4-3　指導案

Do（授業の実施）

　教師は，単元指導計画に基づき授業を実践する際，児童の反応や資料読み取りの様子などを机列表に記入し，意図的指名を行う。ネームプレートを活用することや，ビデオ等で授業記録をとることも，「授業実践力」を高めるために，効果的である。

　児童が自己の考えを追究していく場面では，資料の読み取りが大切である。児童の発達の段階に合わせて考慮し，社会科を学ぶ際の思考・判断・表現の仕方，及び地図や統計などの資料を活用など，系統的な指導を行うことが大切である。

Check（点検・評価）

　1. 板書の写真を活用して

　社会科の「授業実践力」をつけるためには，授業後の振り返りが大切である。授業後に板書を写真で残すことで，一時間の授業の流れを振り返ることができる。例えば，教科書で記されている「ことば」をキーワード化して板書に位置づけているか，机列表に記入した児童を意図的に取り上げ，考えを広め深めることができたか，など振り返ることができる。また，授業前に行った板書計画と比較してみると，教材に対する教師のとらえと，児童のとら

図 4-4　実際の板書

えの差も発見することができる。これらの分析作業は，次の授業に生かすことができる「授業実践力」となる。

　また，授業記録を振り返ることは，児童がどのような読み取りの傾向をしているか分析でき，教師の「授業実践力」を育成するのに有効である。具体的な事実から読み取りができていない児童には，どのような指導・援助を行うのがよいか，手だてを考えることができるからである。

　2．意見交流会

　実際の板書を写真で残すことの利点は，自己の振り返りに生かせることや，校内で意見交流会を行うときに，指導方法について話がしやすいことである。

　前述した医療と情報の授業後の研究会では，授業記録や実際の板書写真をもとに，「予算に関わることは，課題化でとらえにくい」「既習の学習を生かして本時の考えづくりができていた」など，先生方から様々な意見を聞くことができた。意見交流会を行うことで，本時の授業は児童につけさせたい力と結びついたのか，主体的な学びとなっていたのか，児童の思考の流れが位置づいた板書となっていたのかなど，自己分析もでき，次の授業へ生かすことができた。

　Action（改善・再指導）

　以上の点を踏まえ，再度，次の授業に生かしていくことが大切である。PDCAサイクルは一度で終わりでなく，社会科の授業について吟味を行い，再度検証することで螺旋的なPDCAサイクルを生み出すことができる。こ

れらを繰り返し行うことが「授業実践力」を向上させていくことにつながる。

③　授業実践力育成のための手続きの必要性

　これら授業実践力を育成するためには，学校現場において児童の実態把握をした上で，実態に応じた手だてが必要となる。はじめに理想とする授業を参観し，児童像を思い描く必然性について述べたが，児童の実態や地域性，職場の環境にも違いがあるため，そのまま同じように単元指導計画を実施することは難しい。自校の児童の実態と照らし合わせ，どの部分なら児童に生かすことができそうか，吟味することが大切である。

　また，「教師は学校で育つ」ものであり，教師の資質能力を向上させるためには，経験年数や職能，専門教科ごとに行われる校外研修の体系的な実施とともに，学校内において同僚の教員とともに支え合いながら，日常的に学び合う校内研修や，個々の教師が自ら課題を持って自律的，主体的に学ぼうとする姿勢が必要である。自分が実践する授業を，多くの人に参観してもらい，意見をいただくことや，日々の授業実践について同僚と語り合うことが大切である。普通校の教員の場合は，自らが教師の専門性を磨き続ける「限りない自己変革意識」をもつことが授業実践力の向上となる。

参考文献
・教育課程課，初等教育資料4月号，東洋館出版社，2016年，pp.1-3。
・田村学，授業を磨く，東洋館出版社，2015年，pp.1-153。

（大羽幸恵）

　学校現場における授業実践力の育成

①　授業実践力を高める3つの機会

　授業実践力を高めるには，多様な授業展開の構想と，即断的・熟考的な指導の省察が必要である。その基盤である教師の教育観形成には，3つの営みがある。1つ目は，授業の計画・分析といった静的な授業改善の営みである。2つ目は，授業中に子どもの発言や反応を受けて，適切な指導を瞬時に判断

する動的な授業改善である。これらが教師自身の自律的な営みであるのに対し，3つ目は，同僚や他校の教員，指導経験が豊富な教育的指導者（先輩教師・OB）による他律的な授業改善である。これらの営みについて，本節では，岐阜県が指定する研修指定校（「研修校」）のうち，岐阜大学教育学部生を受け入れる「実習校」の1つであるN小学校の取り組みを例に述べたい。

② 実習校の授業実践力育成——N小学校の場合

N小学校の研究実践の取り組み

表4-5は，N小学校の研究実践に関する年間スケジュールの概要である。2ヶ月に一度程度，同じ専門教科で構成する教科部研究会（部研）で行う授業公開などの際は，参観した教員一人一人のもとに行き，授業後に指導を

表4-5　N小学校の主な研究実践スケジュール

月	4	5	6	7	8	9	10	11	12	1	2	3
主な取り組み	研究計画の作成／転入者公開授業	全校研究会／教科部研究会	全校研究会	先輩との会／教科部研究会／全校研究会	全職員会／全職員に説明	研究職員会／全校研究会／授業リハーサル	研究発表会／教科部研究会	全校研究会／実習校間交流会／教育実習生指導	教科部研究会／全校研究会	全校研究会	実践交流会／教科部研究会／研究職員会	研究のまとめ作成

※その他に，各地からの視察に対する授業公開など

受ける。さらにN小学校で勤めたOBの教職員を指導者として招く。その実践研究の検証と研究の主張の場として全校研究会がある。

そして，実践研究の発表の場となるのが，10月の研究発表会である。実習校は，3年に一度を本発表会のタームとして授業公開・研究会を行う。

同僚性の高まりによる実践力の育成

教科部研究会等が近付くと，教室や廊下，職員室の片隅などで，授業者が

他の教科部や先輩教員と学習課題や諸資料の在り方について話し合う場面が多く見られる。このような同僚間の研鑽は，月に一度程度計画されている全校研究会でも同様である。全校研究会前に行われる事前研究会も含め，周囲の職員と授業者の教員との間で激しく意見のやりとりが行われる（表 4-6）。

表 4-6　研究会で出される主な意見の例

・子どもたちの実態の捉え方は，客観的なデータに基づいているのか。
・研究方法として，学習過程を工夫する前に，指導内容は子どもにあっているか。
・授業のねらいを達成するために，発問は「□□□□」の方がいいのではないか。
・準備している資料が，どの子にも追究できるように作られていない。

　他の教科部からの意見は，厳しさを伴うが，社会科の学び方に固執しない柔軟性や，新たな視点で教材を捉え直す機会等の獲得につながる。何よりも，自分の研究や授業構想を知らない教員の理解や賛同を得ようと努めることは，議論を通して授業に対する認識や社会科としての指導観などについて，授業者自身の本質的な理解や適切な判断力形成を促すことになる。教員は，同僚の批判をよく聞き入れ，自身の指導法を改善しようとする傾向が高い[1]。そのため，このような批判的な同僚の存在は，互いの見方・考え方を磨き合い，授業実践力を高め合うことにつながる。

OBからの指導による実践力の育成

　図 4-5 は，筆者のある実践が，OB である先輩教師からの指導を受けて変容した学習課題の比較である。

　実習校には，よりよい実践を求めて研究に勤しんだ先輩教師から，多くの実践や研究の進め方を学ぶ機会がある。数々の実践に裏打ちされ，教科教育の本質的理解や子ども理解の在り方にまで言及される指導は，自身の教育観を大局的に磨くことにつながる。また，現役教師と同じように実践研究を進めてきた分，その悩みや困り感を理解し，解決の筋道を方向付けるメンターとしての役割にもつながっている。

4　授業実践力の育成方略　205

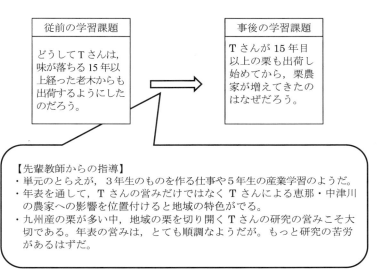

図 4-5　先輩教師の指導による学習課題の変化

実習校同士の実践力の錬磨

　岐阜県内の実習校は，小・中学校 11 校で岐阜市に集中しているため，互いの授業を参観し合う機会も多い。主に 6 月と 10・11 月に研究発表会（または中間発表会）では，当日の授業公開，授業研究会だけではなく，その数週間後に実習校だけで集まり，授業者を囲んで授業研究交流会を設けている。自校の研究実践を同僚間で進めるヨコの関係，また先輩教師を通しての伝統的な実践方途を進めるタテの関係と捉えるならば，この実習校間の教師はナナメの関係でつながっている。同僚は授業者の特性や状況を踏まえつつ，教科を問わない意見を期待することができるが，一方で社会科としての指導課題を共有することに難しさや，同僚であるが故の遠慮がある。先輩教師からは，社会科の特性を踏まえた指導や研究の進め方の示唆が受けられるが，現代的な社会科の課題や多様な授業構想や研究のアプローチに閉塞的になりがちである。そのような点からも，他校の教師との研鑽は，多角的・開発的な実践への気付きを促し，教育実践を充実させる機会となる。各自の所属校の研究の進め方や各自の授業観などから，批判的に授業の在り方を考察するこ

とは，授業づくりや研究方途の新たな視点や課題への気付きとなる。また，他校との相対的な位置付けも明確になる。これは，Ｎ小学校の範疇だけでは形成されにくい開明的な授業観，創造的・挑戦的な授業づくりを促す。

　教師の授業実践力の育成には，授業研究を中心に据えた授業公開が必要であり，そこで他者からの批判を受け，自己の授業づくりの課題とその改善点を明確にして，再び批判を受ける。そうした授業改善の営みの機会を，自らまた学校体制として推進していかなければならない[2]。

③　動的な授業改善
動的な授業改善の必要性

　静的な授業改善によって構想された授業展開案は，子どもの学習状況に応じる指導によって効果を上げる。子どもの実態に合わせて，計画していた指導内容と方法を指導するためには，瞬間的な観察・洞察・判断・決断などが求められる。子どもの社会認識を見極め，それに応じた手立てを講じることこそ，入念に練り上げた授業構想が子どもに還元される。

表 4-7　社会的な見方／考え方を高める主な指導

■理由・根拠を明確に促す（確かめる）
・それはどこから分かったのかな。
・どうしてそのように言えるのかな。
■考えを確かにする（ゆさぶる）
・本当にそう言っていいのかな。
・〜すると……になってしまうのではないかな。
■社会的な見方・考え方を広げる（広げる）
・あれ，前の勉強では〜だったけどどうしてかな。
・他の地域でも同じことは言えるのかな。
■意味・価値を考える（深める）
・○○さんの行動は，地域にどんな影響があるの。
・〜と比べてどんなよさがあるの。
■考えを具体化する（問い返す）
・何がどう工夫されているのかな。
・今の発言から本当に努力したと言えるかな。

子どもの社会認識を見極める

　子どもは，その子なりの社会認識をもって事象を見る。教師は，子どもの発言やノート等の記述の中に，どのような社会認識に基づいてその事実を捉えているのかを見いだす必要がある。子どもたちが何に目をつけ，どのように捉えたかを顕在化することによって，事象を捉える新たな視点が加わるからである。子どもの発言の聴き分けやノートの記述の読み分けによって，個々の社会認識の見極め，その違いをかかわらせることで新たな社会的な見方・考え方に気付かせることになる。このような指導は，授業記録の作成や授業を撮影した VTR を見返すこと，他の教師に意見をもらう等の教師自身による自己課題の明確化とともに，子どもの社会認識を見取る視点を事前に整理することが可能にする。授業の中で，構想した学習内容と子どもとの距離感を図り，個々の学習状況を見極めることこそ動的な授業改善の第一歩である。

子どもの社会的な見方・考え方を伸ばす

　次に，子どもの社会的な見方・考え方を育成するためには，適切な指導方法を構想・準備するとともに，その時々に応じた子どもを伸ばす・鍛える指導が必要である。主な発問例は表 4-7 のとおりである。これらの補助発問は，子どもを揺さぶり，授業計画を大きく左右する勇気のいる指導である。しかし，この「あえて問う」指導の継続こそが，子どもの読み取り方や発言内容をより鋭角的にし，自ら考え，自ら学ぶ力を磨き，鍛えることになる。それは，個々の社会認識を捉えた教師が，さらに高次な見方・考え方を促そうとする質的に高い発問であるからに他ならない。他の教師の授業参観や研究授業等に向けた授業細案作成によって，こうした動的な授業改善の選択肢を増やすことができる。できる限り多様な子どもの姿や発言内容を思い浮かべることで，教師の指導がより具体化し，瞬時の指導に生かせる。

　動的な授業改善には，現在の子どもの様相を的確に洞察するために，授業の中で立ち止まる感覚を磨くとともに，実態を高めるための柔軟な指導が求められる。そのために，学校体制で子ども一人一人の学習状況を話題にし，その見取り方や指導に対する批判的な指摘をし合う。また，様々な提案実践

を参観し，互いの授業観や指導技術について議論する機会を設ける。そうした子どもと教師の授業への向き合い方を顕在化させる必要がある。そして，積極的に授業を公開し，他者からの客観的な意見を求める失敗を恐れない挑戦的な試みこそ，あらゆる授業実践力の育成につながるという教育信念を確かめ合いたい。

注

1) 南本長穂「教師の子どもへの対処と同僚関係に関する調査研究―子ども理解とその実践的指導力を中心に―」教職教育研究教職教育研究センター紀要 10，2005 年，pp.3-14。
2) 全国社会科教育学会『社会科教育実践ハンドブック』明治図書，2011 年。

参考文献

・全国社会科教育学会『新　社会科授業づくりハンドブック』明治図書，2015 年。
・安野功『社会科授業力向上　5 つの戦略』東洋館出版社，2006 年。

(小島伊織)

(4)　教育委員会における授業実践力の育成

①　学力の向上と授業実践力の育成

子どもたち一人一人に確かな学力を育むことは，学校，教師に課せられた重要な使命である。基礎的・基本的な知識や技能の習得はもちろんのこと，学ぶ意欲や思考力・判断力・表現力などを含めた幅広い学力を育てることが学校，教師には求められており，教育委員会は，様々な方法で確かな学力が育まれるよう，指導・助言する責任を負っている。

2007 年から始まった全国学力・学習状況調査は，教育関係者のみならず社会全体に学力に対する意識，関心を高めながら今日に至っている。調査が実施される以前においても，教育委員会はその責任において，学力向上に係る様々な事業を展開してきたが，調査が始まってからは，事業への本気度，例えば事業の本数や予算の額が増えるなど，学校への指導・助言の厚みが増している。現在，全国すべての都道府県教育委員会が，学力向上に係る具体

的な政策を打ち出しており，なかには，「〇〇県学力向上県民運動」と名付け，教育委員会だけでなく関係する団体等とともに，県民総がかりで子どもたちの学力の向上を図ろうとしている県もある。また，学力への注目度が増すなかで，教育委員会は事業の効果的な実施とともに，結果としての成果を具体的に求められるようにもなってきている。

　ご承知の通り，全国学力・学習状況調査の対象教科は，国語と算数・数学の2教科で，これに3年に1回理科が加わる形で実施されており，社会科は対象教科にはなっていない。しかしながら，学力向上への教育委員会の取り組みは，当然社会科にも及んでおり，教師の授業実践力の育成の在り方を論じる場合においても，子どもたち一人一人に確かな学力を育むという観点を抜きにして論じることはできない。

②　現行社会科授業の良さと問題点

　近年の小学校社会科授業を参観して感じることは，子どもたちがよく授業に参加していることである。例えば挙手の数は，昭和の時代の社会科授業に比べてはるかに多くなっているように思う。挙手が多くなった背景には，子どもたちに興味・関心を抱かせるような教材を準備し，時間数が限られるなかでも体験的な活動を位置付けたり，写真や映像をはじめとする様々な資料を準備したりしている教師の努力がある。また，意図しないような発言や間違った発言にも，認め励ましていく教師の温かな指導姿勢も定着してきている。そうした結果として，子どもたちが安心して，授業に積極的に参加しているように思う。

　一方，それでは子どもたちが社会的な事象に興味や関心をもつとともに，その学年段階で身に付けるべき基礎的知識や資料活用力，また，思考力，判断力，表現力といった学力を十分身に付けているかというと，いささか疑問が生じる。というのは，近年の社会科の授業には，次のよう授業も散見されるからである。

①	授業の目標や内容が，取り上げた地域（産業）で働く人への賞賛や感謝にとどまるような授業，ともすると道徳と見間違うような社会科授業
②	体験活動を重視するあまり，知識と体験との連関が十分図られないような授業，総合的な学習と区別ができないような社会科授業
③	子どもたちが多くの情報を提供されることにより，資料をていねいに読みとったり，自ら必要な資料を収集したりするような資料活用の力がつきにくいような社会科授業

　こうした授業が見られるのは，例えば，暗記科目としての社会科から，人間の生き方に着目し，思考力や判断力，表現力の育成を重視する社会科へ転換を図っていること，体験活動を積極的に導入しようとしていること，情報機器の活用により資料収集や資料作成が容易になっていることなど近年の社会科を取り巻く動きがあると思われる。これらのそれぞれ大いに歓迎すべき社会科の潮流であるが，実際の授業において，それらが十分生かされて構成されているとは限らないように思われる。

　教育委員会における教師の授業実践力の育成についての指導・助言は，社会科の原点に立ち返って，社会科らしい社会科を実践し，生涯にわたって社会的事象に関心をもち，自ら追究していくような社会科の好きな児童生徒を育てるための基となるような授業を実践して欲しいという観点に立ったものになる。小学校の教師の中には社会科という教科は分かりにくいとか，準備に時間がかかるといった様々な不安をもっている教師も多いことから，教育委員会は，特に社会科指導を専門としたり，得意としたりしている教師にはリーダーシップを発揮して，社会科らしい授業を展開して範を示してもらいたいと願っている。

③　社会科らしい社会科授業を実践したい

　例を挙げて述べることにする。

　社会科の授業は，小学校 3 学年「学校のまわりのようす」の単元から始まる。この単元は，学校のまわりの様子を観察したり調査したりして，地図

記号などを用いて地図にまとめ，地域は場所によって違いがあることを分からせる単元で，学校のまわりにある地形，土地利用の様子，主な公共施設などの働き，交通の様子，古くから残る建造物などを教材とし，地域の地理的環境を理解することをねらうものである。ふつう 20 時間程度を充てるが，教師はこの単元をどのように授業を進めていくべきであろうか。

この単元の授業を展開するに当たり，教師が念頭に置いておきたいことは，地域は場所によって違いがあるという分布という概念である。学校の屋上から眺めても，校外に出て観察や調査をしても，教師は分布という概念を念頭に置いて子どもたちの指導に当たりたい。この概念が，やがて市や県，そして全国に広がり，やがて中学校の地理的分野の学習，高校の地理の学習，地理学にもつながっていくのである。体験ありきという単元構成に陥り，「学校のまわりのようす」の単元がこうした学習への原点になっているという指導観がないと，子どもたちの地域を見る目を育てていくことは難しい。

また，3 学年の授業には「農家の仕事」という単元がある。取り上げる教材が学校の近くの農家であれば，見学に行って実際に見たり聞いたりする活動も展開したいところで，近年では見学活動もよく取り入れられていて好ましい。見学後の授業では，「なぜ〇〇さんは，□□づくりを何十年もの間続けているのだろう」といったような学習課題を設定し，追究することが多い。子どもたちの学習活動は見学に行っていることもあって活発なものとなり，農業を営む〇〇さんの生き方を共感的にとらえ，生産に係る様々な努力や工夫を称賛しながら展開されることが多いようである。このことは否定されるべきことではないが，「なぜそこに」という，自然条件，分布の概念が欠如していることがしばしばみられる。また，授業は，なぜ農家の方が努力や工夫をしながら生産にあたっているのか，その生産物がどのような社会のしくみのなかで農業を成り立たせているのかといった経済や，社会生活のしくみといった観点を踏まえていないことが多い。これは指導する教師がそうした観点を十分もっていないためと思われる。

社会科で取り上げる教材には，小学校 3 学年においても地理的要素（例えばなぜそこに，どのくらいのといった分布の考え方），歴史的要素（例えばどうして変化してきたのかといった因果関係），公民的要素（例えばそこ

にはどんなしくみがあるのかといった社会制度）が内在している。これらを体験的な活動を取り入れながら気付かせ，理解させていくことに社会科学習の醍醐味がある。

社会科は，道徳でもなければ総合的な学習の時間でもない。社会科学である。子どもたちは社会科学を系統的に学習しながら，公民的資質を身に付けていく。小学校の 3 学年社会科の教材には，すでにその原点があることを認識して指導にあたらないと，"根無し草社会科"に陥ってしまう。

教育委員会における授業実践力の育成は，そうした立場に立って授業を創造するように働き掛けている。こうした授業を積み重ねていけば，子どもたちは社会科を面白いと感じて意欲的に学び，社会科で育むべき学力を身に付けていくものと考えている。

④　資料は子どもたちにも準備させたい

情報化社会の昨今，社会科においても教材に関する様々な資料の収集が容易になるとともに，資料の作成においても写真や映像，図表などがカラフルで見やすい資料として子どもたちに提供できるようになってきている。子どもたちが社会的事象を追究するには様々な資料が必要であり，指導する教師にとってもこの傾向は好ましいことである。一方，子どもたちが自ら資料を準備し，授業に臨むという姿勢はそれほど定着していないように思う。

授業実践力の育成とは，社会科における資料活用の観点からみれば，教師がどんな資料をどのように効果的に提供できるかだけにとどまらない。子どもたちが主体的に学ぶ社会科学習を目標とするならば，資料は子どもたちが自ら準備するということも必要である。

教師は，子どもたち自らが資料を収集するような社会科学習を創造したい。授業は教師も資料を準備するが，子どもたちも資料を準備して臨むような授業を創造するには，教師の社会科学習に対する指導観をはじめ，単元構成や教材の設定，授業展開の在り方など様々な改善が必要となろう。授業実践力の育成とは，社会科授業における資料の在り方においてもこのように捉えることができる。

教育委員会は，こうした授業研究，授業改善の積み重ねを日々続けること

が授業実践力の育成につながるものと捉えている。

⑤　授業と授業をつなぐことも考えたい

　授業実践力の育成は，本時の 45 分（50 分）の授業展開の在りように限らない。先述の資料収集の例でも述べたように，授業と授業の間，子どもたちにどんな学習を意欲的にさせられるかといったことも含まれる。

　教師は単元指導計画を作成する。このことは子どもたちにとっての単元学習計画の作成にもつながる。子どもたちに単元学習計画を立てさせたい。授業参観の折，教室の予定黒板を見ると，多くは単元名であったり，教材名であったりする。教師がどんなわくわくする授業を考えているかを予定黒板で子どもたちに知らせるようにしたい。子どもたちの学習意欲を喚起させたい。そのためには，例えば学習課題的な文言であっても良いように思う。

　また，授業の終末は「本時のまとめ」であることが多いように思うが，次時に向けてどんな勉強をしてくるかを発表させたり，交流させたりしても良いように思う。授業と授業をつなぐことを考えたい。

　これまで述べてきたように，教育委員会が考える教師の授業実践力とは毎時の授業展開にとどまらない。授業を通して，社会的事象を自ら追究する子どもたちにするために教師はどのように授業改善を試みているのか。その営みを教師の授業実践力と捉えている。

（小林直樹）

(5)　スタートアッププロジェクトにおける授業実践力の育成

　我が国の教員の年齢構成上，ベテラン教員の退職よって授業スキルの伝承は，待ったなしの課題である。社会科を自身の研究教科としたい新規採用者が，授業実践を行っていくうえで，カリキュラムデザインの構成について先輩教員のアドバイスや模倣から影響を受けることは限りなく多い。当然，一単位時間の授業構成や子どもへの対応についても，授業の場でしか学べないことは多く，他者からの指導は早速時事へ活かせるものばかりである。

○これまで教員として不易とされてきた資質能力に加え，自律的に学ぶ姿勢を持ち，時代の変化や自らのキャリアステージに応じて求められる資質能力を生涯にわたって高めていくことのできる力や，情報を適切に収集し，選択し，活用する能力や知識を有機的に結びつけ構造化する力。
○アクティブ・ラーニングの視点からの授業改善，道徳教育の充実，小学校における外国語教育の早期化・教科化，ＩＣＴの活用，発達障害を含む特別な支援を必要とする児童生徒等への対応などの新たな課題に対応できる力量。
○「チーム学校」の考えの下，多様な専門性を持つ人材と効果的に連携・分担し，組織的・協働的に諸課題の解決に取り組む力。

　平成 27 年中央教育審議会では，これからの学校教育を担う教員の資質について，答申の中で上記のようにまとめられた。今後の教師養成の重要さは国でも課題が感じられている。
　それとは別に，各県の教育委員会も独自の教員養成について特色のある取り組みを行っている。本稿では，岐阜県で実施されているスタートアッププラン及びプラン対象者の実践と一年間の成長の振り返りについて考察を行っていく。

①　スタートアッププランとは

　日本の公立校では，新規採用の小学校教員の 95.5％が学級担任を受け持ち，同時に初任者研修を受けてきた。岐阜県教育委員会は，平成 26 年度から大学を卒業したばかりの新任小学校教員の一部に対し，担任ではなく副担任として学級に配属させ，1 年間で教科や学級経営の指導の専門的な技術や知識の習得を目指した独自の教員養成のプランを開始した。これがスタートアッププランである。2 年目に担任を持つという明確な目的意識を持たせ，担任に必要な基礎的な指導力を習得させることをねらいとしている。
　研修は，主に 2 つの形態で行われる。一つ目は，教育センターを中心とした集中型研修である。各地域の対象者が集まり，県指導主事から教科指導及び学級経営等の基礎を学ぶ。二つ目は，スペシャリスト実地研修である。地域の優れた教員の需要や生徒指導，教育相談等の実際について学校を訪問し，学ぶ。スタートアップ研修対象者は，通常の初任者研修に加えて，こうした養成研修の機会が与えられる。

また，所属校においても，4月から9月までは初任者は副担任として教科指導，学級経営，教育相談，地域連携，教師としての使命など配属学級の担任の姿を参観中心に過ごす。10月からは，初任者が本人の専門教科を中心に主の授業者として授業，学級経営に携わるようになる。学校全体でも，一年間は手厚くチーム学校として初任者を育てることになる。

教育委員会と学校で，初任者に対して徐々に教師力を身に付けられるように配慮された実践型の研修といえる。

では，こうしたスタートアップ研修の主事訪問といわれる授業において，どのように初任者は実践を構築していくのか。どのような実践力がついたのか，生活科ではあるが，その実際の取り組みから述べていく。

②　プランの特性を生かした授業実践
第1回目の探検へ

6月に実施した第一回の町たんけんは，初めての単元を主の授業者として，考えた授業実践であった。

校区の南側をクラス全員で歩き，身近な地域の施設やお店，建物を外から眺め，自分たちが歩きなれた所を改めて確認した。探検後には，関心を抱いた場所や自分のお気に入り場所を絵や文章でしょうかいシートにまとめた。普段見慣れているつもりでも，自分たちの町について，もっと知りたいことが子どもたちに芽生え共有された。しかし，秋の探検のことまでは考えが練られていなかったため，子どもたちの探検の気付きや意欲をどのように次の探検に活用すべきか，その時点ではわからずに模索をすることになった。

その後，授業で用いたシートや夏にとったアンケートの結果をもとに，学年の先生方と児童の関心が高い場所を把握し，秋の研究授業へ向け本単元の構成を練り直した。

第2回目の探検へ

本単元「もっとなかよしまちたんけん」は，第一回目の町たんけんから，子どもたち一人一人がこだわった丹生川の町や人について，もっと詳しくなりたいという願いから出発した。高山市は郷土教育の推進に力を入れており，第3学年からの社会科で学ぶ身近な郷土の自然や産業などにふれる基礎作

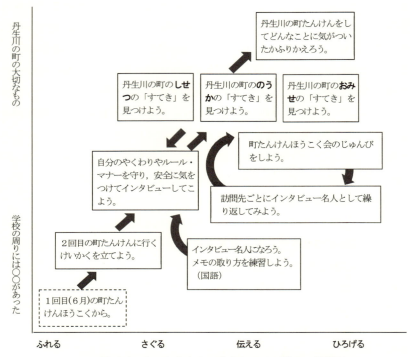

図 4-6　もっとなかよしまちたんけん単元の構想図

りとして，低学年なりに地域の見方に気付くことにつながるスタートになればと考え，本実践のイメージを描いた（図4-6）。

この単元図の作成には地域の社会科のスペシャリストの先生の授業参観から得たヒントや，学年の先生方のアドバイスによって，生活科を核にしながらも社会科へどうつなげるとよいのかをしっかり考えることができた。

野菜を生産されている農家や，その野菜を地域で販売している商店に授業の中で実際に訪問し，「おいしいですか」「作るとき大変なことは何ですか」「どうしてカボチャなのですか」「丹生川にトマトが多いのはなぜですか」などインタビューを行い，学校帰りなどにもわからなくなった疑問は尋ねに行く子も現れた。

このように地域の施設や人々といった対象に繰り返し関わらせることで，自分たちの町にしかない良さを体験的に気付くことを通して，「ふるさとを

大切にしたい」「私たちの生活を支えてくれる人に感謝しよう」といった社会認識につなげよう考えた。

本単元で扱った生活科の「〇〇たんけん」のような授業では，児童の気付きはそれぞれである。そのため，町で出会った人々に触れ合う中で気がついたことを交流する時間が必ず必要である。児童どうしのかかわりの中で一人ひとりの表現活動の充実をめざし，協同的な学びあいが行えるよう時間を確保した。それぞれの発表会では，見つけたこと・気づいたことを伝え合わせ，町たんけん報告会後も町のだれが，どのようなことを語っておられたかをまとめて掲示し，子どもたちの発表用の掲示物と対応させ最後のふりかえりまで進めた。

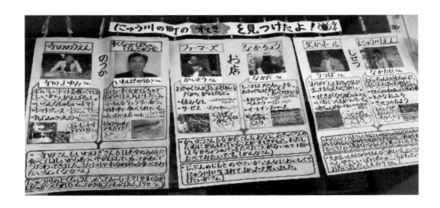

図 4-7　気づきを高める教室環境

スタートアップ研修での学びと授業研究

初任者で地域のことを知らないものにとって，町たんけんは生活科でも社会科でも難しい。毎回の授業を管理職や学級担任，教科主任の職員に参観して頂き，丹生川町や高山市内の教材研究にまで休日一緒になって歩いて頂いた。そして，放課後は授業づくりを一緒に考えていただいた。子どもや地域の実態を知る職員からの単元計画及び授業内容の検討は，聞くこと全てが新しいことだった。担任を持たないスタートアップ対象者だからこそ学校としての支援と育成という両面からの体制があったからこそ実現することができ

た実践であったと感じる。

　こうして学校によって支えられての成功体験は，2年目の自分の実践で工夫したいことがいくつもイメージを持つことができた。

　また，4〜9月（集中型研修）の間に子どもたちとの関係を確かなものにできていることも大きい。教育実習生のような状態だったために，担任をしながらではつかめないようなことも子ども一人一人把握をすることができた。生活科のように多様な気付きを保証しようとした時，担任と子どもの見方を共有し，子どもの実態を把握した上で指導に当たれることは大きかった。

③　授業実践力の育成に主眼を置いてスタートアップ研修を語る

Q. スタートアップだったから具体的に伸びた実践力はありますか。それはどうして伸びたと思いますか?

A. 正直，スタートアップ対象者としての1年目が終わった時は，「実践力が伸びた」という自信よりも「来年，本当に担任が務まるのだろうか。」という不安のほうがありました。しかし，2年目が始まった今，スタートアップだったからこそ，1年目に得た授業や学級経営の技術や知識を積極的に取り入れることができると思っています。

Q. 社会科教師として，この一年の初任者研修で一番有意義なものは何ですか。

A. スタートアップの研修や地域のスペシャリストの授業参観が多く参観でき，授業や子どもに対して得た知識や技術をもとに，校内で地域教材の開発に取り組むことができたことだと思います。社会科教師として，初めて生活する地域のことを自分の足で知ること，子どもの生活する空間を知る，見つめなおす教材研究ができたことは自身の社会認識の広がりに繋がったと感じています。

Q. スタートアップ研修は予算の関係で，全員がうけることができませんが，今後の新採にも実施する方が良いと思いますか。

A. このプランは，所属校の職員だけでなく，地域の学校の協力を必要とする制度だと思います。このプランの良さが発揮されるためには，研修をコーディネートしてくださる指導者をはじめ，学校全体の初任者を中心

にしたマネージメントが前提だと感じました。

Q. ほかの初任者と比べて，スタートアップだから良かった点と不安だった点を挙げてみてください。

A. 良かったと思う点，不安な点，合わせて 3 点です。

1 点目は，先輩方の実践を多く参観でき，実践力は教科指導，学級経営，教室環境など様々な観点で統合された力だと感じました。

2 点目は，授業を何度も見て頂けたことです。自分が授業者の時，担任の先生には指導者として教室で参観していただけます。実践力が付くようにと，明日の授業で使えるアドバイスがすぐに聞けることは貴重でした。自分が授業をしている時の多くは，常に担任の先生が授業を見てくださいました。

不安な点は，周りの初任者と比較してしまったことです。「同期は，もう担任を受け持っているのに……」という不安が常にありました。多くの研修の機会をいただけるのですが，すぐに実践できる機会が限られています。実際に担任として経験しなければわからないことも多いとも感じていました。

Q 他の初任者研修は，そこまで手厚くはないですが，チーム学校など工夫はされ実践研修も積まれています。スタートアップ研修は必要でしょうか。

A. スタートアップで学んで，指導の引き出しを増やすことができたと感じています。1 年目に担任を持っていたら，なかなかできないと思える実践力と，すぐにできないけれど今後授業で試したい力がついていると信じたいです。

1 年目の教員が，業務の内容や厳しさからドロップアウトする問題が近年増えていると聞きます。そんな中で，段階を踏み，よりきめ細やかな研修を受け，実践力への自信をつけることができる初任者育成は，より広く取り入れられるとよいと思っています。

引用・参考文献

- 　中央教育審議会初等中等教育分科会教員養成部会「これからの学校教育を担う教員の資質能力の向上について＜要約版＞」p.1
- 　http://www.mext.go.jp/component/b_menu/shingi/toushin/_icsFiles/afieldfile/2016/03/25/1365896_03.pdf
- 　岐阜県教育委員会教育研修課「平成 27 年 初任者研修の手引 岐阜県の教育を支えるために」2015 年。
- 　例えば東京学芸大学社会科教育学会『学芸社会』第 27 号，2012「東京都小学校教員の授業に関する調査研究——社会科を中心として」特集号。
- 　別惣淳二・渡邊隆信編兵庫教育大学教員養成スタンダード研究開発チーム著『教員養成と研修の高度化』ジアース，2012 年。

（大前和佳子）

5 授業省察力の育成方略

(1) 大学教育における授業省察力の育成

① 教師力とは何か

　本項では，教師力の中でも，特に，授業省察力に焦点を当てて，大学教育と教師教育のあり方について論じる。

　教師力に関する考え方は多様であり，多方面から様々な議論が行われている。そのため，一言で教師力の定義を明確に語ることは難しい。文部科学省は，教員に求められる資質能力について「実践的指導力」という用語を用いて説明している。文部科学省が作成したパンフレットでは，「実践的指導力」とは基本的には次の 5 つの資質能力が含まれたものだと説明されている[1]。

　　①教育者としての使命感
　　②人間の成長・発達についての深い理解
　　③幼児・児童・生徒に対する教育的愛情
　　④教科等に関する専門的知識
　　⑤広く豊かな教養

　さらに，この 5 つの資質能力に加えて，時代の流れに合わせた資質能力を追加したものが「実践的指導力」であると文部科学省は定義している。そのため，文部科学省の定義に従えば，教師力とは「実践的指導力」であると言い換えることも可能である。この「実践的指導力」について文部科学省は，教師の教職生活全体を通して，学び続けることによって身につけられていくものであるとの認識がなされている。

　教師が身に付けるべき資質能力に対する議論がなされている中で，佐藤学

は，教師に求められている教師像について次のように述べている。

　　　1990 年代以降，世界各国の教師教育改革においてほぼ共通して掲げ
　　られてきたのが，「反省的（省察的）教師（reflective teacher）」とい
　　う教師像である[2]。

　したがって，今日の学校教育においては，教師に「実践的指導力」の向上
が求められているとともに，「反省的教師」[3]であることも求められてい
るということである。つまり，教師が自身の「実践的指導力」を向上させる
ためには，「反省的教師」としての態度を持つことも必要なのである。当然
「反省的教師」の中には，「授業を反省できる教師」という姿も含まれる。
そのため，教師の授業省察力向上は，「反省的教師」となるために重要な要
素となる。

②　教師力育成の具体性

　教師という職業には，医師や弁護士と同じように，専門職としての側面が
ある。その専門性は，専門的な知識と理論を基盤とする「省察
（reflection）」と「判断力（judgment）」の能力として成立している。そ
して，この能力は専門的知識と現実との結合，科学的知識と具体的経験の結
合に基づいており，理論と実践の結合によって教育され，学ばれるものであ
る[4]。

　佐藤は，このような専門性の内実となるものとして「実践的知識」と「実
践的見識」を主張する。「実践的知識」とは「実践において機能している知
識（knowledge in practice）」を意味し，個人的，状況的，経験的，多義
的で，折衷的な知識である。またその中には，カンやコツといった暗黙知
（tacit knowledge）も含まれる。このような「実践的知識」を総合して省
察と判断する思慮深さを「実践的見識（practical wisdom）」と呼ぶ。「実
践的知識」が個々の事例に即した知識や認識であるのに対して，「実践的見
識」は，それらを総合して遂行される実践的思考（デザイン，実践，省察に
おける思考）の基礎となっている「見識」である[5]。

このように捉えると，佐藤の述べる「反省的教師」とは，「実践的見識」を持った教師と言い換えることもできる。この力は，文部科学省が捉えているように，教師の教職生活全体を通して身に付けられるものであるという要素が強い。ただし，教員養成段階である大学教育においても身につけておかなければならない部分は少なくない。ほぼすべての学校が新任から授業を担当するという現状を踏まえると，大学教育段階から教師に必要な最低限の資質能力を養っておく必要がある。中でも，授業省察力に関しては，大学教育段階が担わなければならない要素が多いと考えられる。授業省察力をはじめとした教師力の育成を，学校現場にすべて任せるのではなく，大学教育が担うべき役割を明確にし，大学教育段階においてより効率的に教師としての基盤を養う必要がある。

③　大学教育における省察力育成のためのカリキュラム

教師力育成に関しての大学教育における強みは，何よりも専門性と研究力の高さにある。教師の専門性や研究力の向上への取り組みは，学校現場においても可能である。そして，実際にたくさんの実践がなされている。しかし，教職は極めて多忙な職業の一つである。そのため，研修等の資質向上への取り組みに，大学時代のような時間を割くことは困難であろう。また，そのような取り組みを学校現場の中で強化することは，教職の多忙化に拍車をかけてしまうことにもつながりかねない。この問題を解決するためにも，大学教育の担うべき役割を明確にする必要がある。

大学教育が担うべき役割は，簡潔に述べると，教科教育学をはじめとした専門的な知識と，それを活用した実践的な知識や技能の習得にある。特に，専門的な知識の習得には重要な役割がある。なぜなら，大学時代の時間的余裕はもちろんのこと，高度な専門性を有した大学教員が多数在籍するといった環境面でのメリットも強いからである。そして，「実践的見識」の形成には理論と実践の結合が必要であることを踏まえると，大学で学ぶ専門的な知識は「実践的見識」形成のための重要な基盤となる。したがって，教師が「反省的教師」としての力を発揮するためには，大学教育段階での学びは不可欠なものとなる。そのため，教師教育において，大学教育にも焦点を当て，

現場重視の教師教育のあり方を転換して行くことが重要となる。

　大学でのカリキュラムには，例えば社会科教育に関するものでは「社会科教育法」「地理歴史科教育法」「公民科教育法」などがある。学生はこれらの授業を受けることを通して社会科教育に関する理論と方法を学び，社会科教育に関する専門性を高めていく。これらの授業では主に専門的な理論や方法論を学ぶことになる。ただし，この段階では，実践的な専門性を身に付けることはできない。そこで，教職課程には，「教育実習」や「教職実践演習」というカリキュラムが存在する。ここでは，自らの身に付けた専門的な知識や理論を生かして，実際に教壇に立っての授業も行いながら，より実践的な専門性を身に付けていくのである。したがって，「教育実習」や「教職実践演習」というカリキュラムは，大学での学びをより実践的なものとして習得することを可能にする。つまり，自身の専門的な知識を活用することを学ぶのである。

　このような大学での学びの中でも特に，例えば「社会科教育法」のような，いわゆる座学と呼ばれるようなカリキュラムに焦点が当てられるべきだと考える。すなわち，授業省察のための理論や方法論を，座学によって身につけるべきだということである。もちろん，「教育実習」等での学びは必要であるが，それは学校現場での役割に任せられる部分が大きい。むしろ，現場でないと身につかない要素も少なくない。大学教育段階ならではの学びを重視していく必要があるのである。そして，大学教育と学校現場の両者での経験を通して，「反省的教師」になるとはどういうことなのかを，学生一人ひとりが自らの語りの中で習得していく必要がある。ただし，省察を技術的なモデルとして身につけさせることは避けられるべきである。つまり，省察を行うために，「この知識や技術を習得すべきだ」といった教育は避けられるべきということである。座学で得た知識をそのまま使うのではなく，学生一人ひとりが日常や他の講義での経験を通して省察することができる姿の形成を目指さなくてはならない。したがって，大学での座学の中でも，例えば「社会科とはこのように教えるべきだ」という教育には意味がない。他者から評価される授業を行うための省察ではなく，自身が納得できる省察が行えるようにするという視点が大切なのである。

④　大学教育における授業省察力の育成

　ここまでをまとめると，大学教育では専門的な知識を基盤とした省察力の育成が求められる。具体的に専門的な知識とは，社会科教育を例に挙げると「社会科学科の理論と方法」[6]といった教科教育学での知識，そして，その理論の背景にある哲学的な思想を指す。そのため，大学教育で身につけられる省察とは，「子どもの目が輝いていた」かどうかといった省察のことではない。社会科学科の理論を反映できたか，デューイの思想や理念を授業論に落とし込むことができていたかといった省察を基盤として，自身の経験を通して省察することなのである。大学教育では，専門的知識を基盤とした省察力の育成に力が注がれるべきなのである。

　このように，大学教育と教育現場における教育の違いと役割を明確にし，共に目指す教師像として，「反省的教師」を掲げ，段階的に教育を行っていくことが必要である。そうすることで，より高い教師力を兼ね備えた教師を育成することができ，日本の教育全体の向上につながっていく。

　大学教育や教員養成の見直しが叫ばれる中で，「大学教育は意味がないから不要」といった意見も少なからず存在する。特に，自身の経験では，学校現場においては現場主義の考え方が強いと思われる。改めてここで，大学教育での役割の重要性を認識し，教師教育を大学と学校現場を両輪とした相互的なものとして捉えていくことが必要なのである。

注

1) 文部科学省「魅力ある教育をめざして」p.3。
2) 佐藤学『専門家として教師を育てる――教師教育改革のグランドデザイン』岩波書店，2015 年，p.48。
3) 佐藤の述べる「反省的教師」の考え方の背景には，ドナルド・ショーン（Donald A. Schön）の「省察」がある。詳しくは，ドナルド・ショーン『省察的実践とは何か』柳沢昌一・三輪健二訳，鳳書房，2007 年，参照。
4) 同上，pp.60-61。
5) 同上，pp.62-63。
6) 社会科学科とは社会科の類型の 1 つである。詳しくは，森分孝治『社会科授業構成の理論と方法』明治図書，1978 年，参照。

（石黒隼大）

(2) 学校現場における授業省察力の育成

① 授業力に対する教員の自己評価

教員の授業力に対する自己評価（構想力・実践力・省察力の 4 段階評価）は，次の 4 つのタイプに分類することができる[1]。

I	1	2	3	4
構想力			●	
実践力			●	
省察力		●		

【特徴】
○子どもや授業に向かう意欲がある。
○自分に対する厳しい目を持っている。

II	1	2	3	4
構想力			●	
実践力				●
省察力			●	

【特徴】
○子どもの反応がよい。
○学級経営力がある。

III	1	2	3	4
構想力				●
実践力			●	
省察力				●

【特徴】
○教科指導に対する理解が高まり，子どもの姿に物足りなさを感じる。

IV	1	2	3	4
構想力			●	
実践力			●	
省察力				●

【特徴】
○自分の理解力には自信を持っているが，授業や子どもの姿がそれに伴わない。

図 5-1　自己評価の 4 つのタイプ

初任時は I のタイプで，学級経営力をつけると II のタイプになり，教科指導に対する理解が進むと III のタイプに進んでいく。子どもの姿からの振り返

りができないとⅣのタイプになる。教員の授業力は，こうしたタイプの進化を螺旋的に繰り返しながら，向上していく。

②　授業省察力の果たす役割

各タイプにおいては，次のタイプに進むための分岐点がある。自己の指導力を本人自身がどう評価・分析して，次に何に取り組もうとするかという点である。そこに，授業省察力は大きな役割を果たす。

授業省察力は，客観的に見ると，本人の自己評価と真逆の評価が今の本人の力を示していることが多い。低い自己評価をしているときは実は本人は高い授業省察力を持っていて，高い自己評価をしているときは，実は本人の授業省察力は低くなっている。したがって，Ⅲ・Ⅳのタイプの場合のように自己評価で高いとしているときにこそ，自分に対する厳しい目が必要である。

Ⅰのタイプでは，指導技術をその背景にある願いにまで目を向けて取り組む中で，意図的な学級経営を行うことができるようになり，Ⅱのタイプに進むことができる。

Ⅱのタイプでは，子どもの元気のよい姿に満足せず，それならもっとこうしたらと教科指導の在り方にも目を向けた新たな取組を工夫する中で，Ⅲのタイプに進むことができる。

Ⅲのタイプでは，実践の深まりのなさを自分の指導力の弱さと自覚する中で，より深く教科の本質に即した教材研究を進めていくことができる。

Ⅳのタイプでは，子どもとのズレの感覚を子ども理解の弱さととらえる中で，子どもの思いを汲み取ったり共感したりすることを通してより深い児童理解に基づいた指導ができるようになる。

③　授業省察力を高める手立て

タイプⅠ～Ⅳに対応した次のア～エの取組が，授業省察力を高める手立てとなる。教師の学び続けようとする姿勢こそが授業省察力を高める。学び続けようとする姿勢は，「先輩の授業」→「子どもの姿」→「子どもの発達段階と教科の本質」→「児童理解」と，授業改善の新たな視点を生み出していく。こうした新たな視点に基づいた取組に挑戦し続ける中で，確かな実践が

積み上げられ，その結果授業力は向上していく。

ア　たくさんの授業を見て，目標とする授業イメージを持つ

　多くの先輩の優れた授業を見て，その授業記録から，なぜそのような子どもの姿になるのかその理由を考えてみる。各活動の意図や活動の仕組み方の工夫を探り，自分の学級でも実践して確かめてみる。さらに自分なりの工夫をした授業を試みていく中で，目標とする授業像は形づくられていく。

イ　子どもの姿から授業を考察する

　授業記録をもとに，子どもの姿への自分の対応の仕方を振り返る。「あの時，子どもが言おうとしていたことを本当に理解していたのか。」「子どものあの姿にどう対応することがよかったのか。」という子どもの側に立った視点からの授業の振り返りは，自らの子どもの姿への理解力・対応力を点検すると同時に，学習展開や資料の扱い，発問等自分の指導構想の妥当性を吟味することにもなる。こうした中で，子どもの発達段階や教科の本質から教材研究をさらに深める必要性を感じるようになる。

ウ　子どもの発達段階と教科（社会科）の本質から授業を考察する

　社会科の大きな魅力は，自分で教材を発掘し，オリジナルの教材開発ができることにある。しかし，その教材は単元のねらいに迫り，子どもが実感的に追究できるものでなければならない。また，その単元指導計画は，事実認識を確かなものにし，社会認識を深める構成になっていなければならない。こうした点から教材研究が行われているかを検討することが不可欠である。

　また，学習活動においては，課題意識を持ち，観察・調査や資料活用でつかんだ具体的な事実から追究し，社会的事象の意味を考える学習過程となるよう工夫することが大切である。そこでは，「時間的，空間的，関係的な見方を大切にして，社会的な見方や考え方を育てる学習過程」「学習問題や発問を明確にして，比較・関連・統合・再構成といった思考力や表現力を高める話し合い活動の工夫」「学習成果を生活や社会に生かす場の工夫」という社会科学習としての視点からの吟味が求められる。

エ　児童理解から授業を考察する

　教職年数を重ねる程，教師と子どもの年齢差は広がる。確かな実践を積み

重ねてきていると思っていても，子どもと教師の間には距離感の広がりがあり，ズレが生まれてきているという自覚が必要である。だからこそ，その子の感情をわかろうとし，寄り添った援助の在り方を求めようとする教師の姿勢が重要になる。

　子どもの学ぶペースを大切にする。子どもに活動を任せ，思う存分に取り組ませる。コミュニケーションの取れていない子ほど，声をかける。そうした取組の中で，子どものわずかな進歩にも心から喜ぶということが忘れられていないかと，常に自問しなければならない。

④　「観」の深化が授業省察力を深める

　優れた授業実践の根底には，授業者の優れた教育思想がある。子どもたちがたくましく生きぬく将来社会を見据え，そこで求められる学力とは何なのか。そこで，社会科はどんな役割を担い，授業ではどんな力をどのように身に付けることが大切なのか。こうした問いかけを自らに対して行うことを通して，指導者としての「学力・教科・授業に対する見方や考え方（「観」）」は深められていく。こうした「観」の深化の中で，授業省察力はさらに深められ，より深い教育実践が行われるようになる。

ア　学力観　「生きる力とは」
【H8 中教審答申「21 世紀を展望した我が国の教育の在り方について」】

　「自分で課題を見つけ，自ら学び，自ら考え，主体的に判断し，行動し，よりよく問題を解決する資質や能力」「自らを律しつつ，他人とともに協調し，他人を思いやる心と感動する心など，豊かな人間性」「たくましく生きるための健康や体力」こうした資質や能力を「生きる力」と説明し，これらをバランスよくはぐくんでいくことが重要であると述べられている。この時期，他方では，『不易と流行』という言葉で，教師の指導性の重要さも強調されている。子どもの自主性と教師の指導性のバランスは重要な視点である。

イ　教科観　「社会科の役割・社会科の学習」

　社会科の役割を北俊夫氏は，①社会とはどういうところなのか，国家・社会に対する理解と認識を深めること（確かな事実認識と豊かな社会認識），

② 社会をどのような方法で調べ，見たり考えたりするのか。社会の学び方や必要な能力を習得すること（学び方と問題解決能力），③社会のなかでどのように生きていくのか。社会とのかかわり方，つき合い方を身につけること（社会的な実践力，行動力，社会参画の基礎）と述べている。

こうした役割を担う社会科の学習では，どこの段階で，何を大切にすべきかを自分なりに整理してみることが大切である。整理するという作業を通して，教材研究や授業研究において深めるべき視点が明確になる。

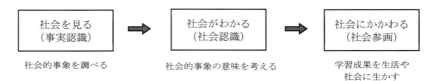

①社会的事象を相互の関連でとらえる。事象を全体に位置付け，その役割をとらえる。
②社会的事象を人間とのかかわりでとらえ，人間の営みとして具体的に理解する。人間の努力や工夫，よりよくありたいと願う人間の営みに注目する。
③社会的事象を，第三者として客観的にとらえるだけでなく，学習対象の側からも考える。相手の立場に立つ共感的理解ができる。
④社会的事象について表面的，一般的な理解でなく，自分なりのものの見方や考え方ができる。自分の判断や行動とのかかわりでとらえられる。

・自分のこれまでの生活や考え方を振り返る。
・自らの義務や責任を果たそうとする。
・自らのこれからの生き方を考え，決意を表明する。
・社会に対する自らの思いや願い，主張などを表明する。
・社会の課題解決に対して自分の考えを提案する。

図 5-2　社会科の学習【中野重人・北俊夫】

ウ　授業観　「授業研究の目」

「授業研究の目は，子どもを観察，分析する目ではなく，子どもたちとの生き生きとした相互交流や応答のできる目でなければならないし，子どもたちの個性の内面や『深層の現実』に深く介入して，つかみとり，つくり変えていくことに責任をもって共働しなくてはならない。」吉本均氏はこのように述べ，教師と子どもの「呼応のドラマ」を重視している。授業の最大の魅

力は，教師や子どものやりとりの中で生まれる創造感とライブ感にある。そこでは，子どもを感じる鋭いアンテナと子どもの反応に臨機応変に対応できる教師としての力量が求められる。

注

1)　本分類は，筆者の勤務校教員 25 名へのアンケート結果による。

引用・参考文献

・中央教育審議会「21 世紀を展望した我が国の教育の在り方について（答申）」1996 年。
・北俊夫『なぜ子どもに社会科を学ばせるのか』文溪堂，2012 年，pp.44-50，pp.96-97。
・中野重人『社会科評価の理論と方法』明治図書，1985 年，pp.165-168。
・吉本均『授業の原則』明治図書，1987 年，pp.125-129。

（大塚弘士）

(3)　教育委員会における授業省察力の育成

①　授業力育成に関する教育委員会の立場

　学習指導要領第 1 章総則第 1 の 1 に示しているように，各学校における教育課程の編成の主体は学校にある。学校は，教育基本法及び学校教育法その他の法令並びに学習指導要領に示すところに従い，児童生徒の人間として調和のとれた育成を目指し，地域や学校の実態及び児童生徒の心身の発達や特性等を十分考慮して，適切な教育課程を編成し，実施する。その際，学校は法規，学習指導要領によることは勿論のこと，地方教育行政法第 21 条，33 条により都道府県及び市町村教育委員会の方針，指導・助言に従うことが求められる（図 5-3）。ここに，各学校の教育課程に対する教育委員会としての責任と役割がある[1]。

　教育委員会は，各学校における目標の実現状況を把握・分析して，所管の学校の教育課程の編成・実施・評価・改善に対して指導・助言等を行う。本項では，学校における目標の実現状況や授業実践を的確に省察し，社会科の

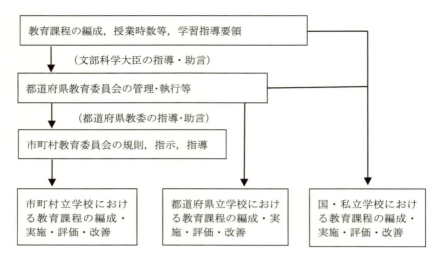

図 5-3　教育課程の編成・実施・評価・改善等に関する教育委員会の役割[2]

授業改善や教員の授業力育成等に向けた教育委員会としての取り組みについて述べ，教員の授業省察力の育成に関する方略を考察する。

② 社会科の授業力を高めるPDCAサイクル

教師は，日々の授業実践や研修等の中で，「授業構想力（Plan）」→「授業実践力（Do）」→「授業省察力（Check）」→「授業改善力（Action）」という授業力を高めるマネジメント・サイクルによる取り組みを通して，自らの授業力育成を図ることができる（図5-4）。

社会科教員の普段の教育実践においては，教材開発や聞き取り・現場調査，資料作成など，授業構想や授業実践に対して多くの時間や準備が費やされている。授業省察や授業改善についての時間の確保や，改善した指導への具体的方略を企画・実践するまでの取り組みが十分できないのが現状であり，このサイクル過程に対する向上への意識や優先順位も低い。授業省察については，教師個人の評価や経験，能力にたよることが多く，授業評価や授業改善の方略が明確にされない中で，教育実践が継続されがちである。したがって，教育委員会としては，この過程に対する積極的な学校支援や教員の授業力育成が求められると考える。

5 授業省察力の育成方略　233

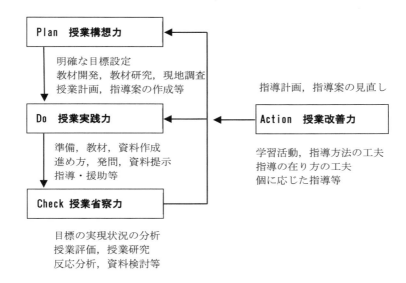

図 5-4　授業力を高めるPDCAサイクル

③ 教育委員会としての授業省察力の育成に向けた方略

　教育委員会が各学校の授業実践の状況を把握した上で，教員の授業力育成に関して指導・助言等を行うことが，教員一人一人の授業力を高め，到達目標の実現を目指す学力向上につながる。授業省察力に関する教育委員会の取り組みについての概要を示す（表 5-1）。

表 5-1　教育委員会としての学校や教員に対する授業省察力に関する取り組み（概要）

場	教育課程や学力の調査等	研修会等	学校訪問，授業研究
省察	国，自治体等の学力調査 学校評価等の把握	実践資料による把握 研究協議内容の把握	授業観察・授業記録 実践資料による把握
方略	成果と改善点の指導 具体的方略の事例提示，助言	よい授業実践との出会い 自己省察，共同省察	具体的方略の助言 指導者による指導

学力調査等の結果分析による省察

ア，「学習指導要領実施状況調査」の結果を踏まえた授業改善

学習指導要領の実現状況を分析した「学習指導要領実施状況調査結果」（国立教育政策研究所，2015年2月）が公表されている。次のように，社会科授業の課題が明らかになり，授業の充実につながる指導上の改善点が示されている[3]。

【小学校社会科のペーパーテスト調査結果により見られた課題】
・問いに対し調べる事柄や資料を選ぶことはできるが問い自体を表現すること
・情報を基に比較したり，関連付けたりして社会的事象の意味を考えること
・情報を分類・整理して，社会的事象の働き，目的などを言葉で表現すること
・指定された用語を使って，社会的事象について説明すること
・我が国と外国との関係に比べて政治の働きに関心が低い

【小学校社会科指導上の改善点】
・情報を基にして社会的事象の意味を考え表現できるようにする指導の充実
・基礎的な知識や技能を確実に身に付けるようにする指導の充実
・問題解決の見通しをもったり学習したことを振り返ったりする指導の充実
・よりよい社会の形成に参画する資質や能力の基礎を育てる指導の充実

教育委員会が，このような分析を各学校に周知することにより，教員は，日常の授業実践を省察する際の参考にするとともに，授業省察や授業改善に向けた教員の自覚化，実践化を促すことができる。

イ，学力調査結果の分析を踏まえた授業省察力の育成方略

学力調査を実施している自治体（表5-2）は，自治体全体や学校ごとの調査結果を分析し，指導上の課題を明らかにした上で，学校の教育課程の編成・実施・評価・改善を図るよう指導・助言をしている。

図5-5は，教育委員会の事例提示による助言をうけ，自校の調査結果を分析し，成果と改善策を公表・実践した事例（概要）から作成したものである。

5 授業省察力の育成方略

表 5-2 都道府県・指定都市による独自の学力調査の実施（予定）文部科学省（2016年度）

	都道府県（全47）	指定都市（全20）
小学校（社会）	16	8
中学校（社会）	22	9

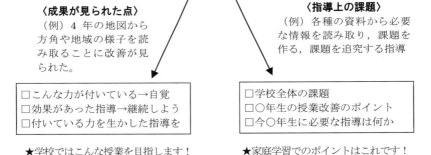

図5-5 学力テストの結果に基づく成果と指導上の課題——A小学校（事例概要）[4]

研修会等を通しての授業省察力の育成方略

教育委員会では，授業力育成を目的に研修会等を実施している。授業省察力を高める研修内容としては次のことがあり，授業力向上に生かしたい。

・良い授業の参観，効果的な授業省察の実践に出会う。
・参観授業や授業省察の実践例を，自己の実践に取り入れる。（自己省察）
・自己の社会科授業を省察し，授業論や方法を改善・確立する努力を続ける。
・授業省察についての協議を通して，協働性・同僚性を図る。（共同省察）

授業研究等を通しての育成方略

授業省察から授業改善への過程において，実際の授業における授業者の指導や個・学習集団の反応等を分析し，授業評価や組織による授業研究を行い，改善策を生み出すことが大切である。教師の授業力を直に見て振り返りや指

導ができること，教師集団による共同省察ができることの意味において，教育委員会による学校訪問や授業研究会での指導は，授業力育成にとって重要な場である。教師にとり授業力を高める大きなチャンスといえる[5]。

表 5-3　授業評価項目

授業評価　（教育委員会　授業評価の視点）
①目標を明確にして授業に臨んでいる
②教材研究を大切に授業に臨んでいる
③授業に情熱をもって取り組んでいる
④目標に即した学習課題が設定できている
⑤既習内容や資料，見学を活用し追究できている
⑥話合いにより，社会的な見方や考え方が深まる
⑦課題について重要語句を用いて考えをまとめる
⑧どの子にも学習の成立が図られる指導がある
⑧的確な発問や説明，個に応じた指導ができる
⑨教材・教具・資料等が適切で工夫がある
⑩時間配分が適切で，実態に即して柔軟性がある

授業者も研究会参加者も授業を観察し，授業記録やまとめのノート等の分析を行い，自己省察のみでなく，他の職員，指導者等からの省察（共同省察）が加わることで，授業省察は一層明確になり，授業改善の方略は豊かになる。その際，授業評価の視点をもって省察にあたるとよい（表 5-3）。授業力育成の重点や教科独自の項目も入れて，共同で評価を行うことが望まれる。

「目標に照らすと，低い土地のくらしについて考えをまとめる際，C児のように『堤防』という用語を使うような発問を工夫すべきだ。」など，共同省察を進めることで，授業改善に至る適切な手立てが得られ授業力が高まる。

社会科の確かな学力の向上にあたっては，目標の実現に向けた学習の成果と課題を的確に分析し改善策を生み出す授業省察と授業改善が重要である。これまで教育委員会の育成方略で述べたように，学力調査結果分析の活用，授業力向上研修会や授業研究での資質・能力の向上等を通した授業省察力の育成が重要であると考える。

注

1)　文部科学省『小学校学習指導要領解説総則編』東洋館出版社，2008 年，pp.10-19，pp.74-77。
2)　窪田眞二・小川友次『教育法規便覧』学陽書房，2016 年，pp.126-128。
3)　澤井陽介「学習指導要領実施状況調査・社会科の分析と改善点」初等教育資料，No.930，東洋館出版社，2015 年 9 月，pp.22-31。

4) 岐阜市立加納小学校「加納小の子の学習の傾向と家庭学習のポイント」2016年度 PTA 総会資料より作成。
5) 島根県教育センター「授業改善に向けた教育センターの支援の在り方（2 年次）」『研究紀要』H25-1, 2013 年, pp.2-8。

（吉村希至）

自ら実践力を高める授業省察力の育成

① 問題の所在

　社会科教育に限らず，教師が授業省察力を高めていく上で最も重要なキーポイントは，いかに強い自己省察力をもっているかにかかっている。いくら大学や学校現場や教育委員会が熱心に研修を進めても，受講する本人に優れた実践に対する強い憧れや渇きが少なければ，研修の効果は期待できない。

　とくに社会科は，様々な社会の現実を知り，授業の中で困難な課題にチャレンジし，それらの課題を解決に向けていく時のワクワク感や充実感があり，魅力でいっぱいの教科である。この魅力を最大に引き出す力を身に付けるためには，指導する教師がその楽しさを会得し，子どもに伝えていくための自己省察力が強く求められるのである。

　確かな授業省察力を身に付けるためには，質の高い社会科授業との出会いと，明確な視点をもって社会科の研修に臨むこととの二つがキーポイントになると考えられる。

② 質の高い社会科授業実践のイメージを持つ

　質の高い社会科授業と言っても，その人の価値観，実務経験や研修の度合い等によって差異があるのは言うまでもない。ここでは紙幅の都合で，質の高い授業について述べることは省略するが，誰もがある程度のイメージを持っていると考えてよいであろう。

　例えば，社会的事象を前にして児童生徒が社会科の本質に立って自己の生き方まで深く問うような感動的な内容，教室の子どもたちみんなが主体的に，目を輝かせて，試行錯誤しながらも何とか課題を解決しようと夢中で立ち向かっている姿，その際，資料や既習の知識を駆使して質の高い問いかけをし

合っている姿などはイメージできる。さらに子どもたちがハキハキ，キビキビと活動し，誰の意見も大切にされているという気風が教室に漲っていることも公民的資質の基礎を培う社会科としては忘れてはならないことである。

自己省察力の高まりは，そのような授業を参観し，研修に参加し，自らの実践と比べながら社会科の授業に正面から向き合うことから始まるのである。

③　授業研究に明確な視点をもって臨む

ただ漫然と実践家の授業を観るだけでは優れた実践への渇きは湧いてくるものではないし，自己省察力が高まることに直結するものでもない。常に視点をもって社会科の授業のありようを描いた上で臨むことが大切な要件となる。良い授業との出会いは良い実践者がつくり出すものなのである。

教師が自らの実践を基盤にして，次の三つの視点をもって授業を組み立てたり，参観したり研究したりしていくのがよいのではないだろうか。

　ア　課題追求……子どもの側に学ぶ魅力や必然性があるか
　イ　指導目標……社会的事象に対する見方考え方が明確になっているか
　ウ　学級経営……互いを大切にしあっているという実感があるか。

ア　課題追求　子どもの側に学ぶ魅力や必然性があるか

社会科の魅力は何と言っても人が生きている社会的事象の不思議さや矛盾について臨場感をもって探求し，課題の解決に向かうことである。その中で子どもたちが普段の生活で見聞きしている社会的事象が，当たり前だとは思われなくなって一人ひとりの子どもたちに迫ってくるのである。

授業は，問題解決学習を中心とした[1]社会的事象への飽くなき追求である。そのためには授業に対する切実感を子どもたちが持ち続けていることが大切である。

それには，魅力ある学習問題が設定されているか，学習の流れが子どもの意欲をかき立てる構造や手法になっているかの 2 点が問われることになる。

a. 魅力的で切実感のある学習問題であるか

まず，一つ一つの単元や単位時間の学習問題が魅力的で充実したものでなければならない。それは，下記のようなものが考えられる。

ⅰ 驚きのあるもの

・消防車が，なぜわずか 10 分で火事の現場に駆けつけることができ
るのか，そのひみつを探ろう（3・4 年「くらしを守る」[2]）。

ⅱ 矛盾を感じさせたり常識を覆したりするもの

・このお店では，一ヶ月 70 万円も赤字なのに，なぜ卵を 1 パック 1
円で売るのだろう。（3・4 年「はたらく人とわたしたちのくらし」）。

ⅲ 期待や不思議さなどで好奇心をそそるもの

・聖武天皇がこんなにすごい大仏をつくらせたのはなぜか，その謎
を解こう。（6 年「天皇中心の国づくり」）。

ⅳ 困難や困惑の状況にあるもの

・火起こしや鏃づくり，洗濯板の模様，消防車が出動中のもう一つ
の火事への対応。

ⅴ その他

・概念的に不一致のあるもの（「浅草のり」や「江戸前寿司」など
の商品名），共通点や相違点を見つけたくなるもの，子どもの心情
を揺さぶるような体験や映像，これらの要素が二つ以上重なってい
るものなど。

b. 子どもの意欲をかき立てる状況が常に作られているか

　学習の必然性は，学習問題の魅力だけで生み出されるものではない。授業
の組み立て方や資料提示などの位置や方法によって子どもたちの学習への切
実感が異なってくる。学習問題でも，教師が提示するから子ども自身の問題
になるのではなく，子どもがそれを提示して欲しいという状況が作り出され
ていてこそ学びの意欲が高まるのである。授業の構造が，もっと知りたい，
もっと学びたい，もっと探求し合いたいという流れになって，興味をそそる
ような状況が教室にどれだけ作り出されているかということが重要である。

イ　指導目標　社会的事象に対する見方考え方が明確になっているか

　社会科の指導目標は学習指導要領に記されているが，具体的な教材につい
て，単元や単位時間の指導目標は指導者が立てなければならない。

　子どもたちが，一つの単元や一単位時間を終えてどのような認識の変容を

したのかは，指導者の責任において明確にしておく必要がある。これは学習した子どもたちの達成感にも深く関わるものである。それぞれの子どもは違うのだから，その子なりに考えていれば教師は把握していなくてもよいというわけにはいかないのである。したがって，「〜に気付かせ，○○が◇◇であることを理解させる」などと明確にしたいものである。

　例えば，前述した学習問題アに対する指導目標では，「消防車がなぜ，どのようにして，短時間で火事の現場に駆けつけることができるのかについて理解させ，消防署の人たちの努力について一人一人に考えを持たせる。」というような記述を見かけることがあるが，これでは子どもたちの認識の変容は明らかにされているとは言えない。それよりも「消防車が短時間で火事の現場に駆けつけることができるのは，信号や他の自動車の通行に優先して走るだけでなく，消防署での日頃の訓練や火事現場への道筋を決めるなど前もってたくさんの備えが行き届いているからであることを理解させる。」などと，明確にしておきたいものである。

　さらに，これらの指導目標は，授業を進めるにつれて，子どもたちの実感の度合いが深まるので，それとともにさらに深く，明確になっていくことが考えられる。

ウ　学級経営　互いを大切にしあっているという実感が子どもにあるか

　社会科の授業は，調べ合い，話し合い，考え合うなど，子どもたちが共同で見方や考え方を深めていく場合が多い。すると発言者が偏ることや学習に参加しない子がでてくることがある。

　教師は全ての子どもに授業を成立させようと，発問を工夫したり，資料活用の方法など社会科の学び方や発言の仕方を指導したりする。しかしそれだけで誰もが積極的に授業に参加するようになるとは限らないのが現実である。発達段階によってこの傾向が強くなることもある。しかしこれは必ず克服できる問題である。実際に小学生，中学生を問わず学級の全員が活発に授業に参加し，みんなで考え方を深めている学級は少なからず存在する。

　社会科の授業の背景には学級経営が深く関わっているのである。その具体的な方法は省略するが，基本的な考え方に少し触れておきたい。

それは「互いを大切にしあっていることがみんなにわかる学級経営」という考え方をもとに学習参加を促すということである。

社会科の究極の目標は公民的資質の基礎を養うものである。学習指導要領解説書には「自他の人格を互いに尊重し合うこと，社会的義務や責任を果たそうとすること」とある[3]。これらのことは，社会科の授業内容を通して育まれるものではあるが，それだけでなく学級の子どもたちが日常的に人権尊重の視点をもって生活し，学ぶことこそ重要である。つまり，日常の授業や生活の中でのあらゆる言動を通して「互いを大切にしあう」という認識を培うものであると考えるのが妥当である。

共同生活は形に見えないとわかりにくいので，「みんなが互いを大切にしあっている」という姿を態度ではっきり表し続けていく必要がある。そのために何をするかを学級で決めて，根気強くしかし着実に実践するのである。

これは一人一人の動きや声や反応の仕方で表される。例えば，誰もが，できるだけ，「大きな声で発言や返事をする」「発言には必ず反応する」「進んで手を挙げて発言する」「聞き手は発言に注目する」等々をみんな約束し，互いに支え合い，励まし合いながら実践するのである。小，中学校を問わず，子どもたちにこうする意味を理解させれば，彼らの力を生かして主体的に取り組むことができるものである。大切なのは教師の愛情とこだわりである。

このようにみんなで支え合い励まし合って学ぶルールが確立し，みんなが実行していれば，社会科が多少苦手な子であっても，安心して発言することができるし勇気もわいてきて，自分も頑張ってみようと思うようになる。

子どもたちに「自他の人格を互いに尊重し合う」力を身につけさせるのは，社会科教師の責務であり，誇りでもある。

注

1)　文部科学省「小学校学習指導要領解説　社会篇」p.12。
2)　単元名は東京書籍「新しい社会」による.以下同じ。
3)　文部科学省「小学校学習指導要領解説　社会篇」p.12。

（大平橘夫）

おわりに

　本書は，共編著者である田中 伸 と研究室で，これからの社会科教師の力量育成について語り合っていた時，「今の話をまとめて本にしておけば，あとは読者が，学習指導要領が変わってもそれぞれに社会科教育の指針として解釈してくれるのではないか」とつぶやき合ったことが始まりであった。それから，二年近くが経過した。その間にも徐々に，教育界は学習指導要領の改訂に伴って，新たに社会科授業の構成が模索され始めている。

　社会も，思想・信条の対立や大国の在り方の変容によって，グローバルに考えることが求められている。急激な変化の中で，そうした要求は社会をジレンマ状態に陥らせ，思考が停滞しかねない場面も増えつつある。その一方で，人工知能など技術革新の勢いはとどまる気配は一向にない。

　他の教科と比較すれば，社会科は社会の変化と直結する教科である。ミクロ・マクロな視点で変化の激しい社会の動きを捉え，学校や教室で閉じない社会科教育はどうなるのか。教師はこれまでとどう変わればよいのか。漫然と教科書内容を実施するのではなく，これからの社会の一員を育成するにはどうすればよいかと，社会科を見つめなおしたうえでカリキュラム・デザインの構築を試みたい。

　これまでの教育書籍は，授業理論とその具現を目指し，完成された授業が紹介されることが多かった。社会科教育にしても同じである。研究者の提案する理論は，社会科観の違いこそあれ，いずれも明日の授業で実施するには，ハードルの高い研究の成果であった。そのため，日々子どもたちの前に立つ先生にとって，先進的な理論をフル装備した授業は自分にはできないと敬遠しがちであった。そうして，研究の成果と日々の実践の距離は遠のいた。結果，多くの社会科教師に有効な授業の説明書は，学習指導要領と教科書の解説本であり続けた。

　本書のⅡ・Ⅲ章にも，多くの先生方の協力を得て，半歩先行く授業プランの提案を心掛けた。しかし，他の書籍との違いは，各実践者がほぼ 30 歳前の比較的若い教師である。編者である田中や須本は，ほぼ指導にはあたって

いない。若い先生方が，今できる教材研究と実践を中心に，大きな枠組みの中でチャレンジした授業ばかりである。

また，4章では，そうした若い教師からベテランに至るまで，大学－教育委員会－学校－学校外という横軸と，授業の構想－実践－省察の力の育成という縦軸によって，社会科教師力形成について見つめなおすことを試みた。経験豊かな教師と，大学を卒業して1・2年目の教師が，多様な視点で縦・横軸から社会科教師の力について述べている。織り上げられた社会科教師力の育成のポイントは読者にどう映っているであろう。

当然，若い先生方の執筆内容に関しては，戸惑いや困惑がにじんでいる。まとまりとしては，十分でないかもしれない。それだけに，本書は考えるべき素材を詰め合わせることができた。社会科教師というカリキュラム・デザイナーとして，これからの社会科授業デザインについて，若手・熟達者関係なく，様々な立場の社会科教育関係者(学生を含む)に考えていただければ幸いである。

本書には一冊の教育書としては珍しく，岐阜県の社会系教科目教師30名が執筆者として集うことができた。もちろん，各執筆者の努力だけで本書は成立していない。一つの授業や教師の今を創り上げているのは，管理職・同僚・何より主役の子どもたちがいたからである。そうした執筆者を取り巻く人のご厚意がなければ，本書にここまで多様な実践を取りそろえることはできなかった。皆様に無理なお願いを受けていただいたこと，感謝するばかりである。

特に，岐阜工業高等専門学校の空 健太先生・福井 駿先生には，休日を返上し，若い先生方の不安や疑問解消のため，メンターとして的確な助言をしていただいた。二人のとりまとめがなければ，本書はここまで出来上がらなかったことだけは，とくに記しておきたい。

須本良夫

編者紹介

須本　良夫（SUMOTO, Yoshio）

岐阜大学教育学部社会科教育講座教授
広島大学附属東雲小学校教諭を経て
平成 21 年 4 月～（現在に至る）

主要著書

『若い教師のための小学校社会科　Chapter15』（編著，梓出版社，2012 年），『気付きの質を高める生活科指導法』（編著，東洋館出版社，2011 年），『社会科教育実践ハンドブック』（共著，明治図書出版，2011 年），『生活科教育──21 世紀のための教育創造』（共著，学術図書出版社，2010 年），『学習課題の提案と授業設計』（共著，明治図書出版，2009 年），『思考力・判断力・表現力をつける社会科授業』（共著，明治図書出版，2009 年），『「言語力」をつける社会科授業モデル』（共著，明治図書出版，2008 年），『環境教育指導プラン』（共著，文溪堂，2008 年），『社会認識教育実践学の構築』（共著，東京書籍，2008 年）他

田中　伸（TANAKA, Noboru）

広島大学大学院教育学研究科博士課程後期修了・博士（教育学）
岐阜大学教育学部社会科教育講座准教授

主要著書

『社会科教育のルネサンス──実践知を求めて』（共著，保育出版社，2016 年），『社会科教育学研究ハンドブック──学術論文の作り方・書き方』（共著，明治図書，2015 年），『新社会科授業づくりハンドブック（中学校編）』（共著，明治図書，2015 年），『コモン・グッドのための歴史教育』（共訳書，春風社，2015 年），『幼小連携カリキュラムのデザインと評価』（共編著，風間書房，2015 年），『教師教育講座　中等社会系教育』（共著，協同出版，2014 年），『幼児教育におけるカリキュラムデザインの理論と方法』（共編著，風間書房，2014 年），『教師のゲートキーピング』（共訳書，春風社，2012 年），『新社会科教育学ハンドブック』（共著，明治図書，2012 年）『現代アメリカ社会科の展開と構造』（風間書房，2011 年）他

主要論文

Noboru TANAKA, History Learning as Citizenship Education; Collaborative Learning based on Luhmann's Theory of Communication, The Journal of Social Studies Education, The International Social Studies Association, 2016, Vo.5,pp.57-70，田中伸「コミュニケーション理論に基づく社会科教育論──『社会と折り合いをつける力』の育成を目指した授業デザイン」『社会科研究』全国社会科教育学会，2015 年，pp. 1-12，田中伸「シティズンシップ教育実践の多様性とその原理──学習環境を規定する市民性意識の解明を通して」『教育方法学研究』日本教育方法学会，第 36 巻，2011 年，pp. 39-50，他

Website:www.nobolta.com

執筆者一覧 （執筆順）

I

田中　伸　（岐阜大学）　執筆担当　はじめに，I -1,2,3,4

II

朝田　佳菜絵　（岐阜市立長良小学校）　執筆担当　II -1

宮川　和文　（岐阜市立長良小学校）　執筆担当　II -1

矢島　徳宗　（岐阜大学教育学部附属中学校）　執筆担当　II -2

稲垣　直斗　（岐阜市立東長良中学校）　執筆担当　II -3

種田　佳文　（大垣市立江東小学校）　執筆担当　II -4

空　健太　（岐阜工業高等専門学校）　執筆担当　II -5, IV -3-(5)

前田　佳洋　（岐阜大学教育学部附属中学校）　執筆担当　II -6

III

椿倉　大裕　（岐阜市立木之本小学校）　執筆担当　III -1

丹羽　彩乃　（白川町立蘇原小学校）　執筆担当　III -2

加藤　和子　（瑞浪市立明世小学校）　執筆担当　III -3

鈴木　大介　（岐阜市立東長良中学校）　執筆担当　III -4

高木　良太　（岐阜大学教育学部附属小学校）　執筆担当　III -5

福井　駿　（岐阜工業高等専門学校）　執筆担当　III -6, IV -3-(5)

平野　孝雄　（各務原市教育委員会）　執筆担当　III -7

IV

大杉　昭英　（国立教育政策研究所）　執筆担当　IV -1

須本　良夫　（岐阜大学）　執筆担当　IV -2，おわりに

吉田　賢司　（大垣市立小野小学校）　執筆担当　IV -3-(1)

浅野　光俊　（岐阜大学教育学部附属小学校）　執筆担当　IV -3-(2)

奥村　浩平　（岐阜市立長良東小学校）　執筆担当　IV -3-(3)

各務　将也　（岐阜市立長良東小学校）　執筆担当　IV -3-(3)

長尾　豪哲　（岐阜市立長良東小学校）　執筆担当　IV -3-(3)

菊池　真也　（岐阜女子大学）　執筆担当　IV -3-(4)

加藤　雅也　（岐阜大学大学院修士課程）　執筆担当　IV -4-(1)

大羽　幸恵　（北方町立北方南小学校）　執筆担当　IV -4-(2)

小島　伊織　（恵那市立大井第二小学校）　執筆担当　IV -4-(3)

小林　直樹　（岐阜聖徳学園大学）　執筆担当　IV -4-(4)

大前　和佳子　（高山市立丹生川小学校）　執筆担当　IV -4-(5)

石黒　隼大　（滝高等学校教諭・早稲田大学大学院修士課程）　執筆担当　IV -5-(1)

大塚　弘士　（岐阜市立長良小学校）　執筆担当　IV -5-(2)

吉村　希至　（岐阜女子大学）　執筆担当　IV -5-(3)

大平　橘夫　（元羽島市教育長・元岐阜聖徳学園大学教授）　執筆担当　IV -5-(4)

（所属，勤務校は 2017年3 月現在）

社会科教育におけるカリキュラム・マネジメント

2017 年 4 月 10 日　第一刷発行　　　　　　　　　　　〈検印省略〉

編著者ⓒ　須 本 良 夫
　　　　　田 中 　伸
発行者　本 谷 高 哲
印　刷　シナノ書籍印刷
東京都豊島区池袋 4-32-8

発行所　梓 出 版 社
千葉県松戸市新松戸 7-65
電話・FAX 047-344-8118

乱丁・落丁本はお取り替えいたします。
ISBN 978-4-87262-646-9　C3037